心理学入門コース 5

社会と人間関係の心理学

社会と人間関係の心理学

心理学入門コース 5

松井 豊
上瀬由美子

岩波書店

編集にあたって

　現在，心理学は，社会学や教育学から脳科学や情報科学にいたるまで，さまざまな周辺諸科学との学際的な連携を深め，多方向に進展をみせている．また，現実社会で起きている多様な「心の問題」に対して，具体的で有効な解決策を提示しはじめている．いまや，心理学は「ただの教養の学」としてではなく「実際に使える応用の学」としての色彩を着実に強めつつある．

　しかし，こうした心理学のもっともおもしろくホットな部分は，一部の研究者によって知られているのみで，いまだ広く一般の人々の共有するところにはなり得ていない．また，残念ながら多くのテキストが古典的な学説と旧来の伝統的枠組みを紹介することにとどまりがちである．そのため，心理学のアクティブな動向に早くからふれて鋭い眼力を養うべき学生も，あふれんばかりの知的好奇心を満たすことができず，そのポテンシャルも十分に開花させられないでいる．

　こうした現状認識のもとに，基本的なテキストの要件と体裁とを備えつつ，同時に，現代心理学の到達点，およびそれに絡むホットな論争，さらにはその可能性と豊かな未来とをやさしくかつおもしろく紹介する「心理学入門コース」を立ち上げる．この新シリーズの刊行を通して，種々の心理学の授業風景に新しい風を吹き入れることができれば幸いである．

＊基本的には「テキスト」としてのスタイルを採る．すなわち，
　各領域の理論の大枠および基本事項を精選し，章構成やその

配列にも配慮した．そして，大学・短大等のさまざまな形態の授業において広く活用しやすいものにした．また，読者自身による自習も可能となるように，用語の解説や理論の説明等に細やかな工夫を凝らした．

* テキストブックとしての要件を備える一方で，現代心理学のフロンティア（最先端部分）を大胆かつホットに紹介することにも配慮した．また，そうした新しい動きが，これまでのどのような研究，知見の蓄積や論争等の上に生じてきたのか，その歴史的および因果的な流れが容易に把捉できる内容・構成を工夫した．

* 章末には「まとめ」や「問題」を付け，巻末には「読書案内」や「参考文献」を付けた．各心理学と社会との連携がどのような形で具現されるべきかについて提言を行なう．

* 本シリーズの構成は以下の通りである．
  1. 知覚と感性の心理学
  2. 認知と感情の心理学
  3. 学校教育と学習の心理学
  4. 発達と加齢の心理学
  5. 社会と人間関係の心理学
  6. 臨床と性格の心理学
  7. 脳科学と心の進化

2007年1月

著者一同

目　次

編集にあたって

序　社会心理学を学ぶということ … 1
- 0-1　社会的存在としての人間観　2
- 0-2　データ実証主義　7
- 0-3　社会心理学の新しい動向と本書の特色　11

1　不思議現象の流行——占いが「当たる」わけ … 15
- 1-1　星占いは当たるか　16
- 1-2　不思議現象を信じる理由　19
- 1-3　占いが当たる理由　26

2　自己への関心 … 33
- 2-1　自己を知りたい気持ち　34
- 2-2　現代社会と自己への関心　37
- 2-3　自己理解の手段と問題点　41
- 2-4　正確な自己理解を妨げる動機　43
- 2-5　自己への注目が社会的行動に及ぼす影響　45

3　偏見・ステレオタイプ … 53
- 3-1　差別・偏見・ステレオタイプ　54
- 3-2　集団間関係と偏見　56
- 3-3　ステレオタイプ　58
- 3-4　ステレオタイプの維持　62

3-5 偏見・ステレオタイプの社会的機能　66
3-6 偏見やステレオタイプの低減　68

4 マスメディアとステレオタイプ　77
4-1 マスメディアの影響力　78
4-2 マスメディアとステレオタイプ　84
4-3 メディアイベントとステレオタイプ　87
4-4 目撃証言報道　91

5 恋愛の心理学理論　95
5-1 友情と恋愛　96
5-2 恋愛の類型論　101
5-3 恋愛の段階理論　108

6 ジェンダー　121
6-1 職業と性別　122
6-2 セックスとジェンダー　126
6-3 優しさなのか，差別なのか　132
6-4 メディアが強化するジェンダーステレオタイプ　137
6-5 性差別解消の難しさ　139

7 災害心理——災害時に人はどう行動するか　145
7-1 災害前の心理　146
7-2 パニックが起こる場合　151
7-3 パニックが起こらない条件　159
7-4 被災直後の行動　162

8　組織の事故 ……………………………………………………… 171
　8-1　ある医療事故　172
　8-2　故意か過失か　173
　8-3　医療事故の背景と抑制　174
　8-4　ルール違反による事件・事故　181
　8-5　話し合いとルール違反　186
　8-6　ルール違反の防止と今後の課題　190

9　悲嘆過程 ……………………………………………………… 193
　9-1　悲嘆のパターン　194
　9-2　典型的な悲嘆過程　198
　9-3　死別による悲嘆の強さに影響する要因　207
　9-4　悲嘆研究のこれから　216

あとがき ……………………………………………………………… 219

　読書案内——さらに学習するために ……………………………… 221
　参考文献 …………………………………………………………… 225
　索　引 ……………………………………………………………… 239

　　　　　　　　　　　　　　　　　　　　　図版／上村一樹

コラム

- 0-1　傍観者効果　5
- 2-1　自己評価維持モデル　44
- 2-2　自己過程　49
- 3-1　カテゴリ化の変容　70
- 4-1　単純接触効果　88
- 5-1　似ている人を好きになるのか，似ていない人を好きになるのか　111
- 5-2　好かれる性格，嫌われる性格　116
- 6-1　ドメスティック・バイオレンス(DV)　135
- 8-1　社会的勢力と上方向への影響戦略　179
- 9-1　悲嘆にくれる友への支援　214

序 社会心理学を学ぶということ

　現代の社会心理学は，いくつかの基本的な考え方や立場に立脚している．本章では，社会心理学の基本的な2つの考え方を説明したのち，研究領域や研究動向を概説し，本書の構成と特色について説明する．

［キーワード］
▼
傍観者効果
データ実証主義
社会構成主義

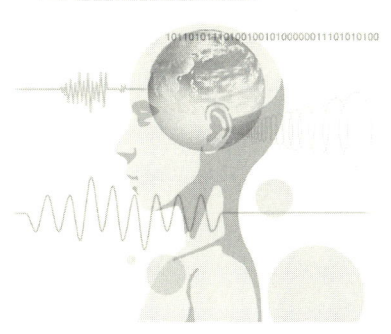

0-1 社会的存在としての人間観

現代の社会心理学は2つの基本的な考え方に立脚している．

第1の考え方は，人の行動は他の人々や所属する組織や集団や，社会や文化の影響を受けているという考え方である．この他者や組織・集団や社会や文化によって影響を受けているという考え方を，ここでは「社会的存在としての人間観」と呼ぶことにしよう．

（a）性交経験率に見る社会的影響

人を理解する場合には，脊椎動物哺乳類霊長目ヒト科ヒト種であるという生物学的な視点から捉えることができる．人の行動は他の動物の行動と共通する面があるため，動物の行動と比較することによって，人の行動に対する理解を深めることができる．たとえば，ある種の成犬には，生まれつき8カ月までの子犬を本気で咬まないようにする機構が存在する（ローレンツ，1970）．この生得的な機構を知れば，ヒトにも同様の生得的な機構があることが予想され，多くの人が乳幼児に攻撃を行なわない理由が理解できる．また，人間の成長や発達も，生物学的存在としてのヒトの系統発達から理解することができる（第4巻『発達と加齢の心理学』参照）．

しかし，人間の行動は，生物学的な要因だけで決定されているわけではない．ここでは，生物学的要因で決定されているとイメージされやすい性交を例にとって説明しよう．

生物学において，性交は主に脊椎動物における生殖活動と位置づけられており，心理学の中では青年期に特徴的になる発達的現象と捉えられている．また，睡眠欲や食欲と並んで性欲は，他の動物と共通する基本的な欲求と考えられている．このため，人間の性行動は生物学的な視点から論じられることが多い．

しかし，性行動も社会の影響を非常に強く受けている．図0-1には，東京都の中学生3年生と高校生3年生に対する質問紙調査で，「性交（セックス）」を

0-1 社会的存在としての人間観——3

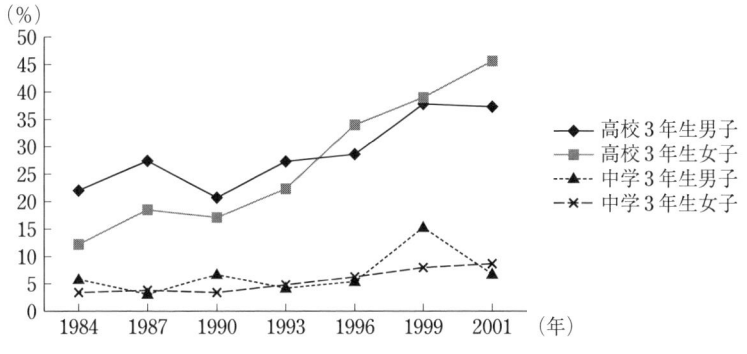

図 0-1　東京都の中学生・高校生の性交経験率
(東京都幼稚園・小・中・高・心障性教育研究会(2002)および同会の過去の報告書から，引用者が作図した)

経験したと回答した比率を示してある(東京都幼稚園・小・中・高・心障性教育研究会，2002)．この調査はほぼ同じ生徒層を対象にして，1984年から2001年まで調査を繰り返している．

　図0-1からわかるように，高校生3年男子は1996年までは2割台で推移していたが，1999年以降は4割弱に急増している．同様の急激な変化は，高校生女子では1993年から1996年にかけて起きている．

　この約20年間の高校生の性経験率の変化は，生物学的な要因の変化では説明がつかない．とくに，1995年前後に起こった「援助交際」という社会現象に注目しない限り，理解することはできない．

　「援助交際」とは，女子中学生や女子高校生が金品と引き替えに見知らぬ男性とデートや性交をする行為で，マスコミで注目されて一定規模の流行現象となった(菊島ら，1999)．この「援助交際」現象が高校生の性意識に与えた影響を考慮しなければ，図0-1にみられる性経験率の増加は理解できないであろう．

　このように，一見，生物学的な要因や成長という側面が強調して理解されやすい性行動でさえ，社会的な要因の影響を受けているのである．

(b) 自覚されにくい社会的影響

　社会的影響に関しては，ひとつ留意すべき点がある．この影響は，行動して

いる人自身には自覚されにくいという事実である．

　社会心理学では有名な研究のひとつに「傍観者効果」研究がある（コラム 0-1 参照）．この研究では一連の実験が行なわれているが，ひとつの実験では，隣室で女性の悲鳴が聞こえても，同じ部屋に他人が同席していると，その女性を助けに行かなくなるという知見が得られている．しかし，実験後に実験に参加した人たち（心理学では被験者と呼ぶ）に面接を行なったところ，被験者自身は，自分が他者の影響を受けていたとは思っていなかった．

　私たちは，他者が同席すると仕事の効率がよくなることがある．人が流行の品をもっていれば自分ももちたいと思う．自分の能力や運を人と比べて，やる気を出したり，やる気を失ったりしている．こうした身近な他者からの影響だけでなく，所属する組織や集団の影響も受ける．在籍している大学や会社のカラーにあった行動や服装をし，所属するサークルのリーダーの指示に従い，仲間の言動に心を動かされたりしている．さらに，第 4 章「マスメディアとステレオタイプ」で詳述するように，知らず知らずのうちに接したマスメディアの影響も受けている．

　一方，私たちは自分が他者に与えている影響を自覚していないことも多い．3-3 節で説明するように，ABO 式の血液型によって人の性格が異なるという信念は，科学的根拠のない思いこみ（血液型ステレオタイプ）であるが，このステレオタイプは善意の人々によって広められている．

　たとえば，あなたが友人に向かって，「私は血液型をきけば，その人の性格を当てられるわ」と言えば，あなたは自分が偏見を抱いていることを友人に示すことになり，ステレオタイプを広めていることになる．さらに，「B 型の人は人付き合いが……」と話し始めれば，あなたは B 型の人に対して差別をしていることになる．しかし，多くの人は，こうした自分の行動がもつ意味や他者への影響を自覚することはない．

　先に紹介した傍観者効果に関していえば，街中で誰かが助けを求めて叫んでいるときに，あなたが何の手助けもしなければ，あなたの振舞いを見た他の人たちも，手助けをしなくなってしまう．助けを求められた人は互いに，他の人

> ## コラム 0-1 傍観者効果
>
> ラタネとダーリー(Latané & Darley, 1970)は，他者が助けを求めている場面において，居合わせた人の数と助けられやすさとの関係を，一連の実験で分析している．ある実験では，女性が悲鳴をあげるという場面が用いられた．
>
> コロンビア大学の男子学生が「市場調査」の名目の実験に参加した．学生(被験者)は女性の「調査員」に案内され，実験室に入った．実験室の隣には書棚の上に書類や実験装置を並べた部屋があり，アコーデオンカーテンで仕切られていた．女性は質問紙への回答を指示し，隣室に移動した．被験者が回答しているときに，隣室からは女性が動き回る音が聞こえていたが，女性が椅子に乗って本をとろうとして，椅子が倒れる音と派手な悲鳴が聞こえた．「痛い！ 痛い！　あら，私の足！……」
>
> 実はこの物音と悲鳴は，テープに録音されたもので，女性は被験者が自分を助けに来てくれるか，声をかけてくれるかどうかを観察し，その行動までの時間を測定していたのである．
>
> また，この実験では質問紙への回答時に，被験者が1人でいる条件だけでなく，まったく面識のない被験者が2人でいる条件，悲鳴を聞いても何も反応しない実験協力者(サクラ)と一緒にいる条件などの条件が設けられた．
>
> 実験の結果，被験者が1人で回答している条件では70%の被験者が助けに行くなどの介入行動をとった．一方，被験者が2人の条件やサクラと一緒の条件では，介入した比率は40%にとどまった．
>
> このように，他者から助けを求められたときに，その場に居合わせた人の数が多いほど，助けが得られにくくなるという現象は**傍観者効果**(bystander effect)と呼ばれる．傍観者効果は，他の人も無反応をまねるという模倣と，居合わせた人が多くなるほど助けようとする責任感が減ってしまうために起こるという責任の分散とによって，生じると考えられている．

の影響を受けたとは思っていないまま手助けをしないので，結果として助けを求めた人は見捨てられてしまうのである．

社会心理学を学べば，自分が受けている社会的な影響や自分が及ぼしている社会的影響を自覚できるようになるであろう．さらに，そうした影響を受け入

れたり，拒絶したりする主体性を取り戻すきっかけになるかも知れない．

(c) 社会心理学の研究領域

　本書で紹介する社会心理学の研究を整理するために，社会心理学の研究領域を説明しておきたい．社会心理学の研究は，表0-1に示す4領域に分けることができる．

　第1の領域は，「個人内の社会的過程」と呼ばれる．社会的環境の中で生活する個人の心理に，社会的な要因がどのように影響しているかを研究する領域である．自分に対するイメージがどのような要因に影響されるかを分析する社会的自己，政治や環境問題などのさまざまなことやものを，どのように受け止め考えているかを分析する社会的態度などの下位領域が，この領域に含まれる．

　第1章で紹介する「不思議現象を信じる気持ち」という研究テーマは，社会的な事象をどのように信じるかを研究する「社会的態度」の下位領域に含まれる．

　本書では，第1章「不思議現象の流行」，第2章「自己への関心」，第3章「偏見・ステレオタイプ」，第6章「ジェンダー」において，個人内の社会的過程の研究を紹介する．

　第2の領域は，「対人相互作用」や「対人行動」と呼ばれる領域である．2人か数人の間で行なわれる行動に注目して，行動にかかわる心理や意識を研究したり，行動や意識に影響する要因を分析する領域である．恋愛や友人関係などの親密な対人関係，複数人の間で行なわれる相互作用を社会的交換理論という枠組みの中で捉える研究，人を助ける援助行動，人を傷つける攻撃行動などの下位領域が，この領域に含まれる．本章で紹介した傍観者効果の研究は，対人相互作用領域の中の援助行動研究の代表例である．

　本書では，第5章「恋愛の心理学理論」および第9章「悲嘆過程」において，この領域の研究例を紹介する．

　第3の領域は，「集団行動」である．心理学では，互いに相手のことを知っていて，一定の期間相互作用があり，多くの場合メンバーの中で目標が共有さ

表 0-1　社会心理学の研究領域

領域	下位領域の例
個人内の社会的過程	社会的自己，社会的態度，社会的信念
対人相互作用	恋愛，社会的交換，援助行動，攻撃行動
集団行動	リーダーシップ，集団への同調，職場のモラール
集合現象	マスコミ，世論，流行・うわさ，災害心理

れ，役割が決まっているような人の集まりを，**集団**(group)と呼んでいる．集団内でどのような行動が起こり，どのような要因が集団メンバーの行動や心理に影響するかを分析するのが，集団行動の領域である．この領域には，どのような人がリーダーになれば集団運営はうまくいくかなどを研究するリーダーシップ研究，集団の圧力によって個人が態度を変えてしまう集団への同調現象を扱った研究などが含まれる．

本書では第8章の「組織の事故」において，この領域の研究を紹介する．

第4の領域は，「集合現象」と呼ばれる．互いに面識がなく集団として活動していない多くの人々の間で起こる行動や心理現象を扱う領域である．マスコミに関する研究，世論がどのように形成されるかという世論研究，流行やうわさ研究，災害時に人がどのように行動するかを調べる災害心理も，この領域に含まれる．

本書では，第4章「マスメディアとステレオタイプ」，第7章「災害心理」において，この領域の研究例を紹介する．

0-2　データ実証主義

現在の社会心理学が共有する第2の基本的な考え方は，データ実証主義である．

社会心理学では，表0-2に示すような多様な手法を用いてデータを採り，そのデータに基づいて理論を構築するという立場をとっている．思弁や思索は研究の出発点にはなるが，データに基づかない限り，科学研究とは見なされない．

表 0-2　社会心理学の主な研究方法

質問紙調査	─┬─ 無作為抽出標本調査
	└─ 有意抽出標本調査
実　　験	─┬─ 実験室実験
	└─ フィールド実験
面接調査	─┬─ (一般的な)面接調査
	└─ フィールド調査
内容分析	─┬─ マスメディアの内容分析
	└─ 事例記録・資料の分析
観　　察	

　データによる実証を重視するこのような立場を，**データ実証主義**(または実証主義)と呼ぶ．

　データ実証主義は，現代の心理学でほぼ共通して採用している立場であるが，社会心理学では他の心理学分野に比べて，実証の方法が多様であるという特徴がみられる．

(a) 社会心理学の方法

　現代の社会心理学では多様な方法が用いられているが，表 0-2 に主な研究方法を列挙した．

　質問紙調査は，現在の社会心理学でもっともよく用いられる方法である．第1章では，高校生と成人の不思議現象を信じる気持ちの分析において，この手法での調査例を紹介する．質問紙調査は，回答者になりうる人全体(「母集団」や「ユニバース」と呼ばれる)から回答者(「標本」)を選び出す手続き(「標本抽出」)によって，無作為抽出標本調査と，有意抽出標本調査とに分けることができる．無作為抽出標本調査はくじ引きのような方法で母集団から偏りなく標本を選ぶ調査であり，得られた結果から母集団の様子を統計的に厳密に推定することができる．有意抽出標本調査は，母集団から任意に標本を選ぶ調査であり，

母集団の推定はできない．回答者の社会的属性によって回答が大きく異なる現象に関しては，無作為抽出標本調査が必須となるが，実際の研究においては実施が容易な有意抽出標本調査が行なわれやすい．

　実験は，人為的に特定の条件を設定して観察や測定を行なう方法である．先に紹介した傍観者効果研究も実験の一例である．実験においては，実験の前提となる仮説の設定，操作する条件(独立変数)の設定と，操作しない条件の統制，結果として分析する現象(従属変数)の測定を，いずれも厳密に行なう必要がある．実験は実験室内で行なう実験室実験と，日常生活の状況の中で行なうフィールド実験とに区分される．実験室実験では，厳密な条件設定が可能であるという優れた特徴を有するが，設定された実験状況が日常生活からかけ離れてしまう危険性も有している．フィールド実験は，日常的な状況で行なわれるため，結果が生活に即していて理解されやすいが，厳密な条件設定が難しいという制約がともなう．また，実施する際に倫理的な問題も生じやすい．

　面接調査は，回答者と対面して話を聴取する手法で，質問紙調査と併用されることもある．社会心理学では大学で学生を対象にした面接調査を行なうことが多いが，特定の地域に研究者が出向き，その地域に住む人に面接を行なうこともある．後者はフィールド調査と呼ばれる．地域性の高い現象や普通の人が体験することが少ない歴史的な現象に関しては，フィールド調査が用いられる．本書では第7章において，阪神・淡路大震災のフィールド調査の例を紹介する．

　内容分析は，マスメディアの報道内容を分析したり，事例の記録や現象にかかわる資料を分析する方法である．たとえば「援助交際」に関する雑誌記事がいつ頃から多くなり，いつ頃に消失したかを分析した研究(菊島ら，1999)や，松任谷由実の歌詞の内容を検討して，彼女の歌が長く好まれる理由を検討した研究(中村，1994)などが，内容分析に含まれる．

　観察は，現象に介入しないで，自然状態のまま記録する研究方法である．この方法は研究仮説をたてるために行なわれることが多い．実験や調査が難しい対象にアプローチする際や，十分に検証されていない現象に対して探索的にかかわる場合には，観察が用いられる．

(b)「常識」のうそ

　表 0-2 にあげた社会心理学の手法を用いると，一般的に信じられている「常識」が，まったくの誤りや誤解に基づくものであることが明らかになることがある．

　先に紹介した2つの例を再び挙げると，血液型によって人の性格が異なるという思いこみ(血液型ステレオタイプ)は現代社会に広く蔓延しているが，第3章で細かく説明するように，一連の質問紙調査研究でこの思いこみが誤っていることが明らかになっており，誤っているにもかかわらず信じられていることが明らかになっている．傍観者効果研究の実験結果も，周囲に人が多ければ多いほど助けられやすいだろうという，「常識」とは逆の現象が起こっていることを明らかにしている．

　広く信じられてきた常識が，社会心理学による検証でくつがえされた他の例として，「日本人は集団主義的な国民である」という通説をとりあげよう．

　他の国民と比較して日本人の特徴を論じた議論は「日本人論」と呼ばれる．日本人論の多くは，日本人の行動の特徴として「集団主義」をあげている．日本人は集団で行動することが多く，個人の都合より集団全体の利益や秩序を優先するという考え方である．こうした日本人論を唱えるものの多くは，日本人の集団主義を批判し，西洋の個人主義になるべきとの暗黙の価値観を押しつける傾向がみられる．

　しかし，日本とアメリカを含む複数の国民を対象とし，統制された条件の下で行なわれた意識調査の結果を通覧した高野・櫻坂(1997)は，この通説が誤りであると指摘する．検討対象となった12件の研究のうち，日本人がアメリカ人より集団主義であると結論できた研究は2件で，3件は逆にアメリカ人の方が集団主義的であるという結果を示し，残り7件は日米間に差を見出していなかった．

　科学的検証という視点から考えてみると，日本人論には科学的といえない論拠に基づくものが多い．大半の日本人論は，身近に接した少数の外国人の観察に基づいている．観察の場は，留学体験や短期間の外遊という限られた場所に

制約されている．さらに多くの日本人論は「日本人は集団主義である」という先入観をもって行なわれている(高野・纓坂，1997)．こうした科学性に欠けた観察が，認知的なバイアスを生み，誤った通説を流布させたものと考えられる．

社会心理学を学べば，このような誤った「常識」の真偽を確かめる方法を学ぶことができる．また，これまで単純に信じてきたことが，科学的視点からは誤解や偏見に満ちたものであることに気がつくかもしれない．

0-3 社会心理学の新しい動向と本書の特色

社会心理学は第二次世界大戦後から隆盛になったが，それぞれの時代で研究が集中した領域や研究に対する考え方は変化してきた．本節では，現代社会心理学の動向を紹介し，本書の内容の特色について説明する．

（a）現代の社会心理学

現代の社会心理学では，表0-3に示すような新しい動向がみられる．

第1は，進化心理学や社会生物学や行動生物学の視点から，人の行動を捉えようとする姿勢である．日本では亀田・村田(1999)などがこの視点にたった社会心理学を提唱している．

第2は，精神生理学的手法を研究の中に取り入れていこうという姿勢である．社会心理学や関連領域では以前から，脳波や皮膚電位反射などの生理指標を使った心理過程の研究が行なわれていたが，最近ではPETやfMRIなどの脳内活動をリアルタイムで測定するツールを用いた研究に注目が集まっている．ただし，これらの研究はアメリカに多く，日本には研究例が少ない．

第1と第2の研究動向は，本シリーズ第7巻『脳科学と心の進化』において紹介されているので，参照されたい．

第3は，文化差に注目した研究である．北山(1998ほか)はアメリカと日本の自己に対する捉え方の違いに着目し，独自の理論(文化的自己観)を構築し，文化心理学を提唱している．先に紹介した高野・纓坂(1997)も，国民による心

表 0-3 社会心理学の新しい動向

1 進化心理学や社会生物学，行動生物学の理論的影響
2 精神生理学的手法の取り入れ
3 文化差への注目
4 質的研究アプローチ
5 社会現象への工学的アプローチ
6 臨床社会心理学の展開

理の差を検討した研究と位置づけられる．

第4は，質的研究アプローチである．社会的現象に対して，面接調査やフィールド調査や観察を用いて接近し，数量データではなく，質的データとして捉えようとする立場である．このアプローチでは，社会現象を社会的歴史的に構成された産物であると見なして，理論的に位置づける**社会構成主義**(social constructionism)の立場が採用されることが多い．

第5は，社会現象への工学的アプローチである．社会現象から理論を組み立てるという理学的なアプローチではなく，現実社会で問題になっているさまざまな現象に対して，社会心理学的な視点や方法を使いながら取り組み，問題の解決や緩和を目指すアプローチである．従来は，社会心理学の理論を現実社会に応用するという「応用」アプローチが提唱されてきたが，社会心理学の既存の理論では社会問題の解決に直接結びつかないことがあり，このアプローチへ転換するようになった．日本では，竹村(2004)がこのアプローチを採用し，問題解決型の研究を提唱している．

このアプローチと密接に結びついているのが，第6の臨床社会心理学の隆盛である．臨床社会心理学は，人間の適応の理解および向上や問題解決をするために，社会心理学の原理や知見の応用を図る学問と定義され，臨床心理学と社会心理学の接合領域と位置づけられている．しかし実際の臨床社会心理学は，死別反応や緩和ケアなどの，従来は臨床心理学でも社会心理学でも扱われてこなかった独自な領域で展開されており，社会心理学の原理や知見の応用の枠を越えて隆盛を迎えつつある．日本でも坂本・佐藤(2004)などの紹介本が多く出

版されている．

（b）本書の特色と社会心理学を学ぶ意義

本書では，上記の動向のうち，第5と第6の動向に着目して，社会心理学の研究を紹介する．とくに，日本の現実社会で起きているさまざまな問題をどのように理解し，どのような方向で解決の糸口があり得るかを模索した研究を中心にして紹介している．

このため，本書は社会心理学の研究領域や社会心理学の基本理論を，網羅的には紹介していない．本書が扱っていない領域や理論を学ぶためには，巻末の「読書案内」などを参照されたい．

最後に，本書を通して社会心理学を学ぶ意義をまとめておこう．

社会心理学の第1の基本的な考えである「社会的存在としての人間観」にたてば，人は知らず知らずのうちに他者や集団や社会の影響を受ける弱い存在であることを自覚できるであろう．しかし，この自覚こそが，自分自身の意思に基づいて自分の考え方や生き方を決めていく基盤となりうるとも考えられる．人はさまざまな社会的影響を受けながら，その中で自分の生き方を選ぶことができる自由をもっている．知が人に自由をもたらすとすれば，社会心理学の学びは少しだけその自由の幅を広げるかも知れない．

社会心理学を学べば少なくとも，自覚しなければ他者や社会に流されていってしまう自分自身の弱さを自覚するという謙虚さを，身につけられるかも知れない．

社会心理学の第2の基本的考えである「データ実証主義」を学べば，身の回りのさまざまなことを科学的にきちんと捉えることの重要性が理解されるであろう．さらに科学的に捉えるための視点や，具体的な検証方法を身につけることができよう．

現代社会の問題，とりわけ差別や偏見に対して立ち向かっている人々は，社会心理学の学びを通して，差別を続け，偏見を抱く人々に対して科学的な事実を突きつけていくための力を身につけていただきたいと願っている．

また，本書が採用する工学的アプローチや臨床社会心理学を学ぶことによって，心理学がどのように社会と切り結んでいるのかを理解していただけるであろう．社会心理学の現実社会に対する取り組みは，決して順風満帆ではない．現場に具体的な解決を提示できない理論の脆弱性，現場のニーズを把握できない研究者の能力不足，科学的な検証を阻む現場の制約など，さまざまな問題が山積している．しかし，本書で紹介する多くの研究とそれに従事している研究者は，現実の問題に対してより多くの科学的アプローチを仕掛けようと努め，実際に徐々に成果を上げつつある．

　本書で紹介するさまざまな研究をお読みいただければ，現実社会とかかわる学問の効力感と，現実の問題に取り組む勇気とを，少し感じていただけるかも知れない．

1 不思議現象の流行
――占いが「当たる」わけ――

　朝のニュースショー番組には，占いコーナーが設けられていることが多い．「占いカウントダウン」や「今日の星占い」などの名前で，NHKを除く大半の放送局で占い番組をとりあつかっている．扱われている占いは12星座占いが多いが，血液型などの他の占いと組み合わせたコーナーもある．ゴールデンタイムには女性占い師が高視聴率をとっている．テレビだけでなく，女性向けの雑誌には占いの欄が常設され，占いを特集すると，売り上げが伸びることが知られている．このように，現代日本には占いが蔓延している．
　本章では，現代日本において占いや神秘的な事象が広く信じられている現象に着目して，社会心理学の視点から占いがはびこる理由を分析する．

［キーワード］
▼
宗教カルト
バーナム効果
基底比率の誤認知
自己充足予言（自己成就予言）
流　　言

1-1 星占いは当たるか

まず，占いの代表として，12星座の占いをとりあげ，この占いが当たるかどうかを検証しよう．星占いには，運勢占いと相性占いがあるため，それぞれを検討したデータを示す．

(a) 運勢占いの検証

松井（未発表，表1-1の注参照）は，運勢占いが当たるかどうかを調べるために，簡単な実験を行なった．この実験では，女子学生に日記を書くことを求めた．日記は，就寝前にその日を振り返り，「運が良かった」と思ったら○，「運が悪かった」と思ったら×，「どちらともいえない」と思ったら△を，それぞれ記録するように求めた．ただし，この日記を書いている間は決して星占いの記事を読まないように注意した．

同実験では日記を記録している期間に，別の学生に，雑誌3誌に掲載された星占いの記事の切り抜きを求めた．これらの雑誌にはすべて，12星座ごとの毎日の「運勢」が記載されていた．3カ月間の日記記録終了後に，記事を切り抜いた学生に，日記を書いていた星座欄の「運勢」の内容の判定を求めた．判定は，「運が良い」場合は○，「運が悪い」場合は×，「どちらともいえない」場合は△の3カテゴリーで求めた．

最後に，実験期間中の各日における日記の○×△と占いの○×△の判定とを表にまとめた．この実験の結果の一例を表1-1に示す．

もし，星占いが完全に当たっていたとすれば，○と○，△と△，×と×の部分（表中に四角で囲んである）の合計（的中率と呼んでおく）は，100%になるはずである．一方，占いが完全にでたらめ（ランダム）であった場合には，的中率は何%になるであろうか．

大学の講義でこのデータを紹介すると，多くの学生は「占いがでたらめならば，的中率0%」と解答する．しかし，これは誤答である．ゆっくり考えれば

表 1-1　日記実験の結果

占い \ 日記	○	△	×
○	[10]	20	1
△	13	[16]	2
×	9	19	[2]

2月14日生まれの女性のM誌に関する結果．四角の合計である的中率は，30.4%であり，でたらめの的中率とほぼ同じである．このデータは，1983年10月4日に放映された番組「そこが知りたい第71回占いはどこまで当たるか?!　PART II」(TBS制作) の依頼で，筆者が収集管理と解析を行なったデータである．

わかることであるが，占いが完全にでたらめであれば，的中率は33%になる (9つのマスの中にでたらめにボールを投げ入れた場合に，3つのマスにボールが入る確率と考えればよい)．

　実際に，表1-1のデータから的中率を計算してみよう．全92日のうち，四角内は28日であるので，的中率は30.4%になる．この占いの的中率は，でたらめの結果とほぼ一致していた．

　3雑誌に関して，のべ14名のデータを同様に集計したが，3誌の的中率は，A誌平均30%，B誌平均33%，C誌平均30%になっており，みごとにでたらめの的中率と一致していたのである．

(b) 相性占いを検証する

　12星座占いでは，星座の角度で二者の相性を占う．図1-1のように12の星座を360度に均等に布置すると，隣り合う星座どうしは30度の角度をなす．星占いでは，人の関係を属する星座がなす角度で予測できると考えられている．具体的には，相性が良いのは120度の角度にある2人であり，相性が悪いのは90度にある2人であると考えられている．

　この相性占いが当たっているかどうかを検証するために，3種のデータを収集した (松井，未発表)．

図1-1　12星座の相性のとらえ方
12星座の相性の考え方．相性がいいのは120度の位置にいる相手（おひつじ座であれば，しし座といて座）であり，相性が悪いのは90度の角度にいる相手（おひつじ座であれば，かに座とやぎ座）であるという．ただし，この図を信じるかどうかは，本文を読んでから考えていただきたい．

第1のデータは，世田谷区の1000組の夫婦のデータである．住民台帳から夫婦の生年月日を採録した（以下，一般夫婦と記述）．第2のデータは，金婚式をあげた夫婦のデータで，神奈川県の記録から1000組の夫婦の生年月日を採録した（金婚夫婦）．当時，神奈川県では同県に在住して結婚50年を迎えた夫婦を表彰する制度があり，この記録の写しをいただいた．第3は，離婚相談所に相談に来て1年以内に離婚した元夫婦1000組の生年月日である（離婚夫婦）．

これらの生年月日について，本職の星占い師に，角度の判定を求めた．星座の判定は，年によって微妙に日にちがかわるため，占い師に判定を求める必要があったのである．判定された角度のうち，相性の良いはずの120度と相性が悪いはずの90度の結果を，表1-2にまとめた．

星占いが本当に当たっているのであれば，相性が良い夫婦は婚姻生活が長続きするはずであるから，一般夫婦より120度が多く90度が少ないと予想される．一方，離婚した元夫婦は相性が悪いから90度が多く，120度が少ないと予想される．

表 1-2　相性調査の結果

	n	120°	90°
一般夫婦	1000	159 組	182 組
金婚夫婦	1000	155	177
離婚夫婦	1000	154	167

3 群の夫婦の星座の角度を示す．3 群の間に含まれる夫婦の数には，統計的な差は見られない．

　表 1-2 をご覧いただきたい．相性が良いはずの金婚夫婦のうち 120 度の角度にある夫婦は 155 組で，一般夫婦 159 組より少ない．相性が悪いはずの離婚夫婦で 90 度の角度にある夫婦は 167 組で，一般夫婦 182 組より少ない．統計的な処理をすると，3 群の差は誤差にすぎないことが明らかになる(統計学では「3 群間に有意差がない」と表現する)．したがって，このデータでは，12 星座の相性は，まったく当てにならないと結論される．

　実は，星占いを検証したのは，このデータが初めてではない．アイゼンクらは，星占いに関する多くの文献を収集して，その真偽を検討し，自身でもデータを採って星座と性格の関係などを分析している(アイゼンクとナイアス，1986)．その結果，占星術はほぼ全てが迷信であると結論している．

1-2　不思議現象を信じる理由

　以上のように占いを科学的検証したデータは，星占いは当たらないことを明確に示している．しかし，現代人の多くの人が占いや神秘的な事象の存在を信じている．この理由を，占いや不思議現象を信じる人の特徴と占い情報の特徴の 2 側面から分析する．

(a) 高校生が信じる理由

　ライフデザイン研究所は，1991 年，1993 年，1995 年の 3 回にわたって，首都 50 キロ圏に在住する高校生から 900 名ずつを無作為抽出して(調査の対象と

表1-3 不思議現象に関する質問項目

あなたは次にあげてあるようなことを信じていますか．
あなたが信じているものすべてに〇をつけてください．
（〇はいくつでも）
1. UFO   6. たたり   11. 神社などのお守り
2. 占い   7. 神仏の存在 12. 死後の世界
3. 霊   8. 前世の存在 13. この中で信じているものは
4. 超能力 9. おまじない   ひとつもない
5. 手相   10. 血液型性格判断

(ライフデザイン研究所(1996)の調査項目)

なる人の中から，サイコロを転がすように偏りなく，調査対象者を選ぶ手続き），大規模調査を行なった．同調査には表1-3に示す質問項目が含まれていた．表1-3の項目では，12種類の占いや神秘現象などの不思議現象をあげ，それらを信じているか否かを尋ねている．松井(1997)は，この項目への回答を分析している．

図1-2には，1990年代の高校生がどのような不思議現象を信じていたかを示している．「占い」は3～4割の女子が信じ，2割弱の男子が信じていた．同様に，「手相」「おまじない」「血液型性格判断」「神社などのお守り」「霊」「前世の存在」など，占いや霊魂などにかかわる不思議現象は，女子の方が多く信じていた．とくに，「占い」と「血液型性格判断」は，女子が信じる比率が高かった．「血液型性格判断」がなぜこのように信じられているかについては，第3章で詳しく検討する．他方，男子が多く信じていたのは「UFO」であり，4～5割の男子が信じていた．

同研究では，これらの現象を信じている度合を数値化し，どのような原因で高校生が不思議現象を信じているかを分析している．その結果，男女とも，宗教に関心をもち，科学には限界があると感じている生徒ほど，不思議現象を多く信じていることが明らかになった．女子においては，友人と同じような行動をとりたがる性格特性(同調性)が強い生徒ほど，こうした現象を信じていた．女子には「友達が信じているから自分もついつい信じてしまう」という心理が

1-2 不思議現象を信じる理由——21

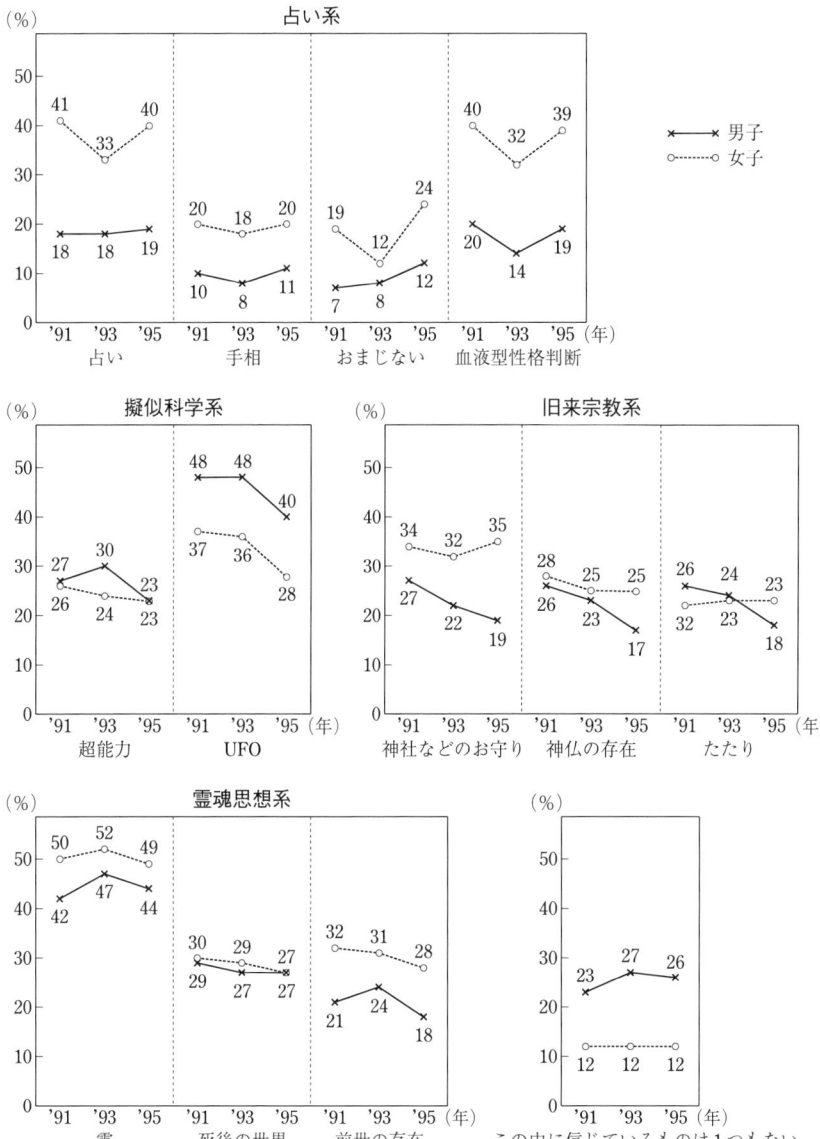

図 1-2　不思議現象を信じていた高校生の比率(松井, 1997)

見られるのである．一方，男子においては，学校では適応しているが家出や暴力をふるいたいという気持ちが強い生徒ほど，多くの現象を信じていた．不思議現象を信じる男子生徒の中には，表面的には学校でうまくやっているが，内面では問題を抱えている者が多いのである．

(b) 大人が信じる理由

では，こうした現象を信じているのは高校生だけであろうか．

図 1-3 には，1997 年に実施された意識調査の結果を示している(松井，1998)．この調査は首都 50 キロ圏内に在住する 18〜69 歳の男女から，1600 名を無作為抽出し，訪問留め置き法(調査者が回答者の自宅を訪ねて回答を依頼

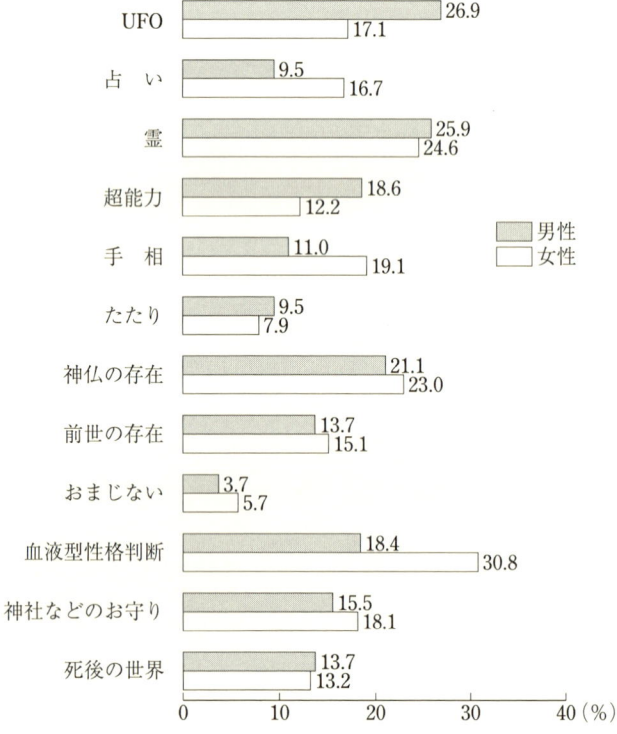

図 1-3　不思議現象を信じていた成人の比率(松井，1998)

し，質問紙を置いて，後日記入された質問紙を回収する手法)で行なった意識調査である．調査にほぼもれなく回答した有効回答者は，1026名である．

図1-3をみると，成人であっても，2割強の人々が「霊」や「神仏の存在」を信じ，2割強の男性が「UFO」を，3割の女性が「血液型性格判断」を信じていることがわかる．高校生(図1-2)と比べると，全般に信じている比率は低めであるが，現代日本では大人でも不思議現象を信じている人が少なくないことがわかる．

高校生と同様に，どのような人々がこうした現象を信じているかを分析したところ，20代，30代の男女では，神経症傾向と賞賛獲得欲求が主な原因となっていることが明らかになった．神経症傾向とは，些細なことにこだわり，不安を感じやすい性格を意味する．賞賛獲得欲求とは，人からほめられたい，人からの注目を浴びたいという気持ちを意味する．したがって，不思議現象を信じている20代，30代の人は，将来や生活への不安が強いために占いなどに頼り，占いや神秘現象の知識を人に話して注目されたいという気持ちをもっていると推測される．

アメリカにおいて，不思議現象を信じる人々の特徴を分析した研究結果を整理したヴァイス(Vyse, 1996)によれば，不思議現象を信じる人は，神経症傾向が強く，自我が弱く，落ち込みやすく，自尊心が弱く，不安が強いという特徴がみられた．これらの特徴は上記に紹介した日本の高校生や成人の特徴とほぼ一致している．

(c) 不思議現象と宗教カルト

以上のように，不思議現象を信じる気持ちを分析してみると，この気持ちの背後には，宗教への関心，科学には限界があるという意識，不安，賞賛獲得欲求が潜んでいることがわかる．とくに男子高校生では，表面的な適応と問題行動への欲求もみられた．

こうした気持ちは，1995年3月に地下鉄サリン事件を起こしたオウム真理教の信者の心理と共通する部分が多い．オウム真理教は，松本智津夫が創始し

た宗教カルトで，坂本弁護士一家殺人事件や松本サリン事件などの反社会的活動で有名になった集団である．この集団の信者には，教祖に強く頼る気持ち(依存)の他に，超能力などの神秘現象への関心，科学への疑い，この世の終わり(ハルマゲドン)や社会情勢に対する不安，ふだんの生活における不適応感などの特徴が指摘される．これらの特徴は，不思議現象を信じる人々の心理的特徴と類似している．不思議現象を信じる人々の気持ちの特徴が極端に現れたのが，宗教カルトの信者であるとも理解できるのである．

(d) 不思議現象を支えるメディアの問題

現代日本において，不思議現象が信じられるもうひとつの理由として，マスメディア，とくにテレビの問題が指摘される．

本章扉で，ニュースショー番組の中で星占いがとりあげられている現状を指摘したが，テレビ番組における不思議現象を扱った番組を分析した報告(草野，2000)によれば，定常的に占いコーナーをもつテレビ番組は2000年時点で6番組あり，特集を組んだ番組は1999年1年間で総計172番組に達している．

先に紹介した成人調査でも，不思議現象の情報を得ている情報源は，「テレビ」が圧倒的に多いことが明らかになっている．「神秘現象・超常現象」を「見聞きする」「たまに見聞きする」と答えた282名に対して，その情報源を尋ねた結果が表1-4である．表からわかるように，9割近い人が「テレビ番組」から情報を得ており，「一般の雑誌・週刊誌の記事」などの他のメディアから情報を得ている人は2割以下にすぎない．

不思議現象のテレビ番組に関しては，1997年5月に画期的な裁判結果が出ている．あるテレビ局が放映した「超能力治療師」の被害に関して，テレビ局と番組制作会社に損害賠償が請求され，地方裁判所が賠償するべきという和解案を提示した．この裁判では，中国人の自称「超能力治療師」が，「宇宙パワーで病気を治す」と称して，高額な「治療費」をだましとったと訴えられた．訴えられたテレビ局は，4回にわたってこの「治療」を放映し，同テレビ局の出版部からは著書まで出版した．この一連の放送と出版に対して，裁判所は

表1-4 不思議現象の情報源

情報源	
テレビ(地上波)の番組	86.5%
一般の雑誌・週刊誌の記事	21.3
家族以外の人との会話	17.0
書籍(マンガ以外)	16.3
新聞(一般紙)の記事	11.3
家族との会話	10.6
ラジオの番組	8.9
各専門分野の情報誌の記事	8.2
新聞(スポーツ紙)の記事	6.0
ケーブルテレビ・衛星放送	5.3

「神秘現象・超常現象」を「見聞きする」(「たまに見聞きする」を含む)と回答した人の比率($n=282$)ベース(松井,1998)

6000万円の賠償を行なうように決定した(朝日新聞1997年5月27日夕刊および同28日朝刊).

　この裁判は,マスメディアが不思議現象への信念を煽り立て,病気をもつ人々を食い物にする犯罪に荷担したことを認めた画期的判決であり,この後しばらくの間はこの種の番組のテレビ放送は抑制されていた.しかし,その後,不思議現象を扱う番組は復活し,占い師が主役になるテレビ番組が高視聴率を得る時代に至っている.

　放送法第1条2には,放送の原則として「放送の不偏不党,真実及び自律を保障することによって,放送による表現の自由を確保すること」をあげているが,こと不思議現象に関しては「真実の保障」は無視され続けている.こうして,不思議現象をネタにした詐欺や詐欺まがいの行為(ラマーとキーン,2001など)が蔓延し続けるという現代の状況が現れているのである.

　マスメディアが私たちの信念に影響して,社会的な問題を引き起こす現象に関しては,第4章でさらに詳しく論じられる.

1-3　占いが当たる理由

占いは1-1節で述べたようにきちんと検証すれば，実際には当たっていないにもかかわらず，「当たる」と思われている．占いが「当たる」と思われる理由を，占いの情報の特徴という視点から検討する．

（a）占い情報はあいまいで一般的

伊藤(1996)は「非科学」に関する態度の研究の中で，研究者や研究協力者が占い師に占ってもらったときの会話を記録している(表1-5)．この記録を参考にしながら，占い情報の特徴を説明する．

占い情報の第1の特徴は，曖昧性にある．この特徴について伊藤(1996)は表1-5Aの会話を紹介している．「(運勢が)低迷する」や「健康面もちょっと」といった漠然としていて，どんな健康上の変化にもあてはまるような表現をとっている．あいまいな情報は，厳密に当たったかどうかを検証しにくい．このため，占い情報は否定されずに信じられやすい．

第2の特徴は，一般的で蓋然性の高い情報であることである．占い師の発言や占いの文章では，誰にでもあてはまりやすい一般的な性質が客や読み手にあることを指摘する．占い師の言葉や占いの文章は，一見すると具体的で特定的な内容にみえても，その多くは誰にでもあてはまる内容であることが多い．表1-5Bには，恋人が相手のことをすごく思っているなど，若い恋人であればほとんどあてはまる内容の指摘が繰り返されている．

他にもたとえば，大学生に対して「ごきょうだいは少ないほうですね」や「対人関係か進路でお悩みなったことがありますね」や「人に見せない面と見せる面に差があると感じたことがありますね」や「しなくてはならないと思ったことを先送りしてしまったことがありますね」などと指摘すれば，大半の学生は「当たっている」と感じるであろう．これらの占い師の話は多くの大学生の境遇や経験を述べているに過ぎない情報なのである．

表 1-5　占い師との会話例

A　30代の男性客に
客「仕事とか……どうなるかなとか」
占い師「もう仕事は10年ぐらいになるのかな」
客「そうですね」
占い師「仕事上は今年はままなんですけど，来年がちょっと低迷するかな．健康面もちょっと注意しないとね．注意ってそんな怖いものじゃないけどね．疲労なんかを残しちゃダメ」

B　若い恋人2人に
占い師（女性客に向かって）「すごくあなたのことを気にしてくれるのね，あなたは．どうしてるかなとか，もし彼に悪いことが起きたときには大丈夫かなとか，すごく気にしてあげているのね」
占い師（男性客に向かって）「あなたは，彼女に親身にさせてあげたくなるものを持っている．こういう人は大事にしてあげなくてはいけないよ」

C　30代の男性に，手相を見ながら
占い師（終始穏やかに，しかし早口で立て続けに話す）「精神的な労働の仕事？」「あまり威張ることが好きじゃない」「人の使い方が好きじゃない」「もちろん結婚なさっているんでしょう？　家庭は奥さん任せ？」「非常にまじめな方です」「内臓が慢性的に弱い」「ガンとかいったこと（重い病気）はないけれど」「職場を辞めてまで，里に帰ることはない」

（伊藤(1996)より，表記形式を変えて引用）

　心理学では，多くの人にあてはまるような一般的な性格記述が自分だけにあてはまる正確な記述であると受け止めてしまう現象が知られており，この現象を**バーナム効果**(Barnum effect)と呼ぶ．占い師が発する蓋然性の高い情報は，バーナム効果を引き起こし，客に「当たった」と思わせるのである．

　ただし，占い師によっては，やや特殊で具体的な情報や予測を示す場合がある．こうした場合には，表1-5Cのように，一度に大量の情報を提示し，どれかが当たるように話すテクニックも用いられる．そのうちひとつでも当たっていれば，バーナム効果と類似した現象が生じ，全体が当たっているという錯覚を引き起こすことができる(ハインズ，1995)．

（b）客から情報を引き出し，忠告する

客と対面で行なう占いの場合には，客から情報を引き出すという第3の特徴がみられる．表1-5Aの「仕事は10年ぐらいになるのかな」というさりげない問いやCの「もちろん結婚なさっているんでしょう？」の呼びかけが，情報を引き出すテクニックになっている．経験を積んだ占い師であれば，相手の服装やしぐさ，問いに対して客が示す表情や身体の動きからも，客の考えや性格をみぬくことができる．さらに，コールドリーディングと呼ばれる相手に無意識に自分の話をさせてしまう会話テクニックがあるという指摘もある（ハインズ，1995）．占い情報の多くは，客自身が与えているのである．

占い情報の第4の特徴は，教訓や修身や生き方に関する助言や忠告が多く含まれていることにある．表1-5Aの「疲労なんかを残しちゃダメ」やBの「こういう人は大事にしてあげなくてはいけないよ」などの助言や忠告がこの情報に当たる（私見では，「人に対する感謝を忘れてはダメ」とか「墓参りをきちんとしなさい」などの儒教的思想に結びつく恩や修養が強調されやすい）．こうした忠告や助言は，占い師に対する尊敬や評価につながり，占いをより受け入れやすくしているものと推定される．

なお，カウンセリングでは，カウンセラーがクライエントに対して具体的な行動指示を与えることは避けられやすいが，占いでは積極的に行動指針を示す点に情報面での相違がみられる．（本文で触れた要因の他に，プロの占い師が有名人を占ったり，マスメディアに出演して占う場合には，スタッフを使って出演前に占う相手の個人情報や占う土地の情報を下調べし，「当たる」場面を演出することがある（ラマーとキーン，2001など）．これなら，「当たる」はずである．）

（c）発生確率の誤認知

以上の占い情報の特徴は，情報自体の性質であったが，占いを受け取る客や視聴者側の認知の仕方にも，占いが「当たる」と思わせる要因がある．

第1は，発生確率の誤認知（ギロビッチ，1993）である．表1-1の例では，で

たらめな的中率を0%と答える人が多いことを紹介した．この例は，でたらめに起こりうる基底比率(base rate)を低く見積もる認知の偏りが起こることを示している(**基底比率の誤認知**)．私たちは，占いは当たることが少ないという思いこみがあるため，実際にはでたらめでも一定の比率(基底比率)は当たるにもかかわらず，「当たった」ことが強く印象づけられてしまうのである．

　基底比率の誤認知のように，私たちは偶然に事象が起こる確率を誤って受け取りやすく，珍しい事象は記憶に残りやすい．

　ギャンブルやスポーツ場面において成功や失敗が連続すると，記憶に残りやすい(これがスポーツにおける「ツキ」の過信に結びつく)．珍しいことが同時に2種類起こると，記憶に残りやすい(これが「予兆」や「予知夢」の錯覚を起こす)．こうなるだろうと期待していたことに合致することが起こると，合致しないことよりも記憶に残りやすい(「予知能力」の過信に結びつく)．また，偶然に起こったことでも，自分がコントロールしているような錯覚を持ちやすい(Vyse, 1996)．

　これらの現象はいずれも，私たちが偶然に起きた事象の発生確率を，誤って認知していることに起因している．この発生確率の誤認知が生じるために，占い通りに偶然に起こった出来事に対しても，「こんな滅多に起こらないことが予言できたのだから，占いはすごい」と，占いに対する信奉が強まるものと考えられる．

(d) 自己充足予言

　占いは自分が積極的に「当たる」ように振舞うことによっても，「当たって」しまうことがある．

　心理学では，人から自分に関する将来の情報(予言)や他者に関する情報を与えられると，無意識のうちにその予言や情報にあった行動をとるようになり，結果として予言された(情報にあった)状況を現実に作ってしまう現象がみられる．この現象を**自己充足予言**(self-fulfilling prophecy，自己成就予言や予言の自己充足傾向とも訳される)と呼ぶ(6-5節参照)．

自己充足予言は，占いが「当たる」理由をもっともよく説明する現象である．たとえば，恋に消極的な若い女性が，占いを信じて積極的に振舞い，異性に接近できるようになったとする．この場合，女性はますますその占いを信じ，よりいっそう積極的になり，恋人を得るかも知れない．こうして自分について与えられた予言(占い情報)は，本人の行動(異性への接近)によって，現実(恋人を得る)になってしまうのである．

この例では，占いを信じて積極的になったのに失敗したケースが考慮されていないと，疑問を感じられるかも知れない．しかし，流言の性質を考慮すれば，失敗したケースも理解することができる．

(e) 流言の流布

流言(rumour)は，真実であるかどうかを確認されないまま，人々の間に広まる情報や広まる現象を意味する．日常生活の言葉で言えば「うわさ」にあたる．

社会心理学では，その情報が重要であればあるほど，情報に関わる状況があいまいであればあるほど，流言が広まりやすいことが明らかになっている(オルポートとポストマン，1952)．

また，社会不安が高まっているときや，災害後の状況でも，流言が起こりやすくなることが知られている．たとえば，筆者は2004年東京で「都会で中近東風の外国人が道に迷っているのを見かけ，道案内をしてあげたところ，「来週の日曜日にはここに来ない方がよい」と言われた．後日，警察から呼び出しがあり，その外国人はテロ組織のメンバーであると言われた」という流言を採取した．この流言は2001年9月11日のニューヨーク爆破テロに象徴されるテロに対する社会不安を背景にして，流布したものと理解される．

このような不安型の流言だけでなく，日常生活においては，「人面犬」のようなおもしろさを伴った流言も広まりやすい(川上，1997など)．

流言研究ではあまり重視されていないが，流言が話されるためには話し手自身が「話をして自分が損をしない」という前提がある．この流言の前提が，占

いの流言にとって重要な役割を果たしている．先にあげた恋に消極的な若い女性が，占いを信じ，占いに沿って行動したのに，交際がうまくいかなかったケースを思い出していただきたい．このケースで，この女性は「占いを信じた自分のばからしさ」を人に話すであろうか．おそらくきわめて親しい友人だけに自嘲気味にこっそりと話すだけであろう．

　占いを信じてそれが外れたときに感じる自責感や，人に知られたくない気持ちが，自身の経験を人に隠すように働く．人に話せば自分が損をしてしまうためである．

　占いが外れた話は流言として流布されにくい．かくして占いは「当たった」話ばかりが流布されやすいのである．（この項は，元占い師の話(和泉, 1983 など)と心理学の考え方に基づいて記述しており，心理学のデータには立脚していないので，注意されたい.）

（f）占いが的中した感じ
　村上(2005)は占いが的中した印象がどのような要因で起こるかを，一連のデータに基づいて分析している．たとえば研究Ｉでは，女子の専門学校生・短大生 270 名に雑誌の運勢に関する星占いの記事を渡して読んでもらい，1 週間か 3 週間後に，その占い記事が当たったか当たらなかったかを尋ねている．占いの記事は事前にその内容が「良い」か「悪い」かが大学院生によって判定されており，回答者には「良い」記事か「悪い」記事のいずれかが渡された．また，回答者に占いを渡したときに，この占いが当たりそうかどうかを尋ね，「当たりそう」と回答した人を信用高群，「当たらなそう」と回答した人を信用低群として，回答者を 2 群に分けた．

　信用高群・低群別，良い内容・悪い内容別に，「当たった」と感じた得点の平均値を表 1-6 に示す．表からわかるように，占いを信用した群では，悪い内容の占いがよく当たったと感じられていた．また，良い内容・悪い内容を問わず，占いを信用した群(信用高群)が「当たった」と感じていた．

　この結果は，占いが当たりそうと思った人は，実際に占いが当たったと感じ

表 1-6　占いが当たったかの平均得点

	良い内容	悪い内容
信用高群	2.68	3.27
信用低群	2.58	2.63

村上(2005)および村上(私信)による．それぞれの群の「当たった」得点の平均．得点は1から5点に分布し，得点が高いほど「当たった」と回答したことを示す．占いを信用している群が悪い内容の占いが当たったと感じていることを示す．

やすいこと，すなわち占いを信じる人は「良くない運勢」の占いがとくに当たったと思いやすいことを意味している．

　他の結果も総合して村上(2005)は，占いが的中したという判断には自己充足予言的な構造があり，運勢占いは後で回避できなかった「運命」として受け止められていると考察している．

◇ま◇と◇め◇

　意識調査のデータからは，現代人が占いを信じる背景に，宗教への関心，科学への限界観，不安，賞賛獲得欲求などがあり，それらをテレビを中心とするマスメディアが煽っているという構図がみえてくる．一方，占いを情報という面からみると，曖昧性や蓋然性が高く，占い師は客から情報を引き出しており，修身に関する助言が受け入れやすさを高めているという特徴がみられる．さらに，事象の発生確率の誤認知や自己充足予言，流言の流布という占いを受け取る側の認知の働きもあり，占いは「当たった」と認知されやすくなっているのである．

◇問◇題◇

- 雑誌の占い記事を複数切り取り，個人を割りつける個所(生年月日や星座名)を入れ替えた上で，自分や他の人に提示し，バーナム効果が起こるかをチェックしてみよう．

2 自己への関心

　本章ではまず，若者の多くが抱いている「自分を知りたい」という気持ちをとりあげ，それにかかわるさまざまな自己理論について紹介する．そして後半では，自己過程を扱った研究の中からとくに自覚状態理論に注目し，自分に意識を向けることが，人間の行動に大きな影響を与える現象を紹介する．

［キーワード］
▼
自己認識欲求
社会的比較過程
自己査定
自己実現
自己高揚
自己確証
自覚状態

2-1 自己を知りたい気持ち

心理学を学ぶ大学生に,心理学に関心をもった理由を尋ねると「自分をもっと知りたかったから」という回答が多くあげられる.自分を知りたいと感じ,自分についてもっと情報を集めようとして,心理学の本を読んだり性格テストをしたことが,心理学の勉強に結びついているようである.

(a) 自己認識欲求

「自分を知りたい」という気持ちは,心理学に関心をもつ学生だけが抱くものではない.多くの大学生は,「自分をもっと理解したい」という気持ちを抱いている.ある調査によれば,「自分についてもっと理解したいと思うことがあるか」との問いに「よくある」「たまにある」と回答した大学生は,男性で75%,女性で80%に上っている(上瀬,2000)(図2-1).

自分を知りたいと感じ,自分についての情報収集に向かわせる欲求は,**自己認識欲求**(上瀬,1992; 上瀬・堀野,1995)と呼ばれる.自分の悩みを人に話す人,話さない人,さまざまであろうが,実はほとんどの大学生が「自分がわからない」「人からどう見られているのだろうか」「自分には何が向いているの

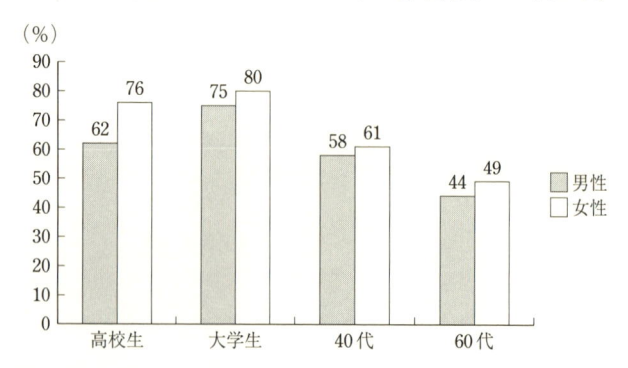

図2-1　各年代別にみた「自分についてもっと理解したい」の肯定率
数値は「よくある」「たまにある」を併せた割合.(上瀬(2000)より作成)

か」と，心の中で考えをめぐらせている．また，男女別の差はみられるが，高校生でも「自分を理解したい」と考える人は6～7割に達している(図2-1)．

(b) 自己理解と適応

　私たちは，毎日の生活で失敗をしないために，自分をよく知っておく必要がある．なかでも重要なのが，自分の能力の把握である．たとえば，「就寝前に目覚まし時計をセットする」という単純な行動ひとつとっても，起きてから出発までの身支度を何分で行なうことができるのか，駅まで急げば何分で到着できるのかなど，ひとつひとつ自分の能力を把握していなくては，適切な時刻に針を合わせることができない．「心理学のレポートを期限までに提出する」という複雑な行為に至っては，把握すべき自分の能力は多岐にわたる．

　この能力の把握を扱った古典的な研究として，フェスティンガー(Festinger, 1954)の**社会的比較過程**(social-comparison)理論がある．この理論では以下のことが述べられている．私たちは適応した社会生活を送るために，環境に対する自分の判断(意見)や，自分ができること(能力)を正確に評価しようとする動機がある．この正確な評価を得るための方法には2つある．1つは何らかの物理的・客観的手段を用いることである(例：駅まで走ったら何分で到着できるかは，実際に時間を計って知ることができる)．しかし，場合によっては物理的・客観的測定が難しく，第1の手段が使えないことがある(例：「自分は話上手か」については，直接的で物理的な基準がない)．このようなとき，人は他者と自分を比較することで正しい評価を得ようとする．これが第2の社会的比較という手段である．さらにフェスティンガーは，一般的に人は類似した他者と比較することを好むと指摘している．一般の人が「自分は話し上手か」を知ろうとして，テレビで活躍する司会者と自分を比較することはあまりない．ここで比較の対象として選ばれやすいのは，周囲の友人など自分と似た人である．

　さらに，トロープ(Trope, 1983)は，人には自分の能力を正確に知りたいという欲求があり，正確な判定が出来るような「課題」が好まれるという**自己査**

定(self-assessment)理論を提出している．この理論では，能力の把握のためにどのような課題が選ばれるかに注目しているが，一連の研究によって，人は自分の否定的な側面であってもそれを知ろうとする傾向があることを示している．

もちろん人が自分について知りたい内容は，フェスティンガーやトロープがとりあげた能力だけには限らない．私たちはさまざまな自己情報を収集して自分の知識を増やし整理することによって，日々の生活，あるいは新しい環境や不適応状況にうまく対応していくことができる．

（c）青年期以降にもみられる自己認識欲求

自己認識欲求は，大学生や高校生という青年期に，とくに強くみられる．これは，青年期が子どもから大人になる移行期にあたり，これまでの自己を再構成する必要が生じるためである．また進学や就職など，今後の人生を選択する必要が生じるイベントが待ち構えていることも関係している．アイデンティティ（自我同一性）形成のこの時期には，自己概念が不明確になりやすく，必然的に自己認識欲求が高まるのである．

ただし自己への関心は，青年期だけの問題ではない．図2-1に示したように，40代や60代の人たちも，「自分を理解したいと思うか」と尋ねられると，半数以上の人が「自分をもっと理解したい」と回答している．

もちろん，自分について知りたい内容は人生のさまざまな時期によって異なっている．たとえば図2-2は，男女別にみた，「年代」と「関心をもつ自己の側面」の関係について表したものである．これをみると，大学生では，人がみた自分，社交性，性格，40代女性では，将来の生き方，自分にあったスポーツ，40代男性と60代女性では，他者の気持ちがわかっているか，これからできること，60代男性では，健康に，それぞれ関心が向きやすい傾向がある．これらの内容は，各年代において人々が直面し，超えていかなければならない人生の課題に関連したものと推察される．

このように，年代によってあるいは性別によって内容は異なるものの，私た

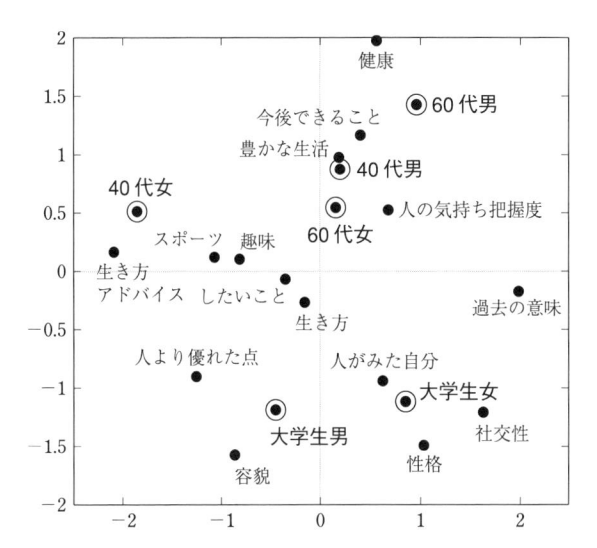

図 2-2　各年代と自己認識欲求の内容
各年代に近い項目ほど，相対的にみてその年代との結びつきが強いという傾向を示している．（上瀬, 2000）

ちは人生の節目節目に，ふと立ち止まり，自分を見直してみる，あるいは自分の内面や経験を整理したいという気持ちが生じてくるのである．

2-2　現代社会と自己への関心

ここまで自己への関心を発達との関係からみてきたが，現代社会に生きる人が全体として自己への関心を高めているという指摘がある．実際に，周囲を見わたせば，社会人向けの自己理解セミナーが開催され，書店の売れ筋コーナーに行けば，そのうちの何冊かは必ず「自分探し」や「自己変革」をテーマにした本になっている．

(a) 自己観の歴史的変遷

自己への関心は日本に限ったことではなく，現代社会のあり方そのものと関係している．バウマイスター(Baumeister, 1987)は，自分らしさに対する考え

表 2-1　西欧社会の歴史的段階と自分らしさの変遷

中世後期
　社会は安定し，固定化しており，キリスト教的な世界観が人々を支配していた．身分，血縁，性別など，社会が「自分とは何か（アイデンティティ）」を定義していた．自己は「社会的・公的な自己」と等しかった．このため自己定義は受身的で，安定していた．この時代，自己実現の目的はキリスト教的救済（天国での救済）であった．

16〜18世紀
　キリスト教的世界観はまだ強力であったが，人々の社会的移動が生じ，個人と社会の関係に不安定さが発生した．内面にある真実の自分の姿と，外から見える自分の姿とを分ける意識が登場し，内的な自己と外的な自己が等しいことが美徳として重視された．自己実現の中心はキリスト教的救済であったが，非宗教的な形での自己実現も登場してきた．ただし自己定義も達成の判断も比較的単純な形にとどまっていた．

18世紀後半〜19世紀初頭
　宗教改革で「仕事を通しての成功が救いとなる」という考えが広まったため，自己定義に懸念が生じてきた．この時期，社会的役割に先立って「個人」が存在していると考えられるようになった．また，人々の間で自分の運命を発見し，実現させることへの欲求が高まった．自己実現の方法として創造性や恋愛（ロマンチックラブ）が重視された．パーソナリティが，自分らしさを示すものとして注目されるようになった．個人と社会の対立が意識され，人々は社会から分離できないが，役割は変えられると認識されるようになった．

20世紀初頭
　自分を定義するものとして，社会経済的な地位，パーソナリティ，社会的スキルが重視された．フロイトの精神分析が登場し，人間は自分を完全に知ることはできないと考えられるようになった．社会は個人の達成を妨げるものとなり，個人と社会の関係は敵対的であると考えられた．
　この時代に，自己定義を何によって行なうかが選択可能になった（たとえば，政治や宗教など）．ただしそのうちのひとつの定義が，自分とは何かを考える上で支配的であった．

20世紀（近年）
　個人的なユニークさが重視され，自己を探求することの価値が強調されるようになった．自己定義の中心はパーソナリティと社会経済的地位で，自己実現の目的は名声を追求すること．社会と個人との関係は調和的である．
　たくさんの選択肢の中から，自己定義を自分で選ばなくてはならなくなり，友人やキャリアも自分で選択するもののひとつと考えられるようになった．

(Baumeister, 1987 をもとに作成)

方は歴史的に大きく変化しており，現代社会はとくに自己に注意を向けざるを得ない状況になっていると論じている．表2-1は，自己のあり方がどのように変化してきたのかを，西欧社会の歴史に基づいてバウマイスターが解説したものの一部である．

バウマイスターが指摘しているのは，私たちの「自己」のあり方は，古い時代の人々の「自己」とは大きく異なっているという点である．中世のように，自分というものが性別や家柄といった「生まれつきのもの」で決定される社会では，自己は安定しており，「自分とは何か」という自己定義に疑問は生じない．しかし，富を得れば階層が上がる社会へ，さらには職業も選択できる社会へと時代が変化すると，「生まれつきのもの」以外の特徴が「自分とは何か」を決めていくことになる．とくに現代社会では，どのような生き方をするかは自分が選択をしなければならず，どのようなキャリアを積むのか，どのような人と付き合うのかといったことそのものが，自分を特徴づけていくことになる．職業や名声といったものだけでなく，「性格」といった非常に個人的なものも自分を決定していく．このような社会では，おのずと，自分について注目せざるをえない．

バウマイスターの指摘は西欧社会の変化に基づいたものであり，時代的背景や宗教的背景など日本人にはあてはまらない部分もある．また，自己のあり方には西洋と東洋で違いがあるとの指摘もある(Markus & Kitayama, 1991)．しかし，全体としてみると，自分自身がさまざまなことを選択して自分を形成する必要があると考えられるようになったこと，自己実現への欲求が高まったことは現代の日本社会でも共通している．

（b）自己認識欲求と内面への関心

「自分とは何か」を，生まれつきの属性ではなく，自分の生き方によって決定できるということは，良い面もある一方で，苦労の多い面もある．自分について考え，自らで何かを成しとげなければならないことは，大変な苦労を背負いこんでいることに他ならない．フロム(Fromm, 1941)は，「近代人は，個人

に安定をあたえると同時にかれを束縛していた前個人的社会の絆からは自由になったが，個人的自我の実現，すなわち個人の知的な，感情的な，また感覚的な諸能力の表現という積極的な意味における自由は，まだ獲得していない」(『自由からの逃走』序文 p.4)と述べている．この著書でフロムは，ナチスドイツの時代に人々が権威に依存していった心理的背景について注目し，この根本的な原因を，近代人が抱いた個人的な自我の実現への欲求に求めている．当時のドイツは第一次世界大戦に敗れ，社会は混乱し，以前の価値が通用しなくなっていた．このような社会情勢から人は，大きな権威に服従することで自己の確立を達成しようとしたとフロムは解説している．

現代社会も，価値観の大きな変化が生じているという点では戦前のドイツと同様である．この中にあって私たちは，常に，新たなステージに自分が突き当たり，以前通りの自分では通用しない不適応を感じ，それを克服することが求められる．このため，現代社会では常に自己概念の不明確感が高まり，自己認識欲求は高まることになる．

近年一層強まっている心理学への関心，占いや宗教を含めた内面世界への関心の高さ，そしてそこから生じるさまざまな社会問題は，自分への関心を高める社会心理的な背景と関連している．たとえば永田(2000)は成人男女を対象とした調査から，性格や人間関係といった人格的側面に関連づけて自己を理解していること，職業や家族など自分が所属する側面に関連づけて自己を理解していること，そのどちらかが不十分な場合には血液型性格判断などへの関心を高めやすいことを示している．

カルト宗教の研究からは，若者がカルトに入信するきっかけとして語るもののひとつが，自己理解への関心や自己実現の模索であることが明らかになっている(西田, 1998; 浅見ら, 2000)．これは，自己概念の不明確感を，外部の基準(教祖の教え)による自己定義や，教団メンバーとしての社会的アイデンティティ獲得によって，解消しようとする過程だと解釈可能である．

2-3　自己理解の手段と問題点

自己認識欲求が高まった場合，人はさまざまな手段を用いて自分を知ろうと考える．以下では，さまざまな自己理解の手段について解説する．

(a) 自分を知る手段

自分を知る手段のひとつは，先に紹介した類似した他者と自分を比較する社会的比較という方法である．その他にも，自分を知る手段にはさまざまなものがある．メッテとスミス(Mettee & Smith, 1977)は，自己認識の源を社会的比較，自己観察，社会的フィードバック，非社会的環境からの直接的フィードバ

表 2-2　自己認識の源

社会的比較
　自分の行動や特性を他者と比較することで，自分の意見や能力について知ること．

自己観察
　他者をみるのと同様に，自分の状態に注意を向けて観察することによって，自分の姿を正確に知るという過程．
　この中には，過去の自分と現在の自分を比較してみるということも含まれる．

社会的フィードバック
　他者からもたらされるさまざまな反応によって，自己を知るという過程．
　たとえば，「あなたは優しい」と他者から言われることで，「私は優しいのだ」と理解することにあたる．

非社会的環境からの直接的フィードバック
　自分が何か行動を起こした結果から，自分を知るということ．
　たとえば，100メートルを全力で走ったら10秒台だったので，自分は足が速いと理解する過程である．

(Mettee & Smith(1977)をもとに作成)

ックの4つに整理している(表2-2).

シェーネマン(Schoeneman, 1981)は,自己観察,社会的フィードバック,社会的比較という中心的な手段について,どれが多く用いられるのか大学生を対象にした調査を行なった.その結果,自己観察が約7割を占めた.高田(1992)は,知りたい側面が,他者の目にはっきりわかる側面(外的・客観的部分)や他者との相対的な位置関係に規定されやすい側面(社会的部分)だったときには,社会的比較が多く用いられると指摘している.

(b) 雑誌心理テスト

上瀬(1992)は,クイズや占いと同じような形で雑誌に掲載されている「雑誌心理テスト」が,自己認識欲求を解消する手段のひとつとなっていることを指摘している.対人関係がうまくいかないなど不適応状況に陥ったとき,相手に「私はどんな人間にみえるか」と尋ねることができれば簡単に知識を得ることもできようが,実際にはそれが不可能であることが多い.また「自分はどのような生き方が向いているのか」といった個人的な問題については,たとえ友人や家族に尋ねたとしても答えは返ってこない.このようなときに,雑誌心理テストがひとつの自己理解の手段として用いられる.ただし,この通俗的な心理テストには危険性がある.

これまでたくさんの心理学者によって,自分の性格や行動傾向を他の人と比べるさまざまな尺度が開発されてきた.これらの心理測定尺度は多くの人を対象にして信頼性や妥当性を検証した結果,提出された経緯がある.しかしながら,雑誌に載っているような通俗的心理テストは,心理学とはまったく関係のない人がそれを作成することが多く,大半のテストは信頼性や妥当性が検証されていない.通俗的な心理テストが重視しているのは「おもしろい」か「楽しめる」かといった側面であり,正しい結果がでるか否かではない.信憑性が低いにもかかわらず,これらのテスト類が一見当たっているように思える心理的メカニズムは,「占いが当たる理由」(1-3節)と共通している.

2–4　正確な自己理解を妨げる動機

　ここまでみてきたように，多くの人は「自分を理解したい」と感じている．しかし現実には「あの人は自分がわかっていないな」と思う場面も少なくない．このようなことが生じるのは，私たちが正確に自分を知りたいと感じる一方で，さまざまな動機づけがそれを妨げているからである．

（a）自己高揚動機

　正確な自己理解を妨げる動機のひとつが，自分を価値あるものと考えたいという**自己高揚**(self-enhancement)動機である．先に述べたように，人は自分にはどのような能力があるのかを正確に知りたいと考えている（自己査定動機）．しかしその一方で，自分を価値あるものとして考え，自尊心を維持したいという気持ちがある（自己高揚動機）．このことが，自分にとって都合のよい情報だけを選択して取り入れることにつながる．たとえば，ある学生は自分の英語の能力を知りたいと感じているが，能力試験を受けると現在の低い実力がわかって落ち込んでしまいそうだと逡巡している．これは，自己査定動機と自己高揚動機の両方が高まったことが原因である．

　自己査定動機と自己高揚動機，どちらが優勢になるかは，情報収集される自己の側面によって異なるが，自分が将来その側面で能力を獲得することができそうだと考えれば，一時的には自分にとって不利な情報であってもそれを取り入れる傾向があることが明らかになっている（越, 1996）．英語テストの受験で悩む学生の場合も，今は実力が低かったとしても，頑張ればいずれ力がつくはずと思えれば，この人はテストをうけて結果に直面することを選ぶだろう．

　先に，自分を正確に評価するために人は社会的比較を行なうと説明したが，この自己高揚動機を満たすために社会的比較が行なわれる場合がある．自分よりも能力の低い人を選択して社会的比較を行なうことは，**下方比較**と呼ばれている．たとえば英語のテストの点数が悪かったときに，自分よりも低い点数を

コラム 2-1　自己評価維持モデル

　自分が得意としていたことについて，ライバルが自分よりも良い成績をおさめたとき，私たちは自己への評価が低下する恐れにさらされる．このようなとき，人は自分の肯定的な印象を守るため，さまざまな理由づけをしたり，行動を起こしたりする．

　テッサー(Tesser, 1986; 1988)は，人が自己評価を維持しようとする過程について自己評価維持モデル(self-evaluation maintenance model)を提出している．ここで注目されているのは，他者と自己の心理的距離，自己関連性(課題や活動が自分にどの程度重要なものか)，他者の遂行レベルの3側面である．自分と心理的距離の近い他者，自分に関連の深い課題，他者の優れた遂行は，私たちの自己評価に大きな影響を与える．テッサーは，人は自己評価を維持しようとして，状況に応じてこの3つの要因のあり方を変化させると理論化している．

　たとえば，英語が得意な学生(Y)を例にあげてこのモデルを説明してみよう．場面1として，Yが英語のスピーチコンテストに参加したところ，親しい友人の方が自分よりも良い成績をおさめてしまった場合について考える．これは自己評価に大きな影響を与える場面である(心理的距離の近い友人，自分に関連の深い英語の課題，友人の優れた遂行)．Yは非常にくやしい気分になり自己評価も低下してしまう．自己評価維持モデルからは，Yは自己評価を維持するために，友人と距離をおいたり，英語と自分との結びつきを低下させる(英語以外の科目で頑張ろうとする)と予測される．

　また，場面2として，自分が不得意な数学の分野で友人が好成績をおさめた場合を考えてみよう．この場合には自分とは関連が低い課題なので，自己評価は低下しない．むしろ「自分の友人はすごい人だ」と，友人との距離を一層近くして誇らしく感じることが予想される．

とった人と自分を比較することで「自分はまだましだ」と考える場合が，これにあたる．この社会的比較によって，自尊心の低下を防ぐことができる．

　社会的比較以外にも，人は自尊心の低下を防ぐために，さまざまな理由づけをしたり，行動を起こしたりする．この過程についてテッサー(Tesser, 1986;

1988)の**自己評価維持モデル**がある(コラム 2-1 参照).

(b) 自己確証動機

さらに,人には自分に対する知識を安定的に維持するため,既存の知識に一致した情報を取り入れようとする動機がある.これは**自己確証**(self-verification)動機と呼ばれている(Swann, 1983).たとえば,自分が「話し上手だ」と考えている人は,機会があれば人を笑わせて自分の能力を確認しようとするし,自分の話をおもしろそうに聞いてくれる人と一緒にいることを好む.また他者から自分について印象を告げられた際に,「話し上手」という自己概念に一致した情報があれば,それを正しいものとして受け入れる.しかし,もし他者から告げられた印象が,自分の自己概念と不一致な場合には,的はずれな評価だとして無視する.不一致だからといって,自分が考えていた自分の姿が間違っていたとは考えないのである.このように,人は一度形成した自己概念を維持するために,自ら自己概念を確認する行動をとり,確認されやすい環境に自らを選択しておく傾向がある.とくに,自己概念について強い確信をもっている人ほど,自己確証動機は強く働くことが指摘されている(Swann, 1983; 沼崎・工藤, 1995).

2-5 自己への注目が社会的行動に及ぼす影響

自己への関心の問題について考えてきたが,本章の最後では,自己について注意を向ける現象そのものに注目し,このことが私たちの行動に与える影響について紹介する.

(a) 自覚状態

多くの人々が「自分について知りたい」と考えているとはいっても,起きている間じゅう,自分のことを意識しているわけではない.たとえば,ビデオカメラを買おうとして,店頭でたくさんの製品を手にとりながら値段や性能を真

剣に調べているとき，注意は製品に向けられている．しかし，ふと気づくと大きなモニターに，自分が必死になって製品をチェックしている姿が映し出されていることに気づく．すると自分の乱れた髪形や表情など，自分自身に注意が向かい，急に気恥ずかしい感じがするに違いない．

このように，自己意識は，外界に向けられるか自分に向けられるかに二分される．このうち，人が自分自身へ注意を向け自分を注目の対象としている状態を，とくに**自覚状態**(self-awareness)と呼んでいる．

人は自覚状態にあるときとないときとでは，行動が異なってくる．この問題についてはじめて実験的に検討したのは，ウィックランドとデュヴァル(Wicklund & Duval, 1971)である．彼らが行なった実験のひとつに，鏡を用いたものがある．実験参加者は，裏返しになった鏡の置かれた部屋に通され，外国語の転記という課題を2回行なうよう求められる．被験者は次の2条件にランダムに振り分けられる．ひとつは鏡あり条件で，2回目の転記の前に鏡が表にされ，実験参加者は自分の姿が鏡に映った状態で2回目の転記作業を行なう．もう一方は鏡なし条件で，鏡は最後まで裏返ったままである(参加者の姿は映らない)．この2条件間で，1回目の転記量と2回の転記量の差を比較すると，鏡あり条件の方が鏡なし条件よりも，第2の課題で成績が促進するという現象が起こった．鏡が目の前にあると，人は一生懸命に作業を行なってしまう．

彼らはこれらの実験結果をもとに，**自覚状態理論**(self-awareness theory)を提出している．実験の例に示されたように，自覚状態になった人は，自覚状態にない場合とは異なった社会的行動をとる．また，人は自覚状態になった際，そのときの状況においてもっとも関連度・重要度の高い側面で自己評価を行なうようになる．そしてその場で理想とする状態と比較して自己が一致していない場合には，負の感情が生起してしまう．負感情の生起を避けるために人は，評価規準に自分を合わせようと行動を促進させる，あるいは逆に自己から注意をそらすことになる(図2-3)．

この例では，鏡によって自覚状態が生じ，成績が優秀なほうが望ましいとい

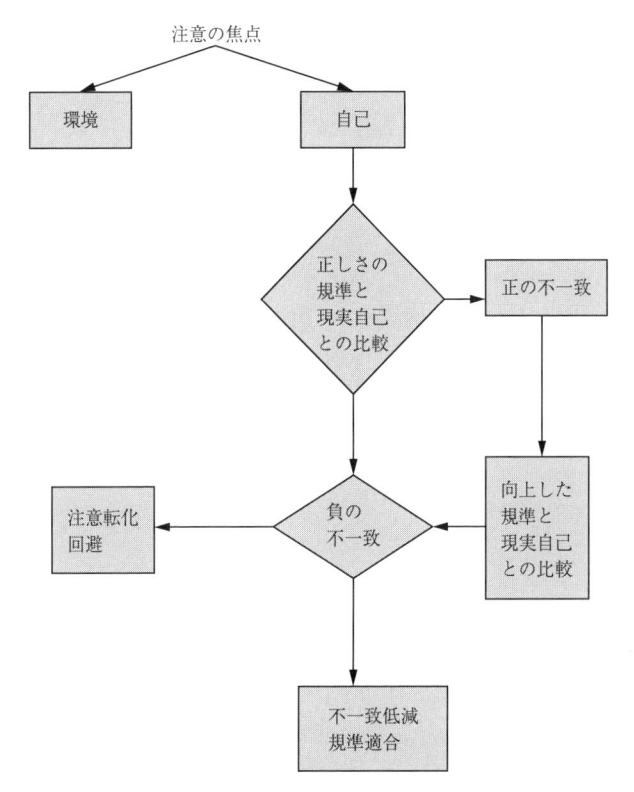

2-5 自己への注目が社会的行動に及ぼす影響——47

```
                    注意の焦点
                   ↙        ↘
              [環境]         [自己]
                              ↓
                         ◇正しさの◇
                          規準と      → [正の不一致]
                          現実自己                ↓
                          との比較              
                              ↓                  ↓
          [注意転化  ← ◇負の◇ ←  [向上した
           回避]       不一致      規準と
                         ↓          現実自己
                         ↓          との比較]
                     [不一致低減
                      規準適合]
```

図 2-3 自覚状態理論の概念図(押見, 1992)

う評価基準に自己の成績を一致させようとしたため,成績が向上したと解釈されている.自己への注意は,自分の鏡映像をみる,録音された自分の声を聞く,ビデオで撮影されるといったことの他に,他者から注目されるといった状況でも生じる.

(b) 対人行動と自覚状態

自覚状態は,対人行動にも影響を与える.たとえば,他者への攻撃行動が,鏡の有無によって変化することを示した実験がある(Scheier et al., 1974).この実験では,参加者が先生役,サクラの女性が生徒役となり課題を行なう場面を設定した.先生役の参加者は,生徒が間違えた答えをしたときに罰として相

手に，好きな強さで電気ショックを与えるよう指示されていた．このとき，ひとつの要因（鏡の有無）として，機械の側に鏡がある条件（電気ショックを操作する時に参加者自身の姿が映る）と，鏡のない条件を設定した．さらに鏡の有無に加えて，もうひとつの要因として，実験者の側に観察者がいる条件といない条件も設定した（観察者の有無）．これらの条件の組み合わせにより，生徒役に与えた電気ショックの強さが異なるかを調べた結果が，図2-4である．

全体として，鏡のある時の方が，ないときよりも生徒に与える電気ショックの強さが弱くなっている（観察者の有無による効果も同様にみられたが，鏡ほど顕著ではない）．一般に社会では，女性には優しくするべきだと考えられている．このため，鏡によって自覚状態になった参加者は，自分の行動の適切性を意識して，電気ショックの程度を弱めたものと考えられる．

自己への注目は，その場に適切な規準に自己を一致させようとする働きを促進させるが，反対に自己への注目がない状態ではその傾向が低下することになる．フェスティンガーら(Festinger et al., 1952)は，個人が集団に埋没した状態を**脱個人化**(deindividuation)と呼んだ．この脱個人化現象は，自己への注目が低下し社会評価への関心が低下することによって生じるものと位置づけられている．たとえばジンバルドー(Zimbardo, 1969)は，実験参加者に頭からフードをかぶせて誰かわからない匿名状態にした条件では，フードなしの実験条件よりも攻撃行動が高まることを示した．ここでは，フードをかぶることで

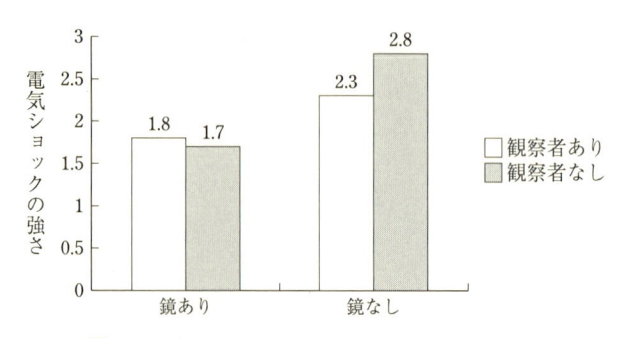

図 2-4　自己意識と対人行動(Scheier et al., 1974)

参加者の自覚状態が低下したため，自分の価値基準と実際の行動を照合して調整するという自己規制力が低下し，社会規範に一致しない行動が生じやすくなってしまったと解釈されている．ただし脱個人化の効果については，必ずしも一貫した研究結果が示されておらず，さらに分析が求められている．

　自己の問題は社会心理学の中でも多様な理論が提出されてきた研究分野である．中村(1990)が**自己過程**として整理したように，自己の問題は人間のさまざまな社会行動に深くかかわっている(コラム2-2参照)．自己に関するさまざまな研究知見を学ぶことは，自己認識欲求を満たすためにも有効である．自分の何気ない行動に，自己確証や自己高揚の動機が関連していることを理解すれば，自分の姿をより正確に知ることができるであろう．

コラム 2-2 | 自己過程

　自己研究の祖であるジェームズ(James, 1890)は，自分というものを「主我(知る自己)」と「客我(知られる自己)」に分けて考えている．主我は英語の「I」に対応し，客我は「me」にあたる．私たちが「自分を知りたい」と思うとき，知りたい対象として意識されているのは客我(me)である．これは自己に関する知識，自己の内容といえる．その一方，このようにして自分について注意を向けたり，自分を評価したり，自分について情報を集める「私」というものが，意識されにくいが存在している．これが主我(I)である．本章の後半で紹介したように，社会心理学では主我が存在することによって，人の社会的行動が多様になっていくものと考えている．

　社会心理学では，この主我にまつわる，さまざまな心理過程を多面的に研究してきた．これについて中村(1990)は，自己が人間のさまざまな社会行動にどのようにかかわっているのか整理するに当たり，**自己過程**(self-process)という一連の現象的過程を提出している．ここで自己過程とは「自分が自分に注目し，自分の特徴を自分で描くことができるようになり，その描いた姿についての評価(良い－悪い，満足－不満足，誇らしい－恥ずかしい，など)を行ない，さらに，そのような自分の姿を他人にさらけだしたり，具合の悪いところは隠したり修飾したりする一連の現象的過程」(中村, 1990, p.13)である．そして

この過程は，大きく「自己の姿への注目」「自己の姿の把握」「自己の姿への評価」「自己の姿の表出」の4段階に整理されている．

本章の後半で扱った自覚状態の理論は，自分が自分に注意を向ける第1の「自己の姿への注目」段階を扱ったものである．その他の段階に関しては，第2段階の「自己の姿の把握」にかかわるものとして，自己に関する知識がどのように獲得されていくのか，獲得された知識や情報がどのように組織化されるのか，自己に関する情報処理にどのような影響を与えるのかなどが研究対象となっている．第3段階の「自己の姿への評価」では，把握した自己を人はどのようにして評価するか研究が行なわれており，そのひとつが本章で紹介した社会的比較過程の研究である．第4段階の「自己の姿の表出」については，自分についての情報を他者に見せる時の方法や，それが対人関係においてどのような影響を与えるのかなどが研究対象となっている．

このように社会的行動のあらゆる面に自己が関連しており，社会心理が提出したさまざまな自己理論は人間の行動を理解するうえで非常に有効なものとなっている．

まとめ

本章では，自己に関する注意や関心の問題を中心に，自己研究を紹介してきた．自分がわからないと感じたり，自分を知りたいという気持ちをもつことは，青年期の特徴のようにいわれることがある．しかし現代社会では，青年期以降でも多くの人々が「自分を知りたい」という気持ちを抱き，さまざまな手段を用いて自己情報を収集している．また，自己情報の収集には，自己査定・自己高揚・自己確証などさまざまな動機がかかわっている．

問題

● 多くの人は自分について知りたいと感じる一方で，自分について知りたくないという気持ちも同時にもっている．それはなぜだろうか．自己にかかわるさまざまな動機に結びつけて説明してみよう．

- 攻撃行動が生じる際に，被害者に比べて加害者の割合が多くなるほど行為が残酷になるとの研究結果がある．この理由について，脱個人化の視点から解説してみよう．

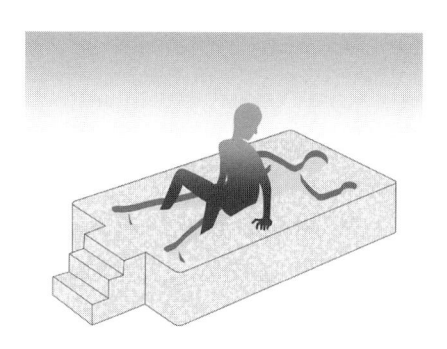

3 偏見・ステレオタイプ

　本章では，古くから社会心理学の中で中心的な研究テーマであった偏見やステレオタイプの問題をとりあげる．はじめに差別と偏見の問題に注目し，集団間の関係という視点から問題の原因を考える．続いて，ステレオタイプの発生と維持のメカニズムを具体的な実験例をもとに説明し，最後に偏見やステレオタイプを解消するために提出された研究知見を紹介する．

［キーワード］
▼
ステレオタイプ
偏見
差別
社会的アイデンティティ
カテゴリ化

3-1　差別・偏見・ステレオタイプ

次に引用する文章は，「アメリカ公民権法の母」とも呼ばれているローザ・パークスの自伝の一部である．

> 1955年の12月に入ったばかりの夕暮れ，私はアラバマ州モンゴメリーの市バスに乗り，「黒人席」の一番前に座っていました．白人の乗客は「白人席」に座っていました．白人の乗客がさらに何人か乗り込んでくると，「白人席」がいっぱいになってしまいました．／そういうことになると，私たち黒人は，白人乗客に席を譲ることになっていました．しかし，私は動きませんでした．白人の運転手が「前の席を空けてくれ」と言いましたが，私は立ち上がりませんでした．私は白人のいいなりになることに疲れていたのです．／「お前を逮捕させるぞ」と運転手が言いました．／「かまいませんよ」と私は答えました．／白人警官が二人やってきました．私はそのうちの一人に「あなたたちは，皆どうして私たちをいじめるのですか」とたずねました．／その警官は答えました．／「わからないが，規則は規則だ．お前を逮捕する」
> （パークス『黒人の誇り・人間の誇り――ローザ・パークス自伝』p.2）

1955年当時，アメリカでは，黒人に対する強い人種差別が存在していた．南部の州には人種分離法が施行され，レストランなど公共の場所では黒人と白人が分離され，市営バスでは黒人の席と白人の席が分けられていた．1955年12月にパークスが，仕事から帰宅する途中で市営バスに乗車し，空いているときは黒人も座れる中間の席に座っていた．そのうちにバスが混み始めたため，運転手が黒人であるパークスに席を立つように求めたが，パークスはそれを拒否した．このため，彼女は市条例違反で逮捕された．これに抗議する形で黒人

のバス・ボイコット運動が起こり，市は経済的に打撃を被った．その後，パークス側は市バスの人種隔離は憲法違反であると裁判所に起訴し，最高裁判所が違憲判決を出すに至った(モンゴメリーのバス・ボイコット運動は，最高裁の判決がでるまで1年以上続いた)．このことからアメリカで行なわれていた公共交通機関の人種差別が禁止された．さらにこのボイコット運動を指揮したキング牧師は全米各地での公民権運動を指導し，それが1964年の公民権法成立につながっていったのである．

パークスが逮捕されたのは「バスの座席に座っていた」ためである．「黒人だから」という理由だけで，席に座るというごく日常的な行為さえ，当時は禁止されていた．

社会心理学では，偏見やステレオタイプの問題が大きな研究分野のひとつとなっている．その背景には，社会心理学者の多くが集まるアメリカで，人種差別が大きな社会問題であることに起因している．ローザ・パークスの事件から半世紀以上たった現在，アメリカでは公民権法成立やアファーマティブ・アクション(積極的差別是正措置：差別を受けている人々に対し，教育や雇用などで積極的な優遇措置をとること)など，さまざまな進歩がみられている．しかし依然として人種差別はアメリカの大きな社会問題のひとつである．

さて，ステレオタイプも偏見も日常的な言葉として耳にすることが多いが，ここで改めて意味を確認しておく．**ステレオタイプ**(stereotype)とは，人々を分けるカテゴリに結びつき，そのカテゴリに含まれる人(成員)が共通してもっていると信じられている特徴のことである．たとえば「アフリカ系アメリカ人はリズム感がよい」「女性は感情的だ」「大阪人は金銭感覚が鋭い」といった形で，ある集団の人々に対するものとして社会に普及している知識，イメージ，信念と言い換えることができる．

偏見(prejudice)は，ある集団とその成員に対する否定的評価や感情のことである．ステレオタイプと似ているが，ステレオタイプという用語では認知的な意味が強調されるのに対し，偏見の場合は単なる知識ではなく，そこに含まれている否定的な感情が意味として強調される．たとえば，「日本人だからず

るい」「女だから頭が悪い」「男だから汚い」などが偏見の表明である．

さらに，ステレオタイプや偏見がもとになった否定的判断が相手に対する行動として現れ，ある社会的集団の成員に対し選択的に行なう否定的行動が**差別**(discrimination)である．

3-2 集団間関係と偏見

この節では，偏見や差別の問題について扱っている代表的な理論を紹介する．

(a) 偏見と差別

日本では，憲法(第3章第14条)に差別を禁止する次の記述がある．

> すべて国民は，法の下に平等であって，人種，信条，性別，社会的身分又は門地により，政治的，経済的，又は社会的関係において，差別されない．

また，日本は国連の人種差別撤廃条約にも批准している．

日本国内の場合，「人種偏見」が意識される程度は，アメリカと比べると少ない．しかし，肌の色や顔のつくりなどが異なるというだけで，その人が否定的な感情をもたれたり，否定的な扱いを受けることが現実には存在している．

差別の問題は，人種に限ったことではない．性別・年齢・障害・出身地・国籍・職業などに関して，さまざまな偏見や差別的な現状が存在している．そして，日々伝えられる世界ニュースの多くは国や民族間の争いに関するもので，これら対立する集団間には強い憎しみが存在している．偏見は，それをもたれた人の心を傷つけ，公平な社会の流れを阻害する．また，偏った思いこみによって人を判断する行動がエスカレートした場合の悲劇は，人種や民族差別に基づく虐殺の例を思い浮かべれば，その深刻さに思い至るであろう．

（b） 現実的葛藤理論

　偏見が発生してしまう最も強い原因のひとつは，集団間の争いである．現実に存在する争いの背景には，対立する集団間で，一方が利益を得れば，もう一方が損失を被るという葛藤が存在する場合が多い．

　私たちがかかわっている集団は，自分自身が所属している集団(内集団)と，所属していない集団(外集団)とに大別される．この内集団と外集団の間に葛藤があり，自分たちの集団が外集団によって脅威にさらされると，集団成員は不満を抱き，外集団に対する嫌悪や敵意が生まれ，外集団成員に対して偏見を抱くことになる．世界各国でみられる領土問題は，土地という現実の資源をめぐる典型的な葛藤状況である．この葛藤状況でそれぞれの国民・民族は対立集団に対する不満や敵意を抱き，偏見を向けるようになる．このように，集団間の葛藤は現実の希少資源をめぐる集団間の競争の結果であると仮定する理論を，**現実的葛藤**(realistic group conflict)理論(Campbell, 1965)と呼んでいる．

（c） 社会的アイデンティティ理論

　しかしながら，現実には葛藤がない場合にも外集団に対して偏見が抱かれることがある．そこには，私たちの心の中にある「自分が所属する集団の価値を高めることで，自分自身の価値も高めたい」という基本的な心理が関係している．

　一般的に，人は自分の価値を集団に結びつけて考えやすく，所属集団の価値が高く評価されれば自分の価値も高まったように感じ，逆に所属集団の価値が下がれば自分の価値も下がるように感じる傾向がある．これが，内集団の価値を高めたいという動機に結びついていく．また，内集団の価値は別の集団(外集団)との比較によって認識されるため，比較する外集団の価値が下がれば相対的に内集団の価値が高揚することになる．したがって，自己の集団的自尊心を高揚させようとして，外集団の価値を下げ，否定的評価(偏見)を抱くという現象が生じることになる．**社会的アイデンティティ**(social identity)理論(Tajfel & Turner, 1979; 1986)では，このような心理的メカニズムを集団対立

の源泉として考えている．

（d）集団間関係と感情

ただし私たちは，外集団をいつも否定的に評価しているわけではない．ある特定の外集団に対し，自分と敵対しているときには否定的な感情を生起させ，脅威でない場合には否定的な感情を生起させないというように，偏見を変化させる場合もよくみられる．

たとえば，日本人が韓国人に抱く感情は，「韓国映画祭」の場と，「スポーツの国際試合」の場では変化する．たとえば上瀬(2004)は，2002年のFIFAワールドカップ(以下，W杯)を題材にして韓国イメージの変化を検討している．この大会は日韓共催ということもあり，それまでのW杯よりも韓国が日本のライバルとして目立ち，また両チームの成績は，日本がベスト16，韓国がベスト4と韓国の成績の方が優れていた(4-3節参照)．韓国チームが日本チームよりも成績がよかったことについて，閉幕直後や閉幕3カ月後の調査で「悔しかった」と回答した人と，「同じアジアの国としてうれしかった」と答えた人は，ちょうど二分されていた．このうち「悔しかった」と韓国をライバル視する回答をした人が，韓国への好意度を低く評定し，否定的イメージを強めていた．この結果は，集団間関係の認知が外集団に対する感情を左右するひとつの例と考えられる．

3-3　ステレオタイプ

ここまでは，集団と集団の関係から偏見や差別の問題を論じてきたが，私たちの頭の中には，強い感情が伴っていない集団の人たちについても一定のイメージ，すなわちステレオタイプを抱くことがある．

（a）思考の節約

ステレオタイプは人種，国籍，性別，容貌，職業など，さまざまな社会的カ

テゴリに関して数多く存在している．そしてステレオタイプに基づいて人を判断することは，**ステレオタイプ化**あるいは**ステレオタイピング**と呼ばれている．

ステレオタイプという用語を一般的にしたのは，20世紀のジャーナリスト，リップマンである．彼はその著書の中で，次のように記している(Lippmann, 1922)．「ほとんどの場合，私たちは先ず眼で見て，それから定義するのではない．先ず定義し，それから眼で見るのである．非常に華々しく騒がしい混沌状態の外界の中で，私たちは文化が既に定義づけしてくれているものを取り入れる．文化が私たちのためにステレオタイプ化してくれた形で，取り入れたものを知覚するのである」．

リップマンは，情報過多で多様な現実社会で生活していくために，ステレオタイプを必要なものと捉えている．近代的な生活は多忙で多種多様な煩雑さをもっているため，人々が親しく知り合うだけの時間も機会もない．そこで私たちは，相手がどのような人かを素早く判断する際の手がかりとしてステレオタイプを用いるとリップマンは指摘した．ここで，彼はステレオタイプの機能を端的に**思考の節約**と表現している．確かに，ステレオタイプを用いれば思考する努力を節約することができる．これは大きなメリットでもある．

(b) ステレオタイプの問題点

その一方で，ステレオタイプには好ましくない側面がある．これは，ステレオタイプが日本語に訳される場合に，「思いこみ」「固定観念」「色眼鏡」など否定的な表現が用いられることにも現れている．ステレオタイプの問題点として一番考えなければならないのは，どのようなステレオタイプであっても，ひとりひとりの特徴を考慮せずに，頭からステレオタイプをあてはめて判断する（ステレオタイプ化する）ことにつながる恐れがあるという点である．ステレオタイプは，カテゴリに伴う固定化されたイメージであるが，そのカテゴリに含まれる人すべてがその特徴をもっているとは限らない．それにもかかわらず，私たちは一度ステレオタイプを形成してしまうと，そのカテゴリに含まれる人に出会ったとき，ステレオタイプを自動的に頭に思い浮かべてしまいがちであ

る．そして，ステレオタイプに一致しているものとして，個性を無視して人を判断してしまいやすい．

　さらにステレオタイプや偏見は，そのカテゴリに含まれた人々の心にも否定的な影響を与えてしまう．否定的ステレオタイプを抱かれる対象になると，私たちは自分がステレオタイプ化されて扱われるかもしれないという不安を常に抱えたり，自己評価が不安定になりやすかったり，自尊心を守るために達成への努力を放棄してしまうことがある(6-5節参照)．これらは，ステレオタイプや偏見の対象となった人が，そうでない人と比べて不利な立場におかれることを示している．

（c）娯楽の中のステレオタイプ・偏見

　ステレオタイプで人を判断することが好ましくないと考えている反面，私たちは日常生活でこのステレオタイプを好んで用い，積極的に共通の話題としてとりあげることも少なくない．そこにはステレオタイプが多くの人が抱いている共通のイメージであるため，話の送り手と受け手に共有される知識となりやすく，話題として選ばれやすいことが関係している．典型的なのが「笑い」の場面である．笑いの場では，ステレオタイプはおもしろおかしいネタとして話題にのぼることが多い．メガネをかけてカメラを片手に集団行動をする背の低い日本人観光客，片端から女性を口説いていくイタリア人男性，ものすごく視力のよいアフリカ人など，典型的なステレオタイプは笑いを誘う．

　しかしながら，これらの笑いの中には，偏見と呼べるような，否定的感情が含まれている場合がある．差別的言動や偏見がかったコメントは，ニュース番組や新聞で述べられたとすれば非難されることになるが，バラエティ番組で笑いとともに提示されると，今度は笑うべきこととして受け入れられやすい．逆に，差別だと主張する方が非難される場合もある．

　娯楽として用いられやすいステレオタイプ・偏見の例として，**血液型ステレオタイプ**がある．血液型ステレオタイプとは，「A型は神経質」「B型はわがまま」「O型はリーダーシップがある」など，それぞれの血液型について多く

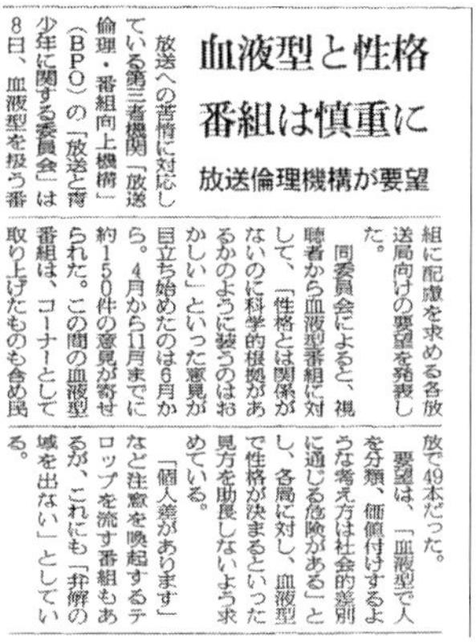

血液型と性格
番組は慎重に
放送倫理機構が要望

放送への苦情に対応している第三者機関「放送倫理・番組向上機構」(BPO)の「放送と青少年に関する委員会」は8日、血液型を扱う番組に配慮を求める各放送局向けの要望を発表した。

同委員会によると、視聴者から血液型番組に対して、「性格とは関係がないのに科学的根拠があるかのように扱うのはおかしい」といった意見が目立ち始めたのは6月から。4月から11月までに約150件の意見が寄せられた。この間の血液型番組は、コーナーとして取り上げたものも含め民放で49本だった。

要望は、「血液型で人を分類、価値付けするような考え方は社会的差別に通じる危険がある」とし、各局に対し、血液型で性格が決まるといった見方を助長しないよう求めている。

「個人差があります」など注意を喚起するテロップを流す番組もあるが、これにも「弁解の域を出ない」としている。

図 3-1　血液型による差別を扱った記事
(朝日新聞 2004 年 12 月 9 日付)

の人が共通して抱いている特定のイメージのことである．血液型によって性格が異なるという考えは心理学では否定されている(松井，1991)．しかし日本人の中にはこれを信じている人が多い．それだけでなく，「○○型の人とは友達になりたくない」「○○型の性格の人は嫌い」など，特定の血液型に対する偏見さえ示されている(松井・上瀬，1994)．この血液型による差別は社会問題として実際に批判の対象にもなっている(図 3-1)．

血液型は性別や人種と同様に生まれつきのもので変えられない．したがって血液型による差別は性別や人種による差別と共通の構造をもっている．しかし，血液型で人を選別することが明確な差別であると意識している人は意外に少ない．人種差別反対を叫んだその人が，別の場面では血液型をネタにして人をからかう場合さえある．血液型ステレオタイプは，偏見や差別につながるという否定的側面が意識されないまま，娯楽として用いられやすいのである．

たとえ笑いと一緒であっても，社会に普及する偏見やステレオタイプが共通の話題として人々の間に繰り返し登場することによって，それらが強化され，差別を肯定する力になる側面があることに注意する必要がある．

3-4 ステレオタイプの維持

ステレオタイプは一度形成されてしまうと,容易には解消しない.それは,そもそも私たちの認知自体にステレオタイプを維持するメカニズムが存在しているためである.以下では,ステレオタイプの維持に関する研究結果を紹介しながら,その特徴について説明する.

(a) ステレオタイプの確証過程

人には,ある信念をもつとそれと一致する事象が生じると予期する傾向があり,その予期に従って新しい情報を探索し,解釈する傾向(**仮説検証型の情報処理傾向**)がある.この傾向を池田(1993)は図3-2のように示し,それに基づいて血液型ステレオタイプが維持される理由を説明している.人がいったん「血液型性格判断は正しい」という信念をもつと,「ある人の行動はその性格ゆえに生じ,それは血液型に規定されている」と予期することになる.すると目の前で生じた出来事のうち,血液型性格判断にあてはまらない事例(外れた事例)は無視され,あてはまる事例(当たっている事例)のみが知覚され,記憶される.その結果,「やっぱり血液型性格判断は当たっている」と信念が確証されることになる.またこのとき,「有名なテレビ番組が血液型特集をやっていた」「まわりの皆が信じている」といった,**社会的現実感**(リアリティ)も,結果のもっともらしさを強調し,「現実である(正しい)」という感覚を与えることに役立っている.

血液型ステレオタイプの確証過程をとりあげた研究として,工藤(2003)がある.この研究では,選択的な確証情報の使用と,確証的判断を分けて分析している.

この実験の概要は以下の通りである.まず,実験参加者は刺激人物「Kさん」についての紹介文を読み,Kさんが仮定された血液型かどうか(たとえばA型かどうか)判断を求められた.そしてその判断をするのに,Kさんの特徴

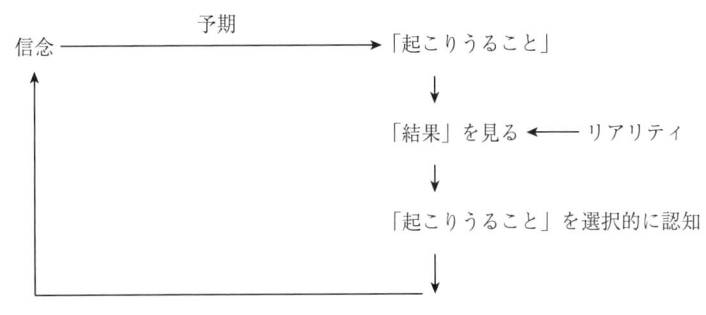

```
信念 ──予期──→ 「起こりうること」
                      ↓
                   「結果」を見る ←── リアリティ
                      ↓
                   「起こりうること」を選択的に認知
                      ↓
  ポジティブ・フィードバック（予期の確証）
```

図 3-2　予期過程(池田, 1993)

のどこに注目したのかを尋ねられた．また参加者は，血液型性格をどの程度信じているかを別途尋ねられた．

　分析の結果，血液型性格判断を信じる程度にかかわらず，A型かどうかを判断するときにはKさんの行動のうちA型らしい特徴が注目されていた．他の血液型についての判断も同様で，実験参加者は確証的情報をその他の情報に比べて，より重要だと評定することがわかった．さらにKさんの血液型の判断においては，血液型性格判断を信じる傾向の強い人ほど，確証的な判断をすることも示された．

　ここでは血液型性格診断を例にあげたが，ステレオタイプは全体として一度形成されると，それを確証する情報処理が行なわれやすい．この確証的な情報処理のため，ステレオタイプは解消が難しいといえる．

(b) あいまいな状況と確証過程

　また，ステレオタイプはあいまいな状況によって，さらに確証されてしまうという指摘がある．ダーリーとグロス(Darley & Gross, 1983)では，次の実験でそのことを示している．

　大学生に，ビデオに映った少女の学力を推定してほしいと告げ，実験に参加してもらった．ビデオの前半は少女が遊んでいる場面が撮影されていて，そこに少女の社会・経済的な階層がくみとれるようなシーンが挿入されていた．実

3 偏見・ステレオタイプ

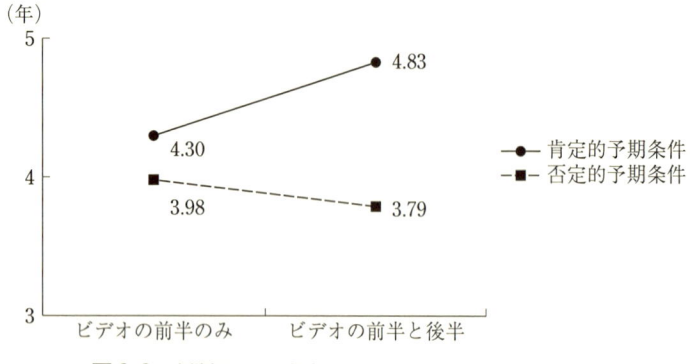

(年)

図 3-3 判断された学力 (Darley & Gross, 1983 より作成)

験参加者は，肯定的予期条件と否定的予期条件のいずれかに振り分けられたが，肯定的予期条件の学生が観るビデオでは少女の社会的階層の高さがほのめかされるシーンが挿入され，高い学力が予期される構成になっていた．一方，否定的予期条件のビデオでは社会的階層の低さがほのめかされるシーンが挿入され，低い学力が予期される構成になっていた．参加者全体のうち半分は，この前半のビデオだけを観て，少女の学力を推定した．

残りの半分の参加者は，ビデオの後半も続けて観たが，ここでは少女が学習している場面が撮影されていた．ただし，少女は問題に正答したり間違ったりし，やる気があるようにもないようにもみえるなど，学力が正確には判断できない内容になっていた．後半のビデオを観終わった時点で，参加者は少女の学力を推定した．

各条件の参加者が少女の学力について下した判断は，図 3-3 に示すようになった．前半のビデオのみを観た参加者では，予期条件による学力判断にあまり差はみられなかった．しかし，後半のビデオも観た参加者では，予期条件による差がみられた．否定的予期条件では少女の学力を低く判断し，肯定的予期条件では少女の学力を高く判断した．つまり，あいまいな内容の場面を観たことで，ステレオタイプに一致した形で少女の学力が判定されたのである．この結果は，一度ステレオタイプが形成されてしまうと，ステレオタイプが確認されるような形であいまいな状況が解釈されやすいことを示している．

（c）自動的な判断

　ステレオタイプのもうひとつの特徴として，カテゴリに関する手がかりがあると自動的に脳の中で活発化し，意識に上ったり判断の基準として用いられやすい（活性化しやすい）という点がある．この現象は，**自動的活性化**と呼ばれている．この自動的活性化もステレオタイプの解消を困難にしている．私たちが意識的に抑制しようとしない限り，他者はステレオタイプ化されやすいのである．

　このステレオタイプの自動的活性化について，ディバイン（Devine, 1989）は**分離モデル**（dissociation model）を提案している．ここではステレオタイプ的知識と個人的信念の差が注目されている．ステレオタイプ的知識とは，社会一般に普及しているステレオタイプに関する知識で，本章がここまで「ステレオタイプ」と呼んで説明してきたものとほぼ同じものにあたる．このステレオタイプ的知識は私たちが妥当性を批判的に検討できない幼少期に，養育者や周囲の環境から獲得されていく．そして，ステレオタイプ的知識は幼い頃からさまざまな状況で登場してくるため，次第に，環境内に特定の手がかりが存在するだけで自動的に活性化しやすくなる．その一方で，のちに私たちは教育や成長の過程で，「性別で人を判断するのはよくない」「外見で人を判断してはいけない」といった，ステレオタイプ的知識や偏見を否定する価値観を個人の中に形成していく．これが個人的信念である．人は，自動的に活性化しやすいステレオタイプをもっているが，後から形成された平等主義的な個人的信念に基づき，時間や努力を要すれば意識的にステレオタイプ化を回避できるようになる．しかしディバインが指摘するようにステレオタイプの抑制には，時間や努力を要する意識的に統制された情報処理過程が必要である．このため，忙しいときや瞬時に判断を下さねばならないときなどは，うまくステレオタイプを抑制することができない．

　現代社会では，ステレオタイプ化することは望ましくないとの規範があるため，多くの人は「偏見やステレオタイプをもっているか」と尋ねられると，否と答え，また相手をステレオタイプ化することは極力避けようとする．しかし，

ふとした拍子に意識的な統制がなされない場合，ステレオタイプ化が生じてしまう．

3-5 偏見・ステレオタイプの社会的機能

　ここまで，偏見やステレオタイプが個人の心の中でどのように生じ，どのように維持されるのかについて考えてきた．ただし，偏見やステレオタイプを利用しようとする傾向は，個人を超えて，社会全体にも存在している．偏見やステレオタイプがなくならないのは，一度形成された社会のしくみを維持するために，社会全体がそれを利用していることにも関係している．社会が偏見やステレオタイプを利用する主な理由に，「社会的因果律の提供」「社会的正当化」「社会的差異化」という3つがある．

　第1の社会的因果律の提供とは，複雑で悩みの種となるような社会的事象を説明する原理をステレオタイプが提供することである．たとえば「治安悪化」「将来の年金への不安」といった社会問題について，「外国人が日本に多く入ってきたから」「若者が年金を納めないから」などという形で，特定の人々が原因として非難されることがある．このときに，「外国人はルールを守らない」「若者はダメだ」といった否定的ステレオタイプが，理由づけに利用されている．本当はそれらの社会問題は複雑で，原因を特定の人(々)だけに負わせることはできない．しかし特定の集団をスケープゴート化（責任を特定の人(々)に押しつけて非難）することで，その他の人々が「自分とは関係ない」「自分のせいではない」ととりあえずは納得をし，安心感を得ることができる．

　第2の社会的正当化とは，ある集団に対してすでになされたことや，これから行なおうとすることを正当化するために，ステレオタイプが利用されることである．低い賃金で働いていたり，住む場所のない人が路上で生活していることを，本人たちが否定的な特徴をもっているためであるとステレオタイプ化して考えることで正当化しようとする心理などがこれにあたる．本人の問題だと考えることで，社会が差別していること，あるいは人々が何も手助けしていな

いことが正当化される．

　第3の社会的差異化とは，内集団と外集団の区別を明確にするために偏見やステレオタイプが利用されるという側面である．たとえば，それまで男性中心であった社会に女性が進出してきたような場合，男性側が「男性と女性はいかに違うか」を強調しはじめることがある．進出する女性の側は「女性と男性は変わらない」と考えて行動している．しかし男性側は自分たちの地位が脅かされたと感じ，女性の進出を阻もうとする．このとき，男らしさ・女らしさといった性別ステレオタイプや女性に対する偏見が利用され，「女性はこの仕事には向いていない．なぜなら……」といった理由づけに用いられる．

　一方，法律や社会制度，あるいはマスメディアなどが提示する社会的現実感は，ステレオタイプに正当性を与え，維持させる大きな要因となっている．「法律で決まっているから」「皆が信じているから」「習慣的にそうしているから」ということが，「現実である（正しい）」という感覚を与えてしまう．この影響過程は，先の図3-2でリアリティと書かれた部分にあたる．

　ここでもう一度冒頭で紹介したローザ・パークスの事件について，振り返ってみたい．パークスを逮捕した警官は，パークスになぜ席に座ってはいけないのかと理由を尋ねられて，「わからないが，規則は規則だ．お前を逮捕する」と答えた．差別的な行動や偏見的な考え方は，多くの場合「皆がそうしているから」「それが普通だから」との理由で受け入れられている．

　人々が集まって活動するとき，その中にはかならず集団の規範（ルール）が存在している．そこには法律のように明文化されたものもあれば，習慣のように暗黙のうちに人々が受け入れている規範もある．差別的な行動について「皆がそうしている」と反応したということは，所属する集団の中では差別的な行動をすることが規範となっていることを表している．

　偏見やステレオタイプの問題を考えたとき，差別される側が現状を変えようと行動をおこすことには大きな困難が伴う．それは，差別する側が従来の勢力関係を維持しようと，変革を試みる人たちに対して圧力をかけるからである．実際，ローザ・パークスたちがバス・ボイコット運動を行なっている際には

「社会の安定を乱す」といった非難がなされ,白人たちから黒人たちへの暴力や脅迫が頻繁に生じ,パークス自身も命の危機を感じていたことが自伝には記されている.

また,差別する側の集団の人間が,自分の行為が正しくないと気づいた場合でも,それをやめることには困難が伴う.集団には,規範のもとで同じ行動をとらせ,規範を守らない人を排除しようとする圧力が生じる(**同調の圧力**).皆が行なっている差別的な行為を自分ひとりだけ行なわないことは,集団の規範に逆らうことであり,自分がその集団から排除されることにつながってしまう.集団の中でいじめられている人がいたときに,それがいけないことだとわかってはいても,多くの人がなかなか手助けできないのは,このためである.先のバス・ボイコット運動の際には,黒人たちを支持する白人にも攻撃が向けられた.

現在のアメリカでは,社会変革への長い道のりを経て,以前のようなあからさまな人種差別は減っている.それには公民権法成立をはじめとする法律面の変化が強く影響している.法律の変化は人々の意識に大きな変化をもたらす.法律が明確に個々の差別を具体的に否定することによって,集団の規範は偏見や差別を認めない方向に変化していく.

3-6 偏見やステレオタイプの低減

以上のように,偏見やステレオタイプは,人間の基本的な認知メカニズムに基づいて形成され維持されるため,私たちの心の中から完全に取り除くことは難しい.そして社会の中にも,既存の偏見やステレオタイプを変えるよりも,むしろ維持しようとする力の方が容易に生じやすい.しかしながら,偏見やステレオタイプがもたらすさまざまな社会問題を考えるなら,私たちにはその困難な道にあえて立ち向かうことが必要である.本章では最後に,この偏見やステレオタイプの低減がどのような方法で可能になるのかについて考えてみたい.

（a）カテゴリ化の回避と変容

　ブリューワーとミラー(Brewer & Miller, 1984)は，**個人化**(personalization)した接触の重要性を説いている．個人化した接触とは，内外集団の個人と個人が，自分自身との結びつきで関係をもち，カテゴリに基づく情報処理や相互作用が減った状態を示している．彼らは，個人化した接触によって，他者を判断する際にカテゴリを用いないようにすることを，偏見やステレオタイプ低減のために提案している．彼らによれば，この個人化した接触が繰り返されると，ステレオタイプに不一致な情報に接する機会が増え，外集団を単一のものとする画一的な見方がなくなってくるとされている．このため，カテゴリは意味をなさなくなり，使用されにくくなると考えられている．

　個人化した接触はカテゴリ化をなくす，すなわち**非カテゴリ化**(decategorization)を意図したものといえる．

　たとえば，ある女性が通う大学の同じ学年に，韓国人留学生のLさん(女性)がいる場合を考えてみる．このとき日本人の学生はLさんを「韓国人」というカテゴリに基づき，自動的にステレオタイプ化しやすい．日本人学生が「韓国人は勤勉，感情的」というステレオタイプを抱いていた場合，Lさんと話したことがないのに彼女を「勤勉」とイメージしやすい．そして，週1回一緒になる大教室の授業で，Lさんが毎回一番前の席に座っているのをみて，「やはり韓国人はまじめだ」と考える．またあるとき，Lさんが他の韓国人と言い争っているところをみて，「やはり感情的だ」と思うかもしれない．

　ところが，この日本人学生が3年になってLさんと同じ「社会心理ゼミ」に入り，親しく付き合うようになったとする．次第にLさんは日本人学生にとって重要な人物になっていく．そして，そのうち彼女はLさんについてさまざまなことを知るようになってくる．実はLさんは非常に穏やかな人で，「韓国人は感情的」というステレオタイプに一致していないことに気づくかもしれない．

　このように私たちは，関心の低い人物に対しては，すばやくカテゴリに基づく処理，ステレオタイプ化を行ないがちである．しかし，相手が自分にとって

重要な人物であったり関心が高い場合には,相手の個人的属性に注意を向けるようになり,自動的なステレオタイプ化が生じにくくなる.個人化した接触によって,日本人学生の中でLさんは「韓国人のひとり」ではなく,「Lさん」という個人へと認識が変化していく.その結果,韓国人ステレオタイプを用いてLさんを自動的に判断することがなくなってくるのである.また,ステレオタイプに不一致な情報に多く接することによって,韓国人ステレオタイプそのものの変化にもつながっていく.

さらに,ステレオタイプ化を避けるために有効なものとして,**カテゴリ化の変容**が提案されている.先に述べたように,私たちの判断には,他者を内集団と外集団にカテゴリ化するという基礎的メカニズムが存在している.それが集団間バイアス(偏り)の原因となり,ステレオタイプや偏見のもととなる.しかし,敵対していた相手を自分たちの内集団にふくめる形でカテゴリ化を変容させてしまえば,外集団と認識していたときのバイアスは生じにくくなる.

ガートナーら(Gaertner et al., 1989)は,カテゴリそのものを消そうとする(非カテゴリ化)よりも,新たな共通カテゴリを成立させる(カテゴリ化の形を変容させる)方がより好意的な集団意識を形成しやすいという実験結果を示している.

なお,カテゴリ化をどのような形に変容させるのがより効果的なのかについては,いつくかの考えが提出されている(コラム3-1参照).

コラム 3-1 ｜ カテゴリ化の変容

カテゴリ化の変容の形として,代表的なものに「再カテゴリ化」「下位カテゴリ化」「交差カテゴリ化」がある.

再カテゴリ化(recategorization)は,各集団を包括するような上位のカテゴリを新たに形成するという考え方である.この再カテゴリ化の現象は,「対立していた2つの集団に新たな共通の敵が現れたことにより,両集団が団結してひとつになった」という場面でよくみられる.このようなとき,それまで両集

団の間に存在していた対立は抑制され，お互いの成員に対するステレオタイプ化は生じにくくなる．再カテゴリ化は対立関係を低減させるために有効なモデルである．ただしこれを対立集団に適応するのは簡単ではない．現実には，団結できるような課題や目標を作り出すことが難しいことに加え，もともともっていたカテゴリを消すことが難しいためである．

下位カテゴリ化(subcategorization)とは，集団成員が，補足的な役割を共通目標のために別々に貢献するような形で，接触状況を構成するものである．

たとえば，本文の例としてあげた，日本人学生と韓国人留学生(Lさん)の関係である．韓国人や日本人という国カテゴリは，社会心理ゼミの一員になっても，依然として自分を認識するときの強い枠組みである．このため共通の目標が提案されたとしても，場合によってはその中で韓国人と日本人が，ライバル意識をもって張り合ってしまう可能性もある．しかし，ゼミの共同研究で「韓国人ステレオタイプと日本人ステレオタイプ」をとりあげ，日本人学生は日本人が抱く韓国人イメージを，韓国人学生は韓国人が抱く日本人イメージを調べることになった場合を考えてみる．日本語の論文を読むのは日本人学生の方が早いかもしれないが，ハングルで書かれた新聞記事や調査の結果などは，韓国人留学生の方が早く読める．このように，お互いが自分たちの役割を担いつつ，最終的にはよい研究発表をするという共通目標のために活動するのが下位カテゴリ化を試みる適用の例である．

交差カテゴリ化(cross-cutting categorization)とは，問題となるカテゴリの顕現性(目立つ程度)を低下させるために，別のカテゴリを意識させたり，カテゴリを分断する形で別の役割を割りあてるという方法である．たとえば，ゼミの研究テーマを「恋愛観の性差について」にし，ゼミに所属する男性と女性とが意見を交換する場合を考えてみる．日本人の女子学生と韓国人留学生のLさんは，同じ女性としての立場から発言することになる．このとき一番目立つカテゴリは，「男vs.女」というもので，「日本人vs.韓国人」というカテゴリの顕現性は低くなる．このように交差するカテゴリを目立たせることにより，当初めだっていたカテゴリに基づいたステレオタイプ化が生じにくくなる．

(b) 協同学習の効果

ところで，これまで偏見やステレオタイプを低減させるのに効果的と評価され研究が続けられてきたものに，**協同学習**がある．これは人種や性別など，偏見に関連するカテゴリを混成した集団で学習を進めるもので，主として学校場面で用いられている．

協同学習の場では相手の行動や成果が自分の利益・不利益に直接つながってくるので，必然的に相手に注意を向けることになる．その結果，ステレオタイプ化が回避され，相手をカテゴリからではなく，個々の事例に対応するひとりの人として見なす情報処理が行なわれやすい．

また協同学習は，対立する2つの集団において共通の目標のもとでともに学習する場面であると言い換えられる．つまり，内集団と外集団を分けていたカテゴリを，より上位のカテゴリによって同じ内集団へと再統合することによって，生じていた集団間バイアスが解消されたものと解釈することもできる．

アロンソンら(Aronson et al., 1978)は，協同学習のひとつの形態として**ジクソー法**と呼ばれる学習法を提案し，これによる人種偏見の低減を試みている．この学習法は，正の相互依存性のある状況で子どもたちにグループ学習を行なわせるものである．正の相互依存状況とは，目標へ向かう他者の行為が，直接もう一方の目標達成の利益となるような関係をさす．多様な人種が集まっている学校では，ともに学んでいても少数民族に対する否定的な評価が継続してしまうことが多い．そこでジクソー法では，まず子どもたちに人種が混合した小集団を作成させ，ひとつの資料を小集団の人数で分割する形で協同作業をさせる．そこでは各自が分担部分を自習し，他の子どもに教えるという形をとる．自分の分担以外のところは，担当の子どもに教えてもらうしかない．つまり，ジクソーパズルの一片のように，ひとりひとりがなくてはならない存在となることで正の相互依存状況が生まれる．その結果，お互いについて注意深い情報処理がなされ，ステレオタイプ化が回避される．

（c）認知的側面以外に訴えることの重要性

　ここまでみてきたように，効果的な接触は偏見やステレオタイプの低減を促すことができる．しかしながら，これまで利用してきたステレオタイプや偏見を変えていくことは困難で，労力を要する．このため，頭で「偏見やステレオタイプ化はよくない」と理解しているだけでは，それらを抑制するような実際の行動には結びつきにくい．また，自分の中にある偏見やステレオタイプに気付かない場合もある．

　そこで近年では，偏見やステレオタイプの低減を，気持ち，すなわち感情の側面からも検討する動きが生じている．たとえばドヴィディオら（Dovidio et al., 2003）は，差別されている人々について考えるとき，自分の感情に注意してほしいと教示することで，差別されている人々に対する将来の接触意図が高くなることを示している．この他にも集団間関係の改善において感情の役割の重要性を指摘する意見がある（Pettgrew, 1998）．

　偏見解消を目的として日本で行なわれたいくつかの研究からも，偏見解消を試みる際に認知以外の側面から働きかけることの重要性が示唆されている．たとえば山内（1996）は，晴眼者が抱く視覚障害者（山内（1996）では盲人と表記されている）への偏見を解消することを目的とした実験を行なっているが，ここでは大きく2つのタイプの試みがなされている．ひとつは盲学校の生徒と晴眼の大学生がゲームを通じて協同作業を行ない，それによるイメージの変化を検討する実験である．もうひとつは盲学校の生徒が朗読した声を晴眼の大学生に聞かせた後に，視覚障害者に対するイメージの変化を検討する実験である．その結果，協同作業の実験の方が，実験後に晴眼者のもつ視覚障害者への態度が肯定的に変化していた．このことから山内は，偏見解消のためには，自分が相手に抱いていたネガティブな評価と実際の相手の行動が異なる点に戸惑ったり，相手と自分の関係を見直すというという心の「ゆれ」を体験することが重要と論考している．

　また，視覚障害者へのステレオタイプ解消を検討した上瀬ら（2002）も，偏見解消の際の感情の重要性を示唆する結果を提示している．この研究では，視覚

障害者と晴眼者が電子メールを交換しながら協同作業をする実験を行なっている．分析の結果，実験参加者のうち途中情報条件(数日メールのやりとりをした後で，○○さんが視覚障害者であると知らせた)の学生で，実験後に視覚障害者へのイメージが肯定的な方向に変化していた．彼らは，グループの視覚障害者を，途中まで晴眼者として思いこんである程度の印象を形成した後で，実は相手が視覚障害者だということを知った．実験後のインタビューからは，彼らが途中までに抱いた相手への肯定的感情やイメージと，実験参加以前に視覚障害者に抱いていたものとが異なっていたことで自分の偏見に気づき，感情的にゆさぶられた様子が報告されていた．

このように，偏見やステレオタイプの低減をめざす場合，協同学習・協同作業を行なうだけではなく，相手の気持ちになるよう促したり感情的に揺さぶられたり，自己の肯定的感情に注目するような場面を設定することがより効果的と考えられる．

(d) 行動スキルの獲得

偏見やステレオタイプの低減をめざしたとき，もうひとつ障害となるのは相手との接触に対する不安である．

協同学習の効果に示されるように，対立する2つの集団間で交流が生じることは偏見解消に有効である．しかしその際，強い偏見を抱いていなくても，「相手にどのように接してよいかわからない」という不安が，相手との交流を避ける理由になってしまうことがある．つまり，相手に対して知識や接触の経験がないことが，不安や抵抗を抱く要因のひとつとなっている．

たとえば，視覚障害者に対するイメージ調査の結果からは，(視覚障害のない)大学生の中に「目の不自由な人に，気軽に声がかけられない」「目の不自由な人に対して，変な遠慮がある」など，視覚障害者との接触への戸惑いや不安が強くみられることを示している(上瀬, 2001)．心身の障害だけでなく，人種偏見をとりあげた研究の中でも，同様の傾向が示されている(たとえば，Ickes, 1984; Devine et al., 1996)．これらの研究では，被験者が偏見やステレ

オタイプをもっているからではなく,「偏見がかっていないように行動しなくては」と心配することそのものが,心理的負担になっていることが示唆されている.

　偏見的でないという自己概念をもつ人にとって,偏見の対象になりやすい相手との相互作用には心理的負担が生じる.なぜなら,偏見的でないように振舞おうとしても,偏見的な,あるいは偏見的と解釈されうる行動(言語的・非言語的)をしてしまったり,失敗してしまったりすることがあるためである.とくに,相手が障害をもっているような時には,どのように接してよいかわからず,逆に相手に不快な思いをさせるかも知れないなどと考えてしまう.障害をもっている人に対して,障害をもたない人が手助けをしたいと考えても,経験がなければどのような態度をとることが適切かわからない.このように,障害者に対するステレオタイプや偏見には,知識のなさによる不安感・抵抗感が相互作用を妨げる大きな要因になっている.

　しかも相互作用に失敗すると,罪や良心の呵責を感じることとなる.ここで自尊心を守る必要を感じたり,失敗から生じるフラストレーションを避けたりするために,かかわらないように逃げ出すなど,最終的に適切に相互作用することから降りてしまう可能性もある.

　したがって,偏見やステレオタイプの低減を試みる際には,その過程で個人が感じる心理的負担を乗り越えなければならない.このためには,単に「偏見をなくそう」と宣伝をしたり,相手との協同作業を試みるだけではなく,相手についての情報を得ることも重要である.どう接するのが望ましいのかを知っていれば負担感は多少なりとも弱まるであろう.

　ふだん接触する機会のなかった集団の人と交流することは,すぐには難しい.場合によっては,拒絶されたり怒りを向けられることもあるかもしれない.しかしそれでがっかりせずに次につなげられれば,今度は好ましい結果が得られるかもしれない.協同学習課題の有効な点は,交流の中で成功感を感じ,相互作用に自信をもつことができる点にもある.

　以上のように,偏見やステレオタイプの問題を解消するためには,それが社

会全体の問題であると捉えると同時に,対立する集団間の問題については個々の事例についてどのように行動することが適切なのかを,集団間で理解しあうことが重要である.その上で,お互いが接するための具体的な行動を明確化し,対応するスキル(技術)の獲得をめざす教育的なプログラムが必要と考えられる.ただしその効果を実感するためには,短期ではなく,ある程度長い時間がかかると理解しておくことが必要である.

まとめ

　本章では,偏見やステレオタイプが私たちの集団間関係や認知的傾向など,基本的な心理メカニズムと結びついていることを紹介した.ステレオタイプ化は自動的に発生しやすく,確証的な情報処理傾向のために維持されやすい.そして社会の中にも,偏見やステレオタイプを生じさせ,維持させようとする機制が存在している.しかしながら,偏見やステレオタイプを低減する方法についても,多くの研究知見が提出されている.

　偏見やステレオタイプに端を発する社会問題の解消をめざすとき,まずはそのことを自分の問題として置き換えてみることが重要である.偏見やステレオタイプ化が生じる心理的過程も,低減する過程も,私たちひとりひとりの心の中に存在している.

問題

- 「ステレオタイプの中には真実を反映したものもあるので,ステレオタイプすべてを非難することはない」という意見がある.あなたはこの意見に賛成だろうか,反対だろうか.またそれはどのような理由からだろうか.
- 「偏見をもたれている集団」という言葉から,どのようなカテゴリに所属する人々を思い浮かべるだろうか.またその人々に対する偏見はどのような方法で低減が可能と考えられるだろうか.

4 マスメディアと
ステレオタイプ

　第3章では，ステレオタイプの形成・維持が個人の認知的なメカニズムに結びついている様を概観してきた．ただし，ステレオタイプを，多くの人々がもっている共通の認識として位置づけるなら，マスメディアの問題を抜きに考えることはできない．私たちの現実認識の非常に大きな部分を，マスメディアが担っているからである．
　本章ではまず，マスメディアの影響力を検討した代表的な理論を紹介する．次いで，マスメディアがどのようにしてステレオタイプを強化していくのかについて，具体的な研究例を挙げながら考える．

［キーワード］
▼
議題設定モデル
沈黙の螺旋モデル
培養理論
ステレオタイプ
メディアイベント
目撃証言

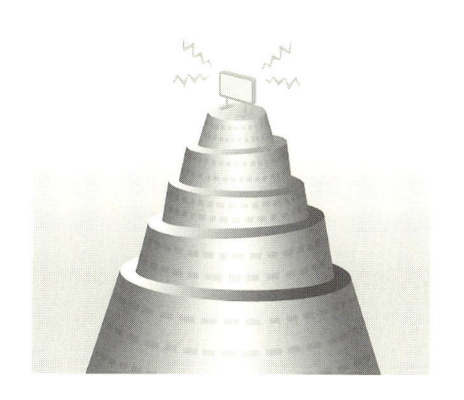

4-1 マスメディアの影響力

2005年の9月に行なわれた衆議院総選挙は，近年になく人々の関心をひきつけた．郵政民営化法案が参議院で否決され，小泉首相が衆議院を解散，選挙期間中には郵政民営化法案に反対する候補者に「刺客」と称する賛成派の対立候補が次々と擁立されるなど，まるでドラマのような展開を示し，結果は自民党圧勝に終わった．解散から総選挙まで，マスコミは連日にわたり選挙の様子を報道し，この年の流行語大賞には「小泉劇場」が選ばれた（図4-1）．

この選挙については，小泉首相そして自民党本部がメディアをうまく利用したといわれた．有権者は一般に，マスメディアの報道を参考にして誰に投票するのかを決めることが多く，マスメディアに対して選挙に関してできるだけ偏りのない情報を提供するように求めている．実際，選挙に関してニュース報道は公平な立場にあるように振舞い，特定の政党のみを宣伝する形の報道は避ける姿勢をとっている．しかし現実には，番組の時間枠や紙面の制限から，報道されるのは選挙に関する出来事のうち，ごく一部にならざるをえない．さらに日本のメディアは商業主義に則っており，多くの人々の関心をひくような情報

図4-1 2005年衆議院総選挙の新聞記事
（日本経済新聞2005年9月12日付朝刊）

を提供することが求められる．このため，どうしても話題性のあるもの（上記の例であれば郵政民営化法案）をとりあげることになってしまう．マスメディアを介した情報は，私たちに提供される前に，送り手の側によってすでに取捨選択されているのである．

(a) マスメディアの影響力に関する研究史

　マスメディアの提供する情報が全て正しいとは限らないこと，提供される情報は送り手の視点からあらかじめ取捨選択されていることは，多くの人が気づいていることであろう．私たちは自分で何が正しい情報なのかを判断しようと努力する一方，マスメディアによって自分たちの判断が一定の方向に導かれているのではないかという不安を常に感じている．とくに，選挙のような政治的問題については，この不安は重大なものとして意識されやすい．「自民党本部が選挙でメディアをうまく利用した」という表現の背後には，マスメディアが，特定の政党に投票するように有権者を誘導したのではないかという不安が存在している．

　実は，社会心理学の分野でマスメディア研究が始まった20世紀初頭から，その中心的なテーマは選挙行動に関するものであった．マスメディアの影響力という問題は，常に政治的な視点から関心がもたれてきたのである．

　19世紀から20世紀の初頭にかけて，先進国では大衆新聞が巨大なメディア，すなわちマスメディアに成長した．「広告」「マーケティング」などの用語が登場したのもこの頃である．さらに，第一次世界大戦中に政治宣伝（プロパガンダ）を目的として，マスメディアを介したコミュニケーションの研究がさかんに行なわれた．1920～40年代前半には，世論調査や投票行動などの研究方法が開発され，マスメディアの影響力は非常に強いものと位置づけられていた．この時期の有名な研究に，キャントリル(Cantril, 1940)のラジオドラマ騒動の分析がある．これは，1938年10月の夜8時から9時の時間帯に「火星人が地球に侵入した」という内容のラジオドラマが放送され，それを聴いた人々の多くが本当の事件だと勘違いして騒ぎになった事件を分析したものである．この

騒動の原因のひとつは，番組があまりにリアルであったことにある．しかし，耳にしたドラマのニュースを，多くの人々が「放送だから真実にちがいない」と思いこんで確認もしなかったことが後に明らかになり，マスメディアの影響力の強さを印象づける結果となったのである．

ただしその後，マスメディアを介したコミュニケーションの影響力が詳細に分析されるようになると，情報の「受け手」が必ずしも「送り手」の思うままに影響を受けているのではないことがわかってきた．この時期の代表的な研究にラザースフェルドらの研究(Lazarsfeld et al., 1944)がある．彼らはアメリカ大統領選挙の投票行動を分析した．その結果，人々は自分たちが選挙前にもっていた政治的態度に沿って政治報道に接するため，メディアの影響は投票行動を左右するほど大きいものであるとはいえないと結論づけられた．またカッツとラザースフェルド(Katz & Lazarsfeld, 1955)は**コミュニケーションの2段階モデル**を提出している．このモデルでは，マスメディアからの情報は多くの人々に直接的に影響するというよりも，まず人々が所属する集団に存在する**オピニオン・リーダー**(その問題について関心が高く，集団の中で多く発言をして大きな影響力をもつ人)に影響を与える．そして，その他の人々はオピニオン・リーダーから影響を受けるという2段階の流れがあると論じている．これらの研究では，マスメディアからの影響は限定的であると捉えられている．

しかしながらその後，テレビが普及し長時間視聴が慣習化したことから，マスメディアの影響力が改めて注目されるようになった．さらに最近の研究では，マスメディアの提示する情報が私たちの現実認識を意識されにくいレベルで大きく左右させていることが指摘されている．以下では，1960年代後半以降に現れた代表的な理論を3つ紹介する．

(b) 議題設定モデル

マックームスとショー(McCombs & Shaw, 1972)は，**議題設定モデル**(agenda-setting model)を提出した．マスメディアで強調してとりあげられた話題や争点は，多くの人々の注目を集めやすい．彼らは，マスメディアが「何

について考えるべきか」を人々に知らせ，マスメディアの強調度に対応した形で人々の話題や争点の重要視の認知がもたらされるとした．これ以前の研究ではマスメディアの影響は限定的なものと考えられていたが，彼らはこの理論によって，マスメディアは私たちが直接経験しない世界に対する認識に大きな影響を与えることを指摘した．

冒頭で2005年の総選挙の例を挙げたが，このときに小泉首相は衆議院解散直後から「郵政民営化が最大の争点」と訴え，民営化反対の自民党員候補に賛成派の対立候補を擁立するなど話題をふりまいた．その結果，マスメディアもこの問題に焦点を絞って選挙報道を行なうこととなった．総選挙では他にも議論すべき議題は複数存在していたが，多くの人々は郵政民営化を重要な政治課題として投票行動を決めたのである．

選挙前の世論調査では「重視する政治課題は」という問いに，それまで10位以下であった「郵政民営化」が「景気対策」と並んで2位に急上昇していた（日本経済新聞2005年8月23日付）．これはマスメディアによる議題設定の効果であるといえるであろう．それに対する民主党は当初，郵政民営化以外の問題を争点にしようとした．しかしそれはマスメディアで強調してとりあげられるような明確な議題にはならず，むしろ有権者からは重要な問題を扱っていない政党と判断されてしまったと考えられる．

(c) 沈黙の螺旋モデル

さて，選挙で誰に投票するかを考える場合，私たちは「多くの人は議題についてどう考え，誰を支持しているのか」を気にかける．したがって，マスメディアが何を多数派の意見として報道するかが，大きな影響力をもつことになる．ノエル-ノイマン(Noelle-Neumann, 1993)は，マスメディアの提供する情報が，私たちの意見形成に影響を与える過程を論じた**沈黙の螺旋モデル**(spiral of silence model)を提出している．私たちは他の人々の支持を求め，孤立を恐れる．このため社会的な意見を表明する場合には，今の世論の状態を気にかけ，多くの人が妥当と考える多数派の意見は何なのかを把握してから自分の反応を

決めていく．マスメディアによって自分の意見が多数意見であることを知った人々は，社会的支持を得ているという自信を深め，人に自分の意見を表明しやすくなる．一方，自分が少数意見であることを知った人々は，社会的孤立への恐怖から沈黙しやすい．このようにして，「多数意見」はより顕著な「多数意見」となり，「少数意見」はより微弱な「少数意見」として現れることになる．つまり，一方が大声で語り，他方が沈黙するという傾向が，螺旋状の経過として始まる．その結果，一定の「世論」像が，社会の中でますます優勢に認知されるようになる．

マスメディアは，私たちが抱く「世の中の多数がどのような意見をもっているのか」という現実認識にも影響を与えるのである．

(d) 培養理論

ここまで，マスメディアの影響力を主として選挙行動に焦点をあてて論じてきたが，選挙以外にもその影響力はさまざまな問題において取りざたされる．そのひとつが暴力行動に関するものである．「マスメディアの暴力映像が人々を攻撃的にしてしまうのではないか」という疑問については社会心理学の分野で古くから研究が進められてきた(詳しくは，大渕，1993)．これらの研究では，暴力映像の影響が実験室実験での短期的な形ではみられるものの，現実場面では因果関係は明確に現れにくいとされてきた．視聴者側の個人差，視聴する場面，あるいは番組の内容などさまざまな要因がそこに関連するためである．

ただし近年では暴力場面の含まれるテレビ番組を長期的にみつづけることが，私たちの現実認識に影響を与えることが注目されるようになった．ガーブナーら(Garbner et al., 1976; 1980)は，テレビドラマの分析やテレビ視聴者に対する質問紙調査から，**培養理論**(cultivation theory)を提出した．この理論では，テレビから送り出される大量の情報が，私たちの共通の環境イメージを基本的に形成し，その情報の累積によって，私たちの抱いている社会のイメージや価値観が育まれると考えている．ここでテレビは多くの人々を標準化された役割に基づいて行動するよう社会化していくメディアであると位置づけられている．

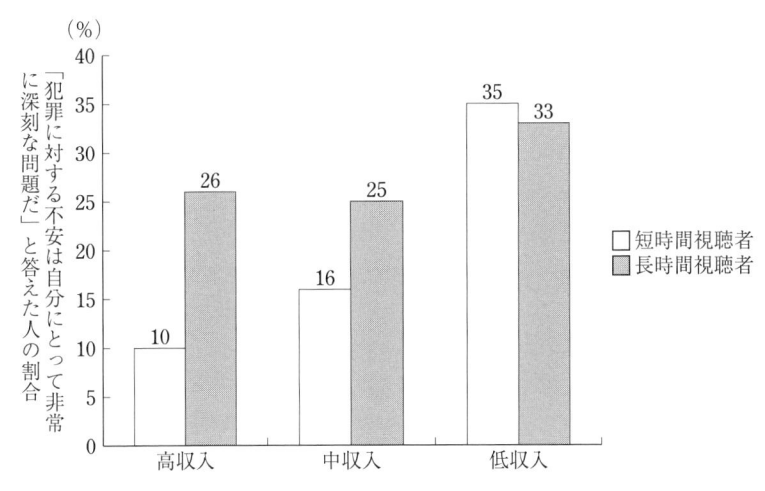

図 4-2 テレビ視聴時間と収入別にみた「犯罪に対する不安」
(Garbner et al., 1980 より改変)

縦軸：「犯罪に対する不安は自分にとって非常に深刻な問題だ」と答えた人の割合(%)

	短時間視聴者	長時間視聴者
高収入	10	26
中収入	16	25
低収入	35	33

　ガーブナーら(Garbner et al., 1976)は，1967 年から 1975 年のプライムタイム(夜 8～11 時)のドラマおよび週末朝の子ども向けドラマを分析し，ほぼ 8 割の番組に暴力場面が含まれ，主要人物のおよそ 6 割が暴力に関与または巻き込まれていることを指摘した．さらにその内容分析から，マスメディアは子ども，女性，高齢者，マイノリティをステレオタイプ化して描く傾向があることを指摘している．また視聴分析からは，テレビを長時間みる人は，そうでない人に比べて，不安傾向がより大きく，また他人に対する不信感がいっそう強いという結果が示されている．

　ガーブナーらは，テレビの長時間視聴は本来影響する他の変数の効果(たとえば，年収や年齢など)を打ち消し，共通の意識をもたらすことになると指摘している．たとえば図 4-2 に示すように，テレビをあまりみていない人たちの場合，犯罪に対する不安は，回答者の年収によって大きく異なっている．年収の高い人は不安が低く，年収の低い人は不安が高い．これは，年収が居住地域などその人の生活スタイルに関係しているためである．しかし，テレビを長時間みている人たちの間では，年収による不安感の差はみられない．これは居住

地域にかかわらず暴力場面が多いテレビの世界を現実のものとして長時間視聴しつづけることによって,犯罪に関する共通の意識をもたらしたためと論考されている.

4-2 マスメディアとステレオタイプ

　ここまでみてきたように,マスメディアの情報は私たちの現実認識に影響を与える.マスメディアの情報が特定の人に有利になるように偏っていたり,偏ったイメージを特定の集団に付与するようなことがあると,私たちはそれに影響をうけた形で情報を取り入れてしまう可能性がある.このため多くの人は,マスメディアには偏りのない形で情報を提供してほしいと考えている.

　しかし,ガーブナーらの研究にみられたように,マスメディア情報の内容を分析すると,実際には,現実を正確に伝えるというよりも,固定化され,偏ったイメージ(**ステレオタイプ**)を人々に提供している側面のあることが明らかになっている.

　マスメディアの中にみられるステレオタイプについては,日本でも多くの研究が行なわれている.このうちのひとつに,人種や国に対するステレオタイプを扱った萩原(2004a)の研究がある.この研究では,2003年の6月のある1週間に放送されたテレビコマーシャル(CM)2330本の内容を分析している.その結果,人種や国に関してイメージを固定化するような描写がCMに多くみられることが指摘されている.たとえばCMのおよそ2割には外国人が登場していたが,人種別にみると圧倒的に白人が多かった.さらにCMのジャンル別にみると,自動車,ファッション製品,ハイテク製品に登場する外国人は白人に限られていた.一方,アジア人が登場するCMは「食」に関するものが多く,登場する人物は無名の素朴な庶民が多かった.ここには,白人に対しては高級感や先進性,アジア人には素朴さというステレオタイプの存在が示唆されている.

　人種や国に対するステレオタイプは,CMだけでなく,ドラマ,ニュース,

バラエティなどさまざまなテレビ番組に存在している．またマスメディアに存在するステレオタイプは，人種や国以外にも，ジェンダーに関するもの(第6章参照)や，年齢に関するものなどさまざまである．

それでは，なぜマスメディアの中にステレオタイプが登場しやすいのであろうか．その理由のひとつに，マスメディアが受け手に「わかりやすく」情報を伝えようとする意図がある．情報をわかりやすく伝える手段として，ステレオタイプは有効である．たとえば「洗練された服を着た白人が，ヨーロッパ風の街並の中，車を運転している」というCMを作成すれば，視聴者はそれが高級感のある輸入自動車であると瞬時に把握することになる．ここでは，白人にもたれている高級感や先進性というステレオタイプが利用されている．また，食品のCMで，アジアの市場とそこに集まって食事をしている人々を登場させれば，視聴者はその商品に対して，素朴でおいしそうな食べ物という印象を抱きやすくなる．

商業主義に則っている日本のマスメディアでは，人々に関心をもってもらい，受け入れてもらうような情報を提供する必要がある．このことが，メディアの中にステレオタイプが登場しやすくなる背景のひとつである．

人間には，自分の認知(信念や考え方)に一貫性を求める傾向がある(Heider, 1958; Festinger, 1957)．このため認知要素間に矛盾があったり，食い違いが生じると不快になったり緊張を感じたりする．この心理傾向についてフェスティンガー(Festinger, 1957)は，**認知的不協和理論**(cognitive dissonance theory)によって次のように説明している．認知要素間の矛盾や食い違い(不協和)によって生じた不快感や緊張状態を低減するために，人は不協和になった認知要素の一方を変化させようとする．フェスティンガーは，人が態度と行動の矛盾によって不協和を感じたときの態度変化に注目している．

たとえば，喫煙者が「タバコはガンの原因になる」という情報を聞くと認知的不協和が生じる．これを低減するためには，自身の行動を変化させ禁煙するのがひとつの方法である．しかし，それができない場合には他の方法をとらなければならない．その方法には次のものが考えられる．情報の信憑性を下げる

(タバコとガンの関係は完全に証明されていないと考える)，新たな認知要素をつけ加える(タバコはストレス低下の効果があると考える)，情報に選択的に接するようにする(タバコの有害性に関する情報にこれ以上接しないように避ける)．

　この不協和のメカニズムをメディア情報にあてはめてみると，情報が自分の抱いている価値観や考え方に一致していれば受け手はそれを受け入れやすく，共感しやすいものと考えられる．しかし，一致していない場合は認知的不協和が生じて不快感や違和感をもち，情報から離れてしまったり，メディアの信憑性が低められたりする．したがって，マスメディアが多くの人に関心をもってもらいたいと考えるときには，その情報の内容は多くの人の認知と一致しているものである必要がある．ステレオタイプは，社会の中に存在し，多くの人が共通して抱いている知識である．多くの人に共感をもってもらおうとするマスメディアは，安全策として既存のステレオタイプを肯定し，確認するような形で訴えることになる．

　ただしマスメディアによるステレオタイプの利用は，社会に存在するステレオタイプを一層固定化し，普及させてしまうことにつながる可能性がある．たとえば，心理学ではその妥当性が否定されている血液型ステレオタイプである(第3章参照)．商業的な視点からみれば，多くの人々が共有する血液型ステレオタイプを用いれば，視聴者に受け入れられやすい番組を提供することが可能かもしれない．しかしながら前述のように，私たちはマスメディアの情報を現実認識のよりどころとしている．遊びや冗談として提示されたとしても，「テレビでやっているのだから本当だろう」と現実感を与えてしまうことにつながる．また繰り返し提示することで，顕現性(意識にのぼりやすく，思い出されやすい傾向)を高めて，判断の基準として用いられやすくなってしまう．このようなマスメディアによるステレオタイプの固定化には注意が必要である．

4-3 メディアイベントとステレオタイプ

　CMのように個別で短い情報提示とは別に，特定の出来事について複数のマスメディアが長期にわたって一斉に情報提示を行なう場合がある．たとえば，冒頭で示した選挙報道や，オリンピックやワールドカップなどのスポーツイベントがこれにあたる．このような，メディアによって大規模に中継・報道されるイベントのことを**メディアイベント**と呼んでいる．このメディアイベントが近年ステレオタイプの問題と関連づけて注目されている．以下では，代表的なメディアイベントとして2002年FIFAワールドカップ(以下，W杯)を取り上げ，ステレオタイプとの関連について検討する．

　2002年のW杯は日韓共催で行なわれ，日本各地で試合が行なわれたことや日本代表が史上初めて決勝トーナメントに進んだことなどが高い関心を集め，連日の報道量は膨大なものであった．後の分析では，このW杯に関する報道が，外国や外国人に対するステレオタイプを作り出しやすい形になっていたことや，実際に情報の受け手のステレオタイプを強化していたことが指摘されている．

　萩原(2004b)では，W杯開幕1週間前から閉幕後5日間の代表的テレビニュース番組の報道内容を分析している．その結果，W杯に関する報道は参加国について均等に行なわれるのではなく，特定の国に対し量的に偏ったものになっていたことが明らかになった．最も報道量が多かったのは日本であるが，次いで報道量が多かったのは共催国韓国で，さらにマスメディア全体が日韓友好ムードを強調した内容になっていた．とくに前半は，韓国を共催のパートナーとして応援するという姿勢が強く，極端にステレオタイプ化した報道が行なわれた．しかしこのことが，逆にマスメディアに対する不信感を招き，韓国に対する否定的な感情を誘発した側面もあると指摘されている．

　上瀬(2004)は，大学生を対象とした意識調査をW杯開幕直前，閉幕直後，閉幕3ヵ月後に実施し，外国・外国人イメージの変化を検討している．その結

> コラム 4-1 | 単純接触効果
>
> 　ザイアンス(Zajonc, 1968)は，大学生に「記憶の実験に参加してほしい」と依頼し，大学の卒業アルバムから選びだした12人の男性の写真をスライドで2秒ずつ次々に示した．このとき，写真ごとに提示される回数が異なるよう操作されていて，ある写真は1回だけ，ある写真は2回，またある写真は25回などとなっていた．スライドをすべてみた後で，実験参加者は各写真の人物について，どのくらい好意を感じるか0〜6点で答えた．その結果，提示回数が多い写真の人物ほど，参加者は好意を感じることが示された．
>
> 　この結果からザイアンスは，人には特定の対象に多く接するほど，その対象について好意度が高くなる認知的傾向をもっているとし，これを単純接触効果(mere exposure effect)と名づけた．
>
> 　ただし，その後の研究から，この効果は少なくとも不快でない人に対する場合しか生じないことが示されている．

果，W杯におけるマスメディアの影響を次の3点にまとめている．

　第1は，日常あまり接することがない国に対する，短期的な顕現性の上昇である．たとえば，アフリカのカメルーンは日本人にとってあまり馴染みのない国であったが，W杯参加国として大分県の中津江村で合宿をし，さらに日本への現地入りが大幅に遅れたことで，期間中おおいに話題になった．その結果，カメルーンはW杯終了後の調査で「アフリカといえば思いつく国」として挙げられやすくなり，また国に対する好意度も上がっていた．この傾向は期間中，マスメディアに接触した程度の高い人ほど強かった．これは**単純接触効果**(特定の対象に多く接するほど，その対象について好意度が高くなるという認知的傾向のこと．コラム4-1参照)によるものと考えられる．ただしW杯閉幕3カ月後には，カメルーンをアフリカにある国として思い出す人の割合は，W杯前と同程度に低くなり，好意度もW杯直後と比べ低下していた．

　同様の傾向は，ブラジルについてもみられている．メディアイベントによって，ふだん馴染みのない国も身近な国となるが，イベントが終了して報道がな

図 4-3 韓国ベスト 4 進出を祝う韓国市民
(日本経済新聞 2002 年 6 月 23 日付朝刊)

されなくなると再び遠い国に戻ってしまう．このように，顕現性に対するマスメディアの影響は短期的なものといえる．

　マスメディアの影響の第 2 は，ステレオタイプの強化である．たとえば韓国人に対する「愛国心が強い」「気性が激しい」とのイメージは，W 杯開催前よりも閉幕後に強くなり，3 カ月後も高いままであった．これらのイメージは，もともと日本人が韓国人に対して抱きやすいステレオタイプであるが，W 杯によってそのイメージがより強くなったと指摘されている．先に紹介した萩原の研究では，W 杯期間中に，「ソウル市庁前に集まって熱心に応援をつづける赤いユニフォームの群集，熱狂的な韓国人サポーターの群像」が，繰り返しテレビで報道されたと指摘している(図 4-3)．

　前節で述べたように，マスメディアは受け手がわかりやすいように，また関心をもってもらえるように，ステレオタイプ化された情報を提供しやすい．W 杯報道についてもマスメディアは，韓国とはどのような国かをわかりやすく，おもしろく視聴者に伝えるために，日本人が抱く韓国人に対するステレオタイプ(愛国心が強い，気性が激しい)を利用したものと考えられる．韓国人に対するステレオタイプに一致する映像として選択されたのが，熱狂的な応援の

姿であり，ステレオタイプを強化するようにこの情報が繰り返し提供されたものと考えられる．W杯期間中，スポーツニュースでは，韓国は仲間として好意的にしかも長時間報道されていた(萩原，2004b)．しかし情報は多くても，韓国人について多様性が語られることはなく，繰り返し流される固定化された映像によって，韓国人ステレオタイプが一層強化されてしまったと考えられる．

　第3の影響は，日本よりも成績のよかった韓国に対する態度が，回答者のW杯に対する思い入れの強さによって異なっていた点である．W杯をテレビで観戦したり番組を頻繁にチェックしていた人は，韓国をライバルと感じ，大会終了後に韓国への好意度を低下させていた．しかし，W杯に深くかかわっていなかった人は，韓国を同じアジアの一員として好ましく思い，大会後に評価を高めていた．上瀬(2004)はこの差をテッサー(Tesser, 1986; 1988)の**自己評価維持モデル**に基づいて説明している(第2章コラム2-1参照)．W杯報道に多く接触していた人はもともとサッカーに関心が高く，日本代表の評価を自分自身の評価であるかのように強い結びつきを感じていた．したがって，韓国という一番身近な他者の成績が日本代表よりもよかったことで，自己評価の低下という脅威を感じ，韓国に対して嫉妬やフラストレーションを感じたものと考えられる．一方，サッカーに対する関心が低かった人は，日本代表と自分との結びつきはさほど高くなかったと考えられる．このため韓国を日本と同じアジアの一員であると位置づけ，韓国の成績を自分のことのように誇ることで，自分に対する評価も上げようとしたものと推察される．他者の栄光をわが身に引き寄せて自己評価を引き上げる心理過程を，テッサーは「栄光浴」と呼んでいる．

　以上のように，W杯報道に関連する一連の研究結果からは，イベントに関するマスメディアの情報が，人々の外国イメージに変化を与えることが示され，とくに既存のステレオタイプは一層強化されやすいことが指摘されている．ただし，影響の受け方は受け手によって異なることも同時に指摘された．人々はマスメディアによって一様に影響されるのではなく，報道される対象が自己とどのような関係をもつかによって，影響の受け方は異なるといえる．

メディアイベントとステレオタイプの関連を検討した研究として，他にオリンピック報道研究がある．複数の研究から，全体としてマスメディアが多く報道した国ほどイメージがよくなるという傾向(正の相関関係)が示されている．その一方で，特定の国についてはイメージに変化がみられなかったり，むしろ否定的変化がみられることも指摘されている．とくに韓国に関しては，ソウル大会(1988年)，バルセロナ大会(1992年)，アトランタ大会(1996年)いずれにおいても好意得点の変化はみられず，日本人が抱く外国・外国人イメージの中で，他国とは違う特殊な位置にあることが示唆されている(高木・坂元, 1991; 向田ら, 2001など)．

4-4 目撃証言報道

　ここまでマスメディアの提供する情報の中に潜むステレオタイプの問題を取り上げ，それが一方向的に私たちの現実認識に影響を与える過程を紹介してきた．ただし，この関係は，ときに双方向的になる場合がある．最後に，情報の送り手と受け手の相互作用から，歪んだ情報が社会的現実として形成されてしまった例を紹介する．

　小城(2003)は，1997年に生じた「神戸小学生殺害事件」の**目撃証言**に関する新聞報道に注目している．この事件では犯人が少年であったこともあり，逮捕される約1カ月の間，警察の公式発表は非常に少なかった．このため，マスメディアによる独自の取材が積極的に展開された．この中で不審人物の目撃証言が容疑者逮捕の直前まで報道されていたが，その記事内容を分析すると，そのほとんどが「身長160〜170センチ，屈強または中肉中背，短髪・スポーツ刈り，30〜40歳」の男性に総括された．これは，実際の犯人(当時14歳の少年)とはまったく異なるものであった(図4-4)．

　小城は，この誤った犯人像が形成された背景には，目撃者や取材した記者の中に先有する犯罪者に対するステレオタイプがあったと考察している．私たちは過去に発生したセンセーショナルな犯罪に関する報道に基づいて，犯罪者ス

4 マスメディアとステレオタイプ

図4-4 神戸小学生殺害事件の新聞記事
（朝日新聞1997年6月9日付朝刊）

テレオタイプを形成している．そして，そのステレオタイプに一致した目撃証言は想起されやすく，本来は無関係であった男の姿が犯人として思い出されやすかったものと考えられる．また目撃された犯人の姿そのものも，犯罪者ステレオタイプに沿って歪みやすかったものと推定される．さらに，取材する側にも，取材される側と同様の犯罪者に対するステレオタイプがあるため，それに一致した情報に注意が向きやすく，積極的に報道されたと考えられている．

加えてこの目撃証言の歪みには，マスメディアの情報収集過程にも原因があったと指摘されている．この事件では「黒いゴミ袋をもつ男」が各紙を通じて最も多く報道された．しかし報道の内容を詳しく調べると，各紙が同一の情報源にアクセスして得た情報を繰り返し報道していただけであることがわかった．実際には，目撃者と目撃数がきわめて少なかったのである．しかしその目撃が繰り返し報道されることによって，その情報に関するみせかけの客観性と重要度が構築されてしまった．

一般に，目撃証言は文脈や事後情報によって変容しやすい(Loftus, 1979; 菊野, 2002など)．小城の研究は，マスメディアの送り手とともに，情報の受け手，そして情報提供者のステレオタイプが互いに影響しあった結果，歪んだ犯人像が形成されてしまった一例を示したものといえる．

まとめ

　本章では，マスメディアの潜在的な影響力を扱った代表的な理論を紹介し，私たちの現実認識がマスメディアの情報提示の仕方によって変化する可能性を指摘した．これらマスメディアの情報には，ステレオタイプが多く存在している．マスメディアがステレオタイプを用いやすい背景には，受け手が理解しやすく関心をもてるような形で情報提供をしようとするマスメディア自身の特性があり，この意図が受け手と送り手の抱くステレオタイプを一層強化することにつながっている．そして，このマスメディアによるステレオタイプ化の過程には，私たち自身の基本的なコミュニケーション傾向も少なからず関連している．

問題

- 国際的なスポーツイベントは，国と国との偏見やステレオタイプの解消に役立つという意見がある．この意見は正しいだろうか．肯定的な面，否定的な面の両方から考察してみよう．

5 恋愛の心理学理論

　多くの人にとって恋愛は重要な関心事のひとつであるとともに，悩みや苦しみの源泉でもある．恋愛は古くから文学や詩歌や歌曲にとりあげられ，人々の心を動かしてきた．しかし，心理学の中で恋愛が科学的に検証されてきた歴史は決して長くない．

　かつての心理学では，恋愛を含む愛情に関する研究は，広範囲すぎて，倫理的な問題を引き起こしやすく，厳密な科学的手法にはそぐわないと考えられており（古畑，1990），愛情は心理学の対象ではないと捉えられてきた．しかし，アメリカにおける研究の増加に対応して，日本でも1990年代から恋愛研究が増えており，とくに2000年以降は社会心理学を中心として研究が急増している（立脇ら，2005）．

　恋愛にかかわる社会心理学の理論はおおまかに，恋愛の構成要素に関する理論，類型論，段階理論の3種に分けることができる．本章では，著名な恋愛理論を軸にして，恋愛研究の知見を紹介する．

［キーワード］
▼

恋愛尺度
好意尺度
愛情の三角理論
色彩理論
親密化過程理論
SVR理論
対人魅力
類似説
相補説

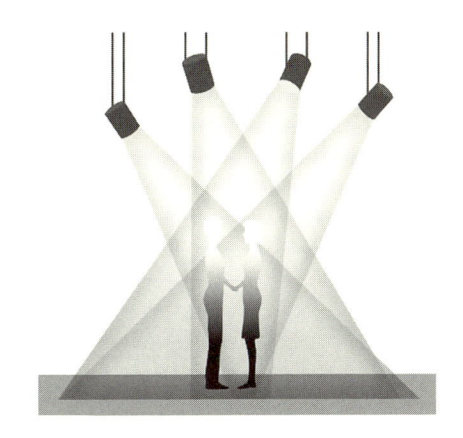

5-1 友情と恋愛

「異性との間に友情は成立する」のであろうか.もし「成立する」のであれば,「異性への友情は恋愛とどこがどう違う」のであろうか.

この2つの問いへの答えは,多様であろう.「異性との間には,友情は成り立たない.異性との友情にみえるのは,恋愛への入口か,恋愛の後の熱の冷めた状態だ」,「異性との間には友情が成り立つ.友情は気楽だが,恋愛は苦しい」などの回答がありうる.

恋愛と友情との関係に関する考え方を模式的に表すと,図5-1のようになる.

a.恋愛と友情はまったく独立であるという考え方

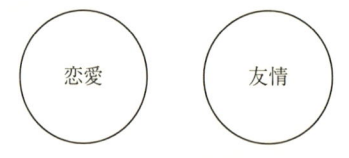

b.恋愛と友情は一部共通した点があるという考え方

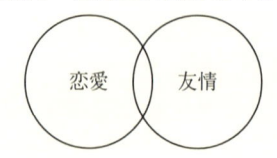

c.恋愛は友情の一部であるという考え方

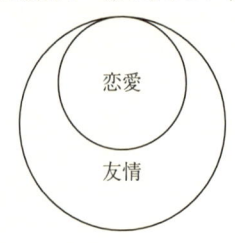

図5-1　恋愛と友情に関するさまざまな捉え方
恋愛と友情に関する考え方を図示したもの.cとは逆に,友情が恋愛の一部であるという考え方もありうる.

恋愛と友情とはまったく別のものと考える人はaのように，両者は異なるが一部共通する部分があると考える人はbのように，恋愛は友情の特殊な形であると考える人はcのように，それぞれ捉えているものと理解される．

現在の実証的な恋愛理論に大きな影響を与えたルービン(Rubin, 1970; 1973)の研究は，この恋愛と友情の関係に焦点をあてていた．

(a) ルービンの尺度研究

ルービンは恋愛を心理学的に分析するために，恋愛と異性の友情の違いを測定する質問紙尺度を開発した．表5-1にルービンの尺度を日本語にしたもの(藤原ら，1983)を示した．同尺度には，**恋愛尺度**(love scale)と**好意尺度**(liking scale)の2尺度が含まれている．恋愛尺度は恋人に対する愛情の強さを測定する尺度で，好意尺度は友人に対する愛情を測定する尺度である．

表5-1の各項目の「××」の部分に特定の異性をあてはめて，それぞれの項目の文章が「その相手に対する気持ちにどの程度あてはまるか」を9段階で回答する形式である．恋愛尺度と好意尺度のそれぞれに含まれる項目への回答を合計して，尺度得点とする．

ルービンは158組のデート中のカップルに調査を行ない，恋人と同性の友人とに対する2種類の尺度得点を比較した．その結果，男女とも恋人に対しては，恋愛尺度得点と好意尺度得点が高かったが，友人に対しては，好意尺度得点は高いが，恋愛尺度得点は低かった(表5-2)．この結果は，恋人には恋愛と好意の両方を感じるが，友人には好意しか感じないことを意味する．

恋愛尺度の項目内容をみると，「もし，××さんが元気がなさそうだったら，私は真っ先に励ましてあげたい」のように，恋人を気遣い，恋人のために何かをしてあげたいという気持ち(愛他)を表す項目が含まれている(表5-1の恋愛尺度の1, 2, 6, 8)．また，「××さんを独り占めしたいと思う」のように，恋人を独占したいという気持ち(独占)や，「××さんと一緒にいられなければ，私はひどく寂しくなる」のように，恋人と密着したいという気持ち(密着)を表す項目(同3, 4, 5, 11など)も多い．このように恋愛尺度において測定されている

表 5-1 ルービンの恋愛尺度，好意尺度

恋愛尺度

1. もし××さんが元気がなさそうだったら，私は真っ先に励ましてあげたい．
2. ××さんのためなら，ほとんどなんでもしてあげるつもりだ．
3. ××さんを独り占めしたいと思う．
4. ××さんと一緒にいられなければ，私はひどく寂しくなる．
5. 私は1人でいると，いつも××さんに会いたいと思う．
6. ××さんが幸せになるのが，私の最大の関心である．
7. ××さんのことなら，どんなことでも許せる．
8. 私は××さんを幸せにすることに責任を感じている．
9. ××さんと一緒にいると，相手の顔を見つめていることが多い．
10. ××さんから信頼されると，とてもうれしく思う．
11. ××さんなしに過ごすことは，つらいことだ．

好意尺度

1. ××さんはとても適応力のある人だと思う．
2. ××さんは責任ある仕事に推薦できる人物だと思う．
3. 私は××さんをとてもよくできた人だと思う．
4. ××さんの判断の良さには，全面の信頼をおいている．
5. クラスやグループで選挙があれば，私は××さんに投票するつもりだ．
6. ××さんはみんなから尊敬されるような人物だと思う．
7. ××さんはとても知的な人だと思う．
8. 私は××さんのような人物になりたいと思う．
9. ××さんは賞賛の的になりやすい人物だと思う．

(Rubin(1970)の尺度を藤原ら(1983)が因子分析した結果，それぞれの因子に負荷の高い項目を列挙した．原尺度は，いずれも13項目ずつで構成されている．)

恋愛感情は，愛他，独占，密着が中心であると理解される．一方，好意尺度は「××さんはとても適応力のある人だと思う」などのように，友人を高く評価，信頼，尊敬していることを意味する項目で構成されている．

したがって，ルービンの研究結果は，恋人には愛他・独占・密着・信頼や尊敬などの感情を感じるが，友人には信頼や尊敬の感情しか感じていなかったことを意味している．図5-1でいえば，cの捉え方を支持していると考えられる．

なお，恋愛尺度得点と好意尺度得点の関連を相関係数という統計値を用いて

表 5-2 恋人と同性の友人に対する
恋愛尺度得点と好意尺度得点

項　　目	女性	男性
恋人に対する恋愛尺度得点	89.5	80.4
恋人に対する好意尺度得点	88.5	84.7
友人に対する恋愛尺度得点	65.3	55.1
友人に対する好意尺度得点	80.5	79.1

(Rubin, 1970)

調べたところ，女性に比べて男性の方が恋愛と好意との相関係数が高かった（表 5-2）．ルービンとは異なる尺度を用いて異性の友人に対する感情を比較した山本（1986）も，独占や密着などの感情の得点が，女性は「親しい友人」と「恋人」とで差が大きかったが，男性では両者の得点が接近していることを明らかにしている．

これらの結果は，女性に比べ男性の方が恋愛と好意を混同しやすいことを示している．

(b) 恋愛の構成要素に関する理論

ルービンの結果は図 5-1c の捉え方と一致していたが，同研究以降，恋愛の構成要素を調べる研究が発表され，恋愛と友情の関連が検討されてきた．

たとえば，デイビス（Davis, 1985）は，ルービンより詳細な尺度を用いて，恋人と友人に対する気持ちを尋ねている．調査の結果，友人に対しては「相互支援」「尊敬」「自発性」「理解」「信頼」などを感じるが，恋人にはこれらに加えて，「熱中」や「排他性（他の人を排除して相手を独占したい気持ち）」「すべてを捧げる気持ち」を感じることを明らかにしている．ただし，恋人にはなく友人にだけ感じる気持ちとして「安定感」があることも明らかにしている．同研究の結果は，友情の中に，恋愛とは異なる部分があることを意味しており，図 5-1 でいえば b にあたる研究結果と考えられる．

日本では，橋本（1992）が恋愛に対する態度を質問紙調査によって，「密着性」「快楽傾向」「友愛」「盲目的愛」の 4 側面に分類している．

恋愛に関する第1の理論は，ルービンやデイビスらのように，恋愛や友情に伴う感情や意識を測定するデータに基づいて，恋愛の構成要素に関する理論である．

(c) 恋愛と友情の関係

恋愛の構成要素に関する理論や友情の側面に関する実証研究(松井，1996など)を参考にして，恋愛と友情の関係を模式的に整理した結果を，図5-2に示す．図5-2の仮説図では，デイビスらの結果に基づき，図5-1bのように，恋愛と友情を共通点はあるが別個の要素を含む概念と捉えている．

恋愛に独自な要素(図左側)は，恋人を独り占めしたいという「独占」である．独占は，他者が自分たちの関係に入りこむ(浮気)を許さないという社会的なルールである排他性(増田，1998など)に結びついている．恋人を独り占めしたいという気持ちは，いつでも恋人と一緒にいたいという「密着」や，恋人のことがいつも頭から離れないという「熱中」とともに，恋愛を特徴づける心理である．さらに，恋愛は喜びや快感，怒りや嫉妬，感傷や悲哀感などの激しい「熱情」を生むことが多い．感情の激しさはときに「苦しさ」につながり，関係を「不安定」なものにしやすい．「性行為」は倫理観によって捉え方が異なり，最近では友人間での性交渉も出現しているが，多くの青年は恋愛相手だけにとるべき行動と見なしているため，ここに位置づけた．

友情と恋愛に共通する要素(図中央)は，相手を高く評価し，信頼し，尊敬する「信頼・尊敬」である．共通しながらも，恋愛に多くみられるのは「愛他」や「楽しさ」であり，友情により多くみられるのは「気楽さ」である．

友情に特有な要素は，相手と競い合おうとする「ライバル心」と，感情が不安定にならずにすむ「安定感」や，長い交際が可能な「継続性」であろう．ライバル心は，ときに相手に対する反発となったり，競争心となって現れる(松井，1996)．

図5-2はこれまでの研究から構築した仮説的な図である．この仮説図が正しければ，友人が他の友人と仲良くなるのを不快に感じたり，友人のことを考え

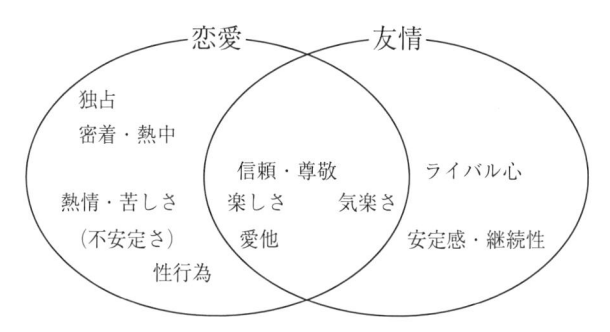

図 5-2 恋愛と友情の関係に関する仮説図
恋愛と友情に関する心理学研究を整理した仮説図.

て激しい感情が起こったら，その関係は恋愛や片思いになっていると考えられる．逆に，恋人に対してライバル心を燃やすようになったら，恋愛が友情に変質し始めていることを意味しているのかも知れない．

5-2 恋愛の類型論

　上記の理論では，恋愛や友情の構成要素を列挙していたが，それらの相互関係を考慮し，恋愛や愛情をいくつかのパターン(類型)に分けて捉える理論(類型論)も発表されている．本節では，恋愛の類型論のうち，日本でも検証が進んでいる2つの理論を紹介する．

　これらの理論では，恋人どうしでも恋愛の仕方や恋愛にかかわるときの気持ち(類型)が異なることがあり，その差が2人の相性に影響すると考えられている．

(a) 愛情の三角理論

　スターンバーグ(Sternberg, 1986)は，友情や恋愛や夫婦愛を含むさまざまな愛情を，図5-3のように三角形で整理している．この理論は**愛情の三角理論**(Triangular theory of love)と命名されている．

　愛情の三角理論では，愛情の基本要素を，親密さ，情熱，決定と関与(コミ

5 恋愛の心理学理論

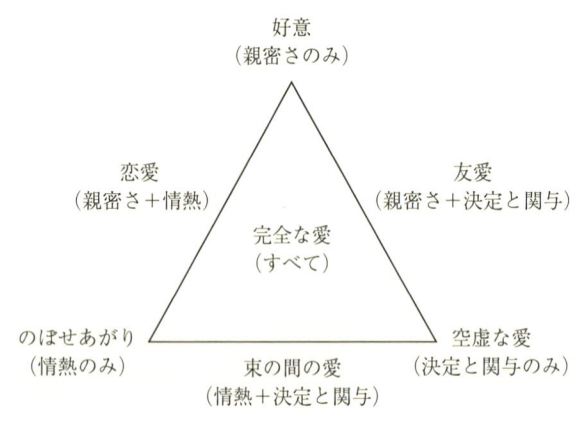

```
              好意
           (親密さのみ)

    恋愛                 友愛
 (親密さ＋情熱)        (親密さ＋決定と関与)
            完全な愛
            （すべて）

のぼせあがり                    空虚な愛
 （情熱のみ）                (決定と関与のみ)
            束の間の愛
         （情熱＋決定と関与）
```

図 5-3 スターンバーグの愛情の三角理論 (Sternberg, 1986)

ットメント)の3種であると理論化している．親密さは，愛情をもつ対象の幸福が増すことを望み，一緒にいると幸せと感じ，尊敬し，相互に理解し合うという内容を含む．図5-2でいえば，恋愛と友情とが重なった領域にほぼ対応する．情熱は，性的欲求を中心としてロマンティックな気分をもたらし，ドキドキした感情を引き起こす要素である．これは図5-2でいえば，恋愛だけに含まれ，友情に含まれない領域にほぼ対応する．決定と関与は，短期的には相手を愛そうとする決意を意味し，長期的には関係を維持しようとする約束や責任感を意味する．

　愛情の三角理論によれば，現実の愛情関係はこの要素の組み合わせによる類型として表現される．「好意」は親密さだけはあるが情熱や決定と関与がない類型であり，「のぼせあがり」は情熱だけがある類型である．決定と関与だけがある類型，すなわち関係を継続しようという意志だけで，親密さも情熱も感じていない状態は，「空虚な愛」と呼ばれる．2つの要素の組み合わせをみると，「恋愛」(ロマンティックな愛)には，親密さと情熱とはあるが，長期的に関係を継続しようという意志が含まれないと，この理論では位置づけられる．「友愛」は，親密さと決定と関与をもつが，情熱は伴わない．「束の間の愛」は，情熱と決定と関与(ただし，この場合は短期的な関係をもとうとする意欲)をも

表5-3　愛情の三角理論の測定する尺度(TLS27)の項目例

親密さ
　○○さんとはうまくコミュニケーションをとれている
　○○さんは必要な時に私を頼ることができる
　私と○○さんの関係は温かいものである
　○○さんとの関係は心地よいものである
　私は必要な時には○○さんを頼ることができる
情熱
　○○さんを心理的(情緒的)に近い存在だと思っている
　ふと気がつくと○○さんのことを考えている時がよくある
　○○さんについて空想にふけることがある
　○○さんをみるだけでドキドキしてしまう
　ロマンティックな映画を観たり本を読んだりすると，つい○○さんのことを考えてしまう
決定と関与(コミットメント)
　私と○○さんとの関わりは揺るぎないものである
　○○さんなしの生活などは考えられない
　○○さんとの関わりは何ものにもじゃまされないものである
　○○さんとの関係を終わらせることなど私には考えられない
　私にとって○○さんとの関係より大切なものなど他にはない

(金政・大坊(2003)より抜粋して引用した．実際の尺度は全27項目で構成されている)

つ．同理論によれば，3種すべての要素を含む愛情が「完全な愛」となる．

　この理論の3要素を測定するための尺度も開発されており，日本では金政・大坊(2003)による尺度(Triangular Love Scale 27 items, TLS27)が発表されている．表5-3にTLS27の項目例を掲載した．同尺度では，親密性得点，情熱得点，決定と関与(コミットメント)得点の，3種の得点が算出される．

　金政・大坊はTSL27を用いて，6つの大学の学生に「家族以外でもっとも親しい異性」に対する愛情を測定した．TSL27の得点を対象の種類(友人，ボーイフレンド・ガールフレンド，恋人，片思い)別に分析したところ，すべての得点が友達，ボーイフレンド・ガールフレンド，恋人の順に高くなっていた．特異な得点を示したのは片思いで，親密性は友達に対する得点と同じぐらい低かったが，情熱は恋人やボーイフレンド・ガールフレンドと同程度に高くなっ

ていた.

(b) リーの色彩理論

　カナダの心理学者リー(Lee, 1974 など)は，恋愛をいくつかの類型に分け，それらを環状に位置づけている(図5-4)．リーは恋愛に関する文学や哲学の記述を収集し，それらを心理学や社会学や哲学などの専門家が分類した．分類の結果から，基本的な3類型と，基本的な類型の混合である3類型を抽出し，さらにそれらの混合型も設定している．リーは，カナダとイギリスの青年への面接結果に基づいて，この分類を確認した．リーの理論では恋愛を色相環(色を環状に並べた図)にたとえ，現実の恋愛はさまざまな基本色(類型)の混色(混合型)で表現できると捉えている．このため，リーの恋愛理論は，**(恋愛の)色彩理論**と呼ばれている．

　リーの色彩理論は，その後アメリカ(Hendrick & Hendrick, 1986 など)や日本(松井ら，1990)で測定尺度が開発されており(表5-4参照)，現代青年の恋愛にも適用可能な理論であることが確認されている．ただし，リーの理論では9種以上の類型が設定されていたが，検証研究では，図5-4に示す6類型がとりあげられることが多い．リーや後続研究の知見を踏まえて，以下，図5-4の時計回りに各類型を説明する．

　ルダス(Ludus)**型**は，「遊びの愛」を意味する．この型の恋人は会話が楽しく，遊び方もうまい．交際相手から依存されることを嫌い，一定の距離をおこうとする．同時に複数の相手と交際できるという特徴もある．

　プラグマ(Pragma)**型**は恋愛を，出世や権力，よい家庭などの何かを得る手段とみなしている．ふだんは恋愛に興味をもたないが，相手をみつけたいと決めると，相手獲得のために努力する．相手を選ぶ際に，学歴や外見や趣味の一致などの基準を設け，慎重に選択する．「実利的な愛」と呼ばれる．現代日本でいえば，結婚紹介サービスや見合い結婚などがこの型にあてはまる．

　ストーゲイ(Storge)**型**は，友情に似た穏やかな感情をもつ恋愛類型であるため，「友愛的な愛」と呼ばれる．この型の恋人は，嫉妬したり，激情に駆ら

図 5-4 リーの色彩理論
(Lee(1974)などから構成)

れることはない．長く続く恋愛であり，幼なじみが恋人になるような類型である．よい家庭をもちたいという気持ちが強く，長い間の別離にも耐えられる．現代日本でいえば「遠距離恋愛」に耐えられる恋愛類型である．

　アガペ(Agape)型は「愛他的な愛」と呼ばれる．相手の幸せだけを願う恋愛で，図 5-2 の「愛他」の要素だけをもつ類型である．リーは面接調査の結果から，この型はキリスト教の根本的な理念にあった類型で，現実には存在しないと捉えている．しかし，『夕鶴』などの日本の文学作品にも多く描かれている類型である．

　エロス(Eros)型は，「美への愛」と呼ばれる．交際相手の外見の美しさに惹かれ，ロマンティックな行動をよくとる．一目惚れが強烈に起こり，「その人に遇った瞬間に，この人に会うために今まで生きてきたのだと思った」などと体験するという．

　マニア(Mania)型は，激しい感情を特徴とする．交際相手が少しでも気遣いを示してくれれば有頂天になり，他の異性と立ち話をしているのをみただけで絶望感を味わうなど，気分がジェットコースターのように変化する．感傷や悲哀などの多様な感情を体験する人も多い．自分に自信がなく，とくに「恋人としてのふさわしさ」に自信がもてない．絶えず交際相手の愛情を確認しようとする．現代日本でいえば，一方的に交際相手に電話をかけ続ける行動をとるような恋人がマニア型にあたるであろう．リーは「狂気的な愛」と呼んでいる．

(c) 色彩理論の類型間の関係

リーによれば，恋人どうしであっても互いの恋愛類型が異なることがある．たとえば，一方はマニア型で他方がストーゲイ型というように，求める恋愛類型が図5-4の対角線上にある恋人たちは，互いを理解できないために関係が長続きしないと，リーは理論化している．言い換えれば，対角線上にある恋人どうしは相性が悪いと，色彩理論では予測している．

上述のように，リーの色彩理論には，類型を測定する尺度が開発され，多くの実証研究が行なわれている．松井ら(1990)はヘンドリックとヘンドリック(Hendrick & Hendrick, 1986)に基づいて独自の日本語版の尺度(Lee's Love Type Scale 2nd, LETS-2)を開発した．表5-4にその項目の一部を掲載する(松井(1993a)にはLETS-2の全項目と得点化の方法が掲載されている)．

松井(1993b)はLETS-2を用いて類型間の関係を検討したところ，6類型はリーの予測とは異なり，アガペ型・マニア型・エロス型の3型がまとまり，他の3型が離れた位置を示すことが明らかになった．この結果を受けて，松井(1993b)は類型間の関係について，図5-5に示す三角錐仮説を提出している．同仮説によれば，アガペ型・マニア型・エロス型は恋愛の基本形であり，他の型は基本形の亜型にあたる．

同様の尺度を用いて恋愛関係が継続するかどうかを分析した結果(Hendrick et al., 1988)では，エロス型の得点が高い恋人は関係が継続しやすいことが明

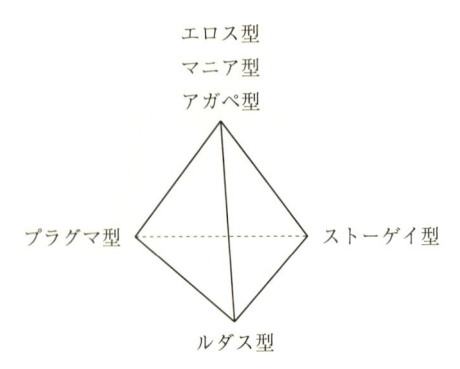

図5-5 色彩理論の三角錐仮説

表 5-4 リーの色彩理論を測定する尺度(LETS-2)の尺度項目例

エロス型
　彼(女)と私はあうとすぐにお互いひかれあった
　彼(女)と私はお互いに，本当に理解し合っている
　彼(女)といると甘く優しい雰囲気になる

ストーゲイ型
　私たちの，友情がいつ愛に変わったのか，はっきりとはいえない
　私たちの友情は，時間をかけて次第に愛へと変わった
　彼(女)との交際が終わっても，友人でいたいと思う

アガペ型
　彼(女)が苦しむくらいなら，私自身が苦しんだ方がましだ
　私自身の幸福よりも，彼(女)の幸福が優先しないと，私は幸福になれない
　私は彼(女)のためなら，死ぬことさえも恐れない

マニア型
　私は気がつくと，いつも彼(女)のことを考えている
　彼(女)が私以外の異性と楽しそうにしていると，気になって仕方がない
　彼(女)は私だけのものであって欲しい

ルダス型
　彼(女)が私に頼りすぎるときには，私は少し身を引きたくなる
　彼(女)に期待をもたせたり，彼(女)が恋に夢中にならないように気をつけている
　私が必要だと感じたときだけ彼(女)に側にいて欲しいと思う

プラグマ型
　恋人を選ぶとき，その人とのつきあいは，私の格(レベル)を下げないかと考える
　恋人を選ぶのに重要な要素は，その人がよい親になるかどうかだ
　私は恋人を選ぶ前に，自分の人生を慎重に計画しようとする

(松井ら，1990)

らかになっている．一方，リーが仮説した対角線上にある恋人どうしの相性の悪さについては，まだ実証されていない．三角理論の尺度と色彩理論の尺度をともに用いて尺度間の関係を検討した研究(Hendrick & Hendrick, 1989)でも，アガペ型・マニア型・エロス型と三角理論の3尺度などが1つにまとまる(1

因子を構成する)ことが明らかになっている．このように，データでは，図5-5の三角錐仮説を支持する結果が多い．

なお，本節で紹介した類型論以外に，ルービンの理論に対応させて，恋愛を慈愛的恋愛(compassionate love)と情熱的恋愛(passionate love)とに分ける理論もある(Fehr, 2001など)．

5-3 恋愛の段階理論

恋愛に関する第3の社会心理学理論は，段階理論である．恋愛の段階論は，交際相手への気持ちや行動によって，恋愛がどの程度深まっているかや，2人がどの程度親しくなっているかを，いくつかの段階で分けて捉える理論である．

社会心理学では，恋愛や友情を含めて，人が親しくなったり疎遠になったりする過程を理論化した理論を**親密化過程理論**と呼ぶ．恋愛の段階説も，親密化過程理論の一種と捉えることができる．

(a) 恋愛の段階理論

ルイス(Lewis, 1973)は，恋愛から結婚に至る段階を6段階に分けて捉えている．第1の段階は2人が価値観や興味などについて共通点をみつけていく「類似性の認知」段階で，第2は2人が望ましい関係を築く「良い関係の構築」段階である．続いて，自分の話をするようになる「自己開示」段階，互いの役割に沿った行動をとる「役割取得」段階，役割がかみ合ってくる「役割適合」段階を経て，2人がペアとなって行動し，ペアの意識をもつようになる「結晶」段階に至る．

マースタイン(Murstein, 1977)は結婚相手を選ぶ際に重要となる要素を3種に分け，結婚に至る過程が，それぞれの要素が重要性をもつ段階によって区分されると提唱した．第1の刺激(Stimulus)段階では，相手の外見や声などの相手から受けとる刺激が，相手に感じる魅力に重要な意味をもつ段階である．刺激段階を経て，相手と親しくなり，一緒に行動し，自分の話をするようにな

ると，相手が関心をもつことや，興味の内容や物事に対する考え方が似ていることが重要になる．相手のもつ価値観が重要になるため，この第2段階は価値(Value)段階と呼ばれる．最後の第3段階は，互いの役割を分担して担うことができるようになることが重要となる役割(Role)段階である．マースタインのこの段階理論は，各段階の頭文字を採って **SVR 理論** と呼ばれている．

なお，マースタインによれば，すべての人が3つの段階を経て結婚するわけではない．たとえば，社会的地位の高い人どうしの恋愛では，価値観が似ていることが多いので，S段階だけで結婚に至りやすいと推定している．

SVR 理論は，恋愛の進行に伴って，重要となる魅力の源が異なるという仮説に立脚している．心理学の用語で言い換えれば，恋愛の進行に沿って，影響力の強い対人魅力の要因が変化するという立場をとっている．

(b) 対人魅力

心理学では，人が他者に感じる好意や嫌悪(または，好意や嫌悪を感じる理由を分析する研究領域)を，**対人魅力**(interpersonal attracation)と呼んでいる．対人魅力の研究領域では，人が人に魅力を感じる理由としてさまざまな要因がとりあげられ，分析されてきた．表5-5には，対人魅力に影響することが明らかになっている主な要因を列挙してある(バーシェイドとハットフィールド，1978など)．

たとえば，外見は対人魅力に対する強い影響因である．顔かたちが美しい人は，よい性格をもっていると思われがちで，人に好かれやすいことが，さまざまな場面で繰り返し確認されている．外見がよいと性格もよいと思いこんでしまう認知の歪みは，「美は良ステレオタイプ」(beauty is good stereotype)と呼ばれる．「美は良ステレオタイプ」は男性だけが美人に対していだくのではなく，女性も美男子に対していだきやすいことが明らかになっている．

ただし，美しい人がちょっと冷たい行動をとると逆に嫌われたり，美を利用している印象を人に与えると，かえって否定的な印象を与えてしまうことが明らかになっている．また，美人は「冷たい」印象を人に与えやすいことも明ら

表 5-5 対人魅力の要因の例

要因	内容
外見	外見は美しいほど,よい性格をもっていると受けとられやすい(美は良ステレオタイプ)
性格	態度は類似説,役割は相補説が支持されている(コラム 5-1 参照)
	社会的に好まれる性格もある(社会的望ましさ説,コラム 5-1 参照)
自己開示	表面的なところから徐々に内面を示す
	タイミング良く,相手の開示に合わせて深める
近接性	住まいや通学先が近く,よく会う人が好まれる
	会う回数が多い人ほど好きになる(単純接触効果)
好意の表明	一般的には,「好きだ」といってくれる人を好きになる(好意の返報性)
	最初から好意を見せるより,徐々に示す方が効果的(ゲインロス効果)
場の雰囲気	雰囲気のよいところで人に会うと,好意をもちやすい
	不安が高い状況では,人と一緒に居たくなる
気分	興奮しているときは,居合わせた異性が魅力的に見える(刺激の汎化)
	自信を失ったときは,優しくしてくれる人が好きになる(感情的不安定さの効果)
周囲の妨害	周囲から妨害や脅威があると,熱愛が高まる(ロミオとジュリエット効果)
互いの役割	互いの役割のバランスがとれていると,長続きする(互いの役割の相補性)
	周囲の人と役割がうまくいっていると,長続きする(周囲との役割的適合)

かになっている(小野寺,1994).

一般に,美しい人は自分に外見の美を認めたがらないが,それは美を自認すると,美を利用しているという印象を人に与えることを知っているためと考えられる(松井,1993a).

性格の魅力に関しては,類似説,相補説,社会的望ましさ説が提唱されてお

り，詳細をコラム 5-1 に記述する．

> **コラム 5-1　似ている人を好きになるのか，似ていない人を好きになるのか**
>
> 　対人魅力の領域では，どんな性格や人柄の人が人から好かれるかというテーマが，古くから研究されてきた．
>
> 　研究当初は，自分に似た人を好きになるか，自分にない面をもつ人を好きになるかという論争が続いた．自分に似た人を好きになるという説は**類似説**と呼ばれ，自分にない面をもっていたり，自分の性格を補完してくれるような性格をもつ人を好きになるという説は，**相補説**と呼ばれている．それぞれの説を支持する研究結果が発表されており，論争が続いたが，現在では 2 つの説を適用対象が異なる説として理解する立場もでている．
>
> 　心理学においては，社会的な物事に対する考え方や意見などを社会的態度と呼ぶが，社会的態度に関しては一貫して類似説が支持されている．社会的態度に関して類似説が支持される理由は，以下のように理解されている．社会的態度が類似していれば，好きな活動を一緒にすることができ（共行動），不要なトラブルを避けることができ（葛藤回避），自分の考えが正しいと保証してもらえる（合意的妥当性）ため，魅力を感じやすい．
>
> 　ただし，私たちは似ている人を好きになるのではなく，好きな人を似ていると錯覚しがちであるという現象（仮想類似性，assumed similarity：Fiedler et al., 1952）や，自分に自信のない人は類似している他者を敬遠するという現象も報告されている．
>
> 　一方，交際中の 2 人のうち 1 人が甘えたがる人であれば，相手は甘やかす人でなければ，その交際は続かないであろう．1 人がリーダーシップをとりたがる人であれば，相手はそれに従う方が，関係が続きやすい．こうした 2 人の間の関係は，交際を続ける上で必要となる役割の関係と捉えることができる．相補説があてはまるのは，こうした 2 者間の役割関係であると考えられている．
>
> 　また，本文で紹介した SVR 理論では，類似説は V 段階，相補説は R 段階で，それぞれ影響をもつと理解される．自分にないよい面をもった人は，刺激面でも高く評価されやすいため，S 段階でも相補説が適用可能となるであろう．言い換えれば，恋愛初期と後期には相補説が，中期には類似説があてはまるも

のと推定される．

　以上のように，性格の対人魅力に関する類似説と相補説は，態度と役割という比較する心理領域の相違や，恋愛段階の違いによって理解されている．しかし，これらの２つの説にあてはまらない研究知見もあり，第３の説(**社会的望ましさ説**)も提示されている．社会的望ましさ説では，多くの人が魅力を感じる性格があり，相手が自分に似ていてもいなくても，魅力ある性格の人が好まれると考えられている．社会的望ましさ説の詳細は，コラム 5-2「好かれる性格，嫌われる性格」で紹介する．

　魅力は外見や性格だけでなく，状況の影響も受ける．雰囲気のよいところで人に会うと好意をもたれやすかったり(刺激の汎化)，恐怖などで興奮しているときには近くにいる異性に魅力を感じやすい(感情的不安定さの効果)ことなども，明らかになっている．

　SVR 理論を参考にして，対人魅力に関する諸要因を恋愛の進行にあわせてまとめたモデル図(松井，2001)を，図 5-6 に掲げた．

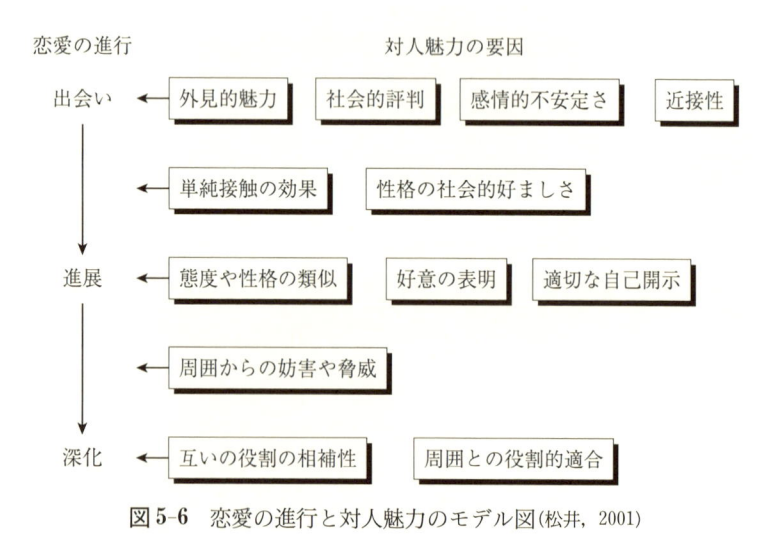

図 5-6　恋愛の進行と対人魅力のモデル図(松井，2001)

恋愛の進行　　　　　対人魅力の要因

出会い ← 外見的魅力　社会的評判　感情的不安定さ　近接性
　　　　← 単純接触の効果　性格の社会的好ましさ
　↓
進展　← 態度や性格の類似　好意の表明　適切な自己開示
　　　　← 周囲からの妨害や脅威
　↓
深化　← 互いの役割の相補性　周囲との役割的適合

（c）恋愛行動の5段階説

ルイスの説やSVR理論や図5-6は，結婚に至る過程を段階に分け，各段階において重要となる要因を整理した理論であるが，恋愛の進展に伴って行なわれる行動の変化に着目した段階説も提唱されている．

図5-7と図5-8には，恋愛行動を5段階に分けた説（**恋愛行動の5段階説**）を提示した．図5-7は，1980年代後半に大学生に行なった調査回答に基づいて，恋愛行動の進展をモデル図にまとめたものである．同調査では首都圏の大学生359名に対して，「恋人もしくはもっとも親しい異性」を1人思い浮かべ，その人と行なったことのある行動を回答するように求めた．得られた回答を解析したところ，恋愛行動は図5-7のように進展することが明らかになった（松井，1990）．図5-7では，各行動の意味と回答者の構成比を考慮して，5段階に行動を区切っている．2000年には，同様の調査が首都圏の大学生843名に行なわれたが（松井，2000），各行動の経験率にはやや変化がみられ，解析の結果は図5-8のようになった．

図5-7と図5-8とを比較すると，大学生の（もっとも好きな人に対する）恋愛行動には10年間で変化のみられた点と変化のなかった点とがあることがわかる．

大きく変化した点は，「ペッティング」（性的な意図で相手の身体に触ること）と「性交」とが第5段階から第4段階に移り，恋愛段階の早い時期に行なわれるようになっている点である．この変化は，時代を経るにつれて性的な行動が低年齢から始まる傾向（性的行動の低年齢化）の反映であると理解される．細かな部分では，「用もないのに電話」が第2段階のより早い時期に行なわれるようになっており，携帯電話の普及の反映と推定される．

一方，10年間で変化のみられなかった主な点は，3点あげられる．第1に，恋愛の最初の段階に「友愛的会話」が位置づくことである．この結果は，昔も今も恋愛の始まりには，楽しい会話と適切な自己開示が大切であることを意味している．第2に，デートの前に「プレゼントをしたりされたり」した経験があり，「キス」の前には「一緒に買い物」をしたりし，「結婚の約束」の前には

5 恋愛の心理学理論

```
友愛的会話
  友人や勉強の話
            相談
  子どもの頃の話 家族
            の話
```

```
内面の開示           協力              性的行動
  悩みを打ち明ける      仕事や勉強の手       肩や身体に触れ
       |           伝い               る
  人にみせない面をみ
  せる
```

```
つながりを求める行動   プレゼント
  寂しいときに話を      プレゼントする
  する
```
·· 第1段階

```
用もないのに電話     一緒の行動                        喧嘩
用もないのに会う       デート          手や腕を組む       口げんか
                |                                            第2段階
                 一緒に買い物
```

```
第三者への紹介                                       別れたいと
  BF，GFとして友人                                    思った
  に紹介             部屋を訪問       キス，抱き合う
```
·· 第3段階

```
恋人として友人に紹
介
```
·· 第4段階

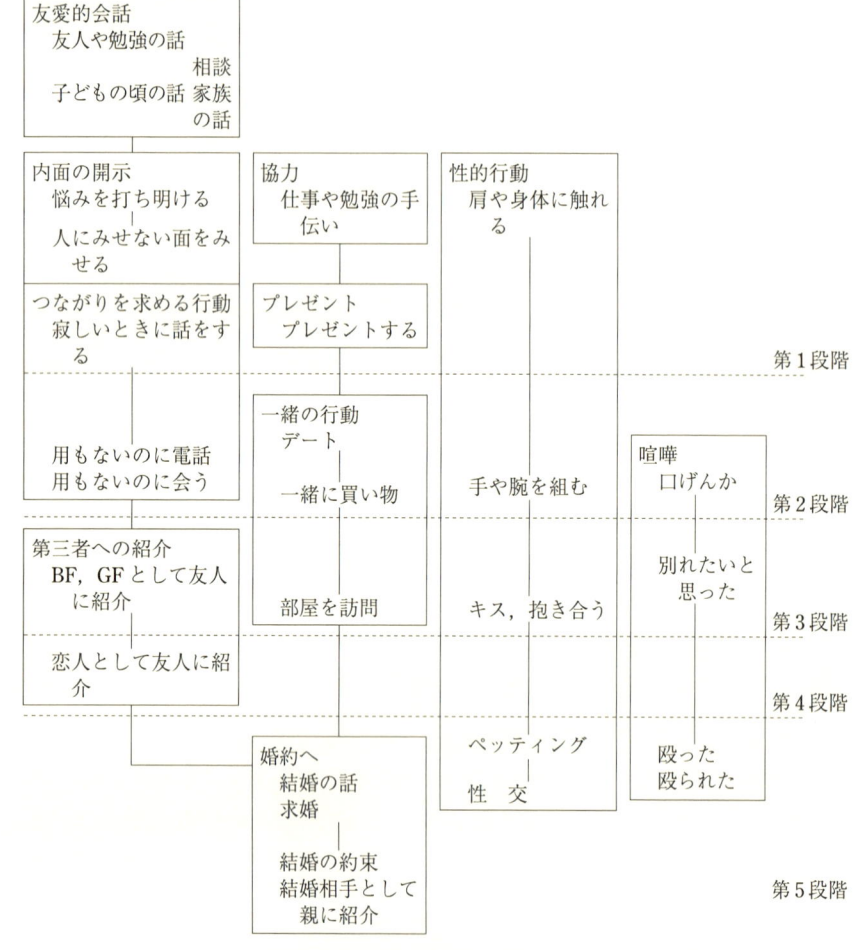

```
                  婚約へ
                    結婚の話        ペッティング       殴った
                    求婚             性 交           殴られた
                    
                    結婚の約束
                    結婚相手として
                    親に紹介
```
·· 第5段階

図5-7　1980年代後半における恋愛行動の進展に関する5段階説
　　　（松井，1993bを一部修正）

「性交」があるという一定の順序性がみられる点である．すなわち，恋愛行動が一定の順序性をもって進行するという事実には，変化がみられなかった．このように少なくとも，もっとも好きな人に対しては，きちんと順序立てたつきあいをするという傾向は，昔も今も変わっていないのである．

　第3に，「デート」などの2人の間の行動と，「ボーイフレンド，ガールフレ

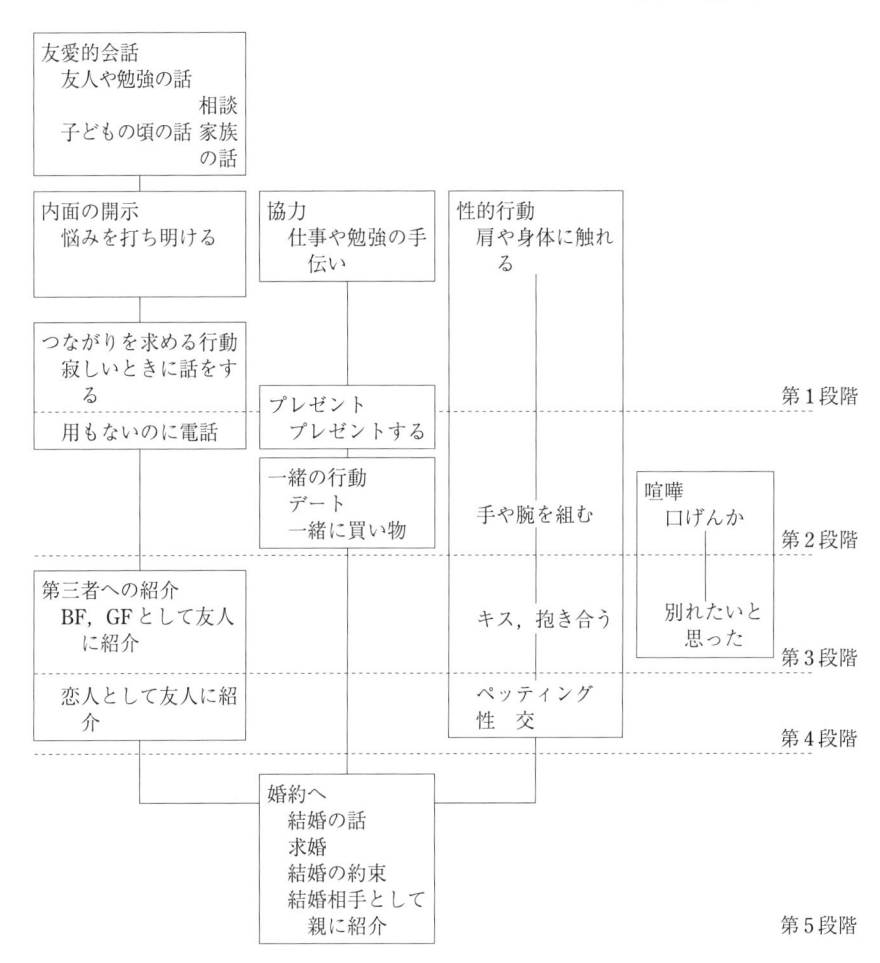

図 5-8 2000 年における恋愛行動の進展に関する 5 段階説
（松井，2006 を一部修正）

ンド(図中では BF, GF)として友人に紹介」などの周囲の人に 2 人の関係を提示していく行動とが，並行して起きている点である．2 者内の行動と 2 者を取り巻く人々に対する行動とが交互に起こり，恋愛関係は関係が進む．周囲への紹介は，表 5-5 や図 5-6 の「周囲との役割的適合」にあたり，単に紹介するだけでなく，周囲に受け入れてもらう過程も含んでいると考えられる．

コラム 5-2 好かれる性格，嫌われる性格

性格の対人魅力に関しては，社会的望ましさ説が提示されており，どのような人が他者から好かれやすいかについて，さまざまなデータが得られている．また，人から嫌われる性格に関する研究も最近発表されている．

表5-6は，1980年代に大学生や会社員389名に，「もっとも魅力を感じる異性」の人柄や印象を尋ねた結果である．表からわかるように，好まれる異性のイメージ(像)は男女で共通する点が多く，「思いやりのある」や「やさしい」「明るい」「生き生きしている」「清潔な」などが高く上がっている．好ましい友人に関する調査でも類似した性格が高く上がっている．これらのイメージは，「明るい」や「社交的」や「外向的」などの〈明るさ〉イメージ，「思いやりのある」や「やさしい」などの〈やさしさ〉イメージ，「生き生きしている」や「健康的な」などの〈積極性〉イメージにまとめられる．好ましい異性像には，これら3種の基本イメージに加えて，〈清潔な〉イメージも多くあがっている．

さらに，企業が面接時に重視している人柄やパーソナリティを調べた調査（山口，1997）によると，「意欲・積極性」「活動性」「協調性」「責任感」「社交性」などが重視されていた．「意欲・積極性」や「活動性」は〈積極性〉に，「協調性」は〈やさしさ〉に，「社交性」は〈明るさ〉に，それぞれ対応している．つまり，上記の基本イメージは，異性として好まれる人柄にも，就職面接で重視される人柄にも，共通している．企業は，基本イメージに〈責任感〉を加えた性格の人材を求めているのである．

一方，異性から嫌われる性格については，豊田(1998)が大学生291名を対象にした調査結果を報告している．同調査によれば，女性から嫌われる男性は「不潔」「しつこい」「自分勝手・わがまま」「軟弱」「思いやりのない」などの特徴を有していた．男性から嫌われる女性は「暗い」「派手」「自分勝手・わがまま」「うるさい・おしゃべり」などの特徴を有していた．「不潔」は〈清潔〉でなく，「暗い」は〈明るさ〉がなく，「自分勝手・わがまま」や「思いやりがない」や「おしゃべり・うるさい」は，つきあう相手の立場を考えず自分の好きなように振舞うという意味で〈やさしさ〉が欠けており，「軟弱」は〈積極性〉が弱い状態と，それぞれ理解される．このように異性から嫌われる性格の多くは，基本イメージや〈清潔〉イメージの欠如として理解することが可能である．

表 5-6 魅力ある異性の印象・特徴(単位 %)

項　目	女性像	男性像	項　目	女性像	男性像
1. 思いやりのある	⑤53	①62	1. 生き生きしている	⑦46	④58
2. おおらかな	26	31	2. 洗練された	23	27
3. 寛大な	13	36	3. 清潔な	②60	⑥50
4. やさしい	④54	②60	4. きざな	0	3
5. 積極的な	18	32	5. 肉感的な	10	3
6. 自制心の強い	16	29	6. エネルギッシュな	11	31
7. 感情的な	9	6	7. たくましい	4	22
8. 誠実な	23	③59	8. スマートな	17	31
9. まじめな	30	35	9. クールな	8	20
10. 社交的な	20	26	10. 神秘的な	19	9
11. 明朗な(明るい)	①64	⑤52	11. 苦みばしった	1	6
12. 聞き上手な	18	19	12. 華やかな	15	4
13. 知的な	⑧38	⑧47	13. 弱々しい	8	1
14. 静かな	25	15	14. 健康な	⑥50	⑦48
15. 情熱的な	19	23	15. 退廃的な	2	1
16. あっさりした	18	27	16. 陰りのある	8	13
17. 素直な	③54	24	17. 初々しい	32	6
18. 仕事, スポーツに打ち込む	6	23	18. セクシーな	16	9
			19. 異性の誘惑にのりやすい	4	4

東京都および近県の学生・サラリーマン 389 名に「もっとも魅力を感じる異性」の人柄や印象を, 多重回答形式で尋ねた結果, 各項目に「当てはまる」と回答した比率を示す. ただし, 職業別には比率に差がみられなかったので, 男女別の結果のみを掲載する. ○内は男女それぞれの比率の順位を示す. 「女性像」は男性が選んだ魅力ある女性のイメージを意味し, 「男性像」は女性が選んだ魅力ある男性のイメージを意味する. (松井, 1993a)

同研究では女性から嫌われる女性の特徴も報告されているが, この結果は, 基本イメージとはまったく異なっていた. 同性から嫌われる女性の特徴として上位に上がっていたのは,「自分勝手・わがまま」に並んで「ぶりっこ」「悪口を言う」「異性の前で態度が違う」「性格に表裏がある」などであった.「自分勝手・わがまま」を除けば, 基本的イメージとは関連がみられない. これらのイメージはいずれも, いずれも異性の前ではふだんと異なるイメージで振舞う女性を表している. ふだんの同性の前では人の悪口を言うような性格なのに, 異性や目上の人に接する際には〈やさしさ〉イメージやかよわいイメージを与え

る行動をとっている女性の姿が思い浮かぶであろう．
　性役割(第6章参照)の視点からみれば，異性の前で意図的に伝統的な女性役割を演じる女性たちが，同性から強く嫌われているのである．意図的に「女らしさ」を演じる女性は，異性を獲得する自己呈示戦略をとっていることになる(松井, 1993a参照)．この戦略が同性に気づかれると，嫌悪感や不快感を強く抱かれることになる．
　しかし，やっかいなことに，こうした女性の戦略に気がつく男性は多くないようである．

　2人の中だけで親密さを育むだけでなく，周囲の人々に受け入れてもらいながら，恋は深まってゆくのである．

　恋愛の進展に関連する理論としては，以上紹介してきた理論以外に，親しくなれるかどうかは出会った最初の時に決定するという関係性の初期分化現象(early differentiation of relatedness)も報告されている(遠矢, 1998)．

　また，恋愛を含む対人関係全般を扱った理論としては，社会的交換理論，帰属理論，強化理論，精神分析などがある(松井, 1993a)．

　なお，恋愛研究の多くは異性間の恋愛に焦点をあてており，同性に対する恋愛感情に関しては十分な知見が蓄積されていない．このため，本章でも異性間の恋愛に関する研究知見を記述してきた．しかし，2000年に採ったデータでは，大学生の約5％は同性を「恋人」や「片思いの相手」と見なしていた．同性間恋愛と異性恋愛との異同については，今後の研究が必要とされている．

まとめ

　恋愛に関する社会心理学理論は，恋愛の構成要素に関する理論，類型論，段階理論に分類される．恋愛の構成要素に関する理論はルービンの尺度研究に始まり，友情と恋愛の異同について検討されてきた．類型論には，愛情の三角理論，(恋愛の)色彩理論などがある．色彩理論に関しては6つの型を測定する尺度研究が展開されている．恋愛の段階理論には，SVR理論や恋愛行動の5段階説などが含まれる．SVR理論などの段階理論では，恋愛の進行によって重

要となる対人魅力の要因が変化すると考えられている．

〈問/題〉

- 本章で紹介されている尺度を用いて，自分の理想とする恋愛や自分がしてきた恋愛を測定し，それに基づいて恋愛理論の内容について考察してみよう．

6 ジェンダー

　本章ではジェンダーについて，性別と職業イメージとの関連から考えるとともに，その多面性についてジェンダーステレオタイプの問題を中心に紹介する．また章の最後では，マスメディアがジェンダーステレオタイプを強化していることについてもいくつかの研究を紹介しながら考える．

［キーワード］
▼
ジェンダー
ジェンダーステレオタイプ
敵意的性差別主義
好意的性差別主義
自己充足予言
ステレオタイプ脅威
脱同一視

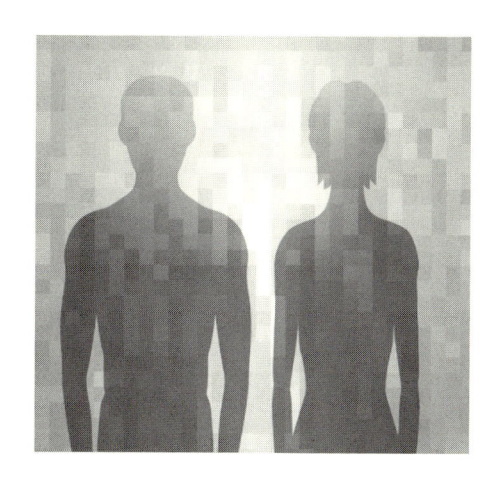

6–1 職業と性別

私たちはいろいろな職業に対して個別のイメージをもっている．とくに，ある職業について「男性的」「女性的」というように性別で分類してイメージしていることがある．このような職業の性別分類を踏まえて，性別と雇用の実態との関連について述べていこう．

(a) 求人広告と性別

就職活動をしていた女子学生から次のような話を聞いた．「ある企業の説明会に行って会社紹介のビデオをみたのですが，その中で営業の仕事をしているのは全部男性，接客は女性ばかりだったので「あれ？」って思いました．募集要項では男女別に職種を分けていなかったのですが，採用後には性別によって職種が決められてしまうのかと不安になりました」．

現在の日本では性別による差別は望ましくないという規範が普及し，雇用についても，**男女雇用機会均等法**(以下，均等法)によって，「事業主は労働者の募集および採用について，労働者の性別を理由にして，差別的取り扱いをしてはならない」ことになっている．このため，一般的には求人広告を出す場合に「男子正社員募集」という表現は違法で，「男女正社員募集」としなければならない．「女性向き」「女性歓迎」という表現も違法である．

これを読んで，「男性だけが募集されている仕事があるではないか」という読者がいるかもしれない．均等法では，男女で異なる取扱いをすることに合理的な理由がある場合のみ，例外として性別を指定することが認められている．たとえば，業務の性質上，一方の性別であることが必要な場合(たとえばモデル，ガードマン)，労働基準法の規定により女性の労働が禁止・制限されている業種(労働基準法第64条の2，第64条の3)などがある．

ただし，多くの仕事はこの「例外」にはあたらないため，一般的な事務作業なのにもかかわらず「女性パート募集」といった広告を出した場合には，違法

となる．均等法は当事者の合意による例外を認めない規定（強行規定という）であるため，これに違反する行為は無効となり，場合によっては不法行為として損害賠償責任を負うことになる．

（b）採用と性別

　それでは先の学生が話した企業の行為は，違法なのであろうか．求人広告では「男女正社員」となっていても，採用の時点では男性のみが合格していたり，採用後に性別によって職種を分けることは，現在でも数多くの企業が行なっている．これは均等法の理念に基づけば不適切なのであるが，現実にはこれが違法かどうかを判断することは難しい．採用については使用者に広い自由が認められているとともに，実際上，ブラックボックスとなっている．たとえば，採用面接の結果，男性のみが採用されていたり，入社してから男性は全員営業職に配属されたとしても，これが男女差別意識に基づくものなのか，能力などその他の理由に基づくものなのかをはっきりさせることができない．このため，違法とは断言できないのである．

（c）職業イメージと性別

　男女平等について多くの人々が賛成する現代にあっても，雇用のような個別の現実場面になると，暗黙にどちらかの性別を優遇して採用するという傾向は色濃く残っている．これには，雇用者側に，「男性向けの仕事」「女性向けの仕事」といった具合に，性別に関連して職業や職種を分類する意識があることが大きな原因のひとつといえる．この意識があるために，「この仕事は，やはり男性にやってもらわなければ」とか「この仕事は女性に向いているから」といった理由で，採用面接でどちらかの性別のみを合格させることが生じてくる．ただしこれは，雇用する人だけの問題ではない．職業を性別に基づいて分類する傾向が，私たちの心の中に広く存在している．

　山本(1999)は，日本人大学生を対象として職業と性別の関係について調べた複数の調査結果をまとめ，男性的職業として「警察官」「(トラック)運転手」，

女性的職業として「看護師」「秘書」「バスガイド」などがあげられやすいことを指摘している．これらの結果は，日本の大学生がさまざまな職業を男性的・女性的と分けてイメージしていることを示すものである．

　職業と性別とを結びつける傾向は，大学生よりもっと若い世代でも確認されている．子どもに「将来，どんな職業に就きたいか」を尋ねると，男の子では「スポーツ選手」や「警察官」，女の子では「お花屋さん」や「お菓子屋さん」など，幼い時期からすでに「男らしい仕事」「女らしい仕事」に沿った選択をしていることがうかがえる．実際に，中高生を対象とした大規模な職業イメージ調査(日本労働研究機構，2001)でも，就きたい職業では，男子が「ゲームクリエーター」「コンピュータ設計技術者」「探検家」，女子は「美容師」「洋菓子職人」「ファッション商品販売員」などであった(表6-1)．両方とも，一般的に男性(女性)が多く従事している職業に，男子(女子)が希望を出している結果になっている．中学生の時点で「これは男性の仕事」「これは女性の仕事」という視点から職業が分類され，自分と同じ性別に弁別される職業に強く関心をもち，情報収集していく様子がうかがえる．

　就職活動をはじめた大学生にいつ頃から就職のことを考えたか尋ねると，「大学を選択するとき」「3年生になってから」など，さまざまな答えが返って

表6-1　中高生が就きたい職業上位10位(複数回答)

男子中高校生		女子中高校生	
ゲームクリエーター	28.5%	美容師	41.0%
コンピュータ設計技術者	23.9	洋菓子職人	40.4
探検家	23.3	ファッション商品販売員	35.1
宇宙飛行士	23.2	幼稚園教員	34.1
花火師	22.3	遊園地スタッフ	32.6
ソフトウエア開発技術者	21.4	ペットショップ店員	32.5
スポーツ用品販売員	19.9	水族館飼育スタッフ	32.0
警察官	19.8	スタイリスト	31.4
発明家	18.8	動物園飼育スタッフ	30.7
プログラマー	18.7	フラワーショップ店員	30.6

(日本労働研究機構，2001)

くる．しかし上記の職業イメージ調査が示すように，自分の就職について意識するずっと前から，人は自分の性別に一致するか否かで選択的に情報を収集しているといえる．

(d) 雇用と性差別

ところで，男女雇用機会均等法が施行された現在，雇用の不平等の改善が推し進められている．しかしながら，平均給与などをみる限り男女の格差は依然として存在しているのが現状である．たとえば，内閣府が行なった男女共同参画白書(平成18年版)によると，男性就労者の場合，正社員についているものは全体の82%であるのに対し，女性では48%にとどまっている．パート・アルバイトなどの非正規雇用は男女とも増加しているが，とくに女性はその割合が1985年の32%から2005年には52%にまで上昇している．また男女賃金格

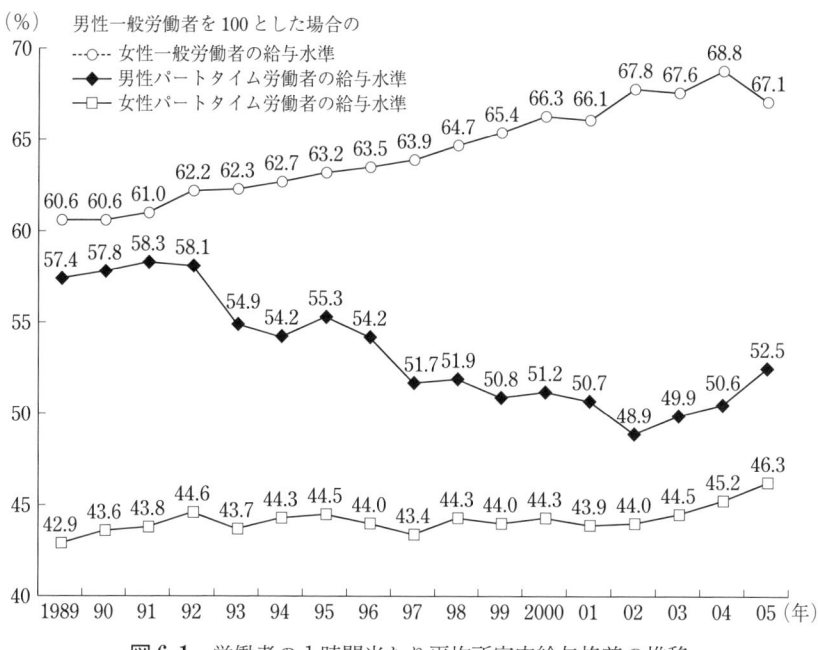

図6-1 労働者の1時間当たり平均所定内給与格差の推移
(内閣府，男女共同参画白書 平成18年度版)

差は縮小傾向にあるものの，女性の賃金は同一年齢の男性の水準の 7 割に達していない（図 6-1）．

また，厚生労働省の調査によれば，新規学卒者の初任給がいずれの年，学歴においても女性は男性の初任給を下回ること，パートタイム労働では男女間格差は縮小傾向であるものの時給ではおよそ 100 円の差があることなども指摘されている（厚生労働省，平成 17 年賃金構造基本統計調査）．

6-2　セックスとジェンダー

以下では「セックス」と「ジェンダー」という 2 つの言葉の違いを整理するとともに，ジェンダーに関する基本的な考え方を説明する．

(a) セックスとジェンダー

社会心理学では「性別」を示す用語として，**セックス**(sex)と**ジェンダー**(gender)という 2 つの言葉を用いている．簡単に言うと，セックスは「生物学的な性別」，ジェンダーは「社会的な性別」のことを示している．

セックスは外性器の 2 型性に基づいて出生時に割り当てられる性別である．戸籍には性別を示す欄があるが，この「男」「女」という記述がセックスである．

一方ジェンダーとは，社会によって構築された男らしさ，女らしさを示している．言い換えれば，社会が男性・女性という 2 つの区分にあてはめた内容である．「男らしくないなぁ」という時の「男」には，単に性の区分だけでなく，「男だったら○○だ」と期待する姿が背後に存在している．つまりこの発言はジェンダーを問題にしたものといえる．このジェンダーの内容には，パーソナリティ，能力，社会的役割，身体的特性，性的行動などが含まれる．

「セックス」「ジェンダー」という 2 つの用語をわざわざ使い分けるのには理由がある．「セックス」ではなく「ジェンダー」という言葉をあえて用いることによって，両性の行動の違いが生まれつきのものではなく，社会がその性別

に合うように影響を与えた結果，性別による違いが生じているのだということを明示する意味である．特に社会心理学は，個人と社会とのかかわりを問題として扱う学問である．社会が各性別に何を求め，どのような影響を与えているのかが研究の中心となっているため，セックスよりもジェンダーという言葉を用いたほうが，研究対象を明確に示すことができる．また，染色体上は男女いずれかでありながら，外性器や内性器の形態がそれに明確に対応していない場合もあることから，男女いずれかのセックスに認定することは生物学的に実は難しいことがわかってきている．これも，「セックス」ではなく「ジェンダー」が用いられる背景のひとつになっている．

ただし人間の特徴を示す場合に，それがセックスに基づくもの(生まれつきのもの：生物学的要因)なのか，ジェンダーに基づくもの(社会がそうさせているもの：社会的要因)なのか，明確に線引きすることは実際には難しい．図6-2は，ひとりの人間にセックスとジェンダーがどのような特徴を与えているかを示したものである．身体的側面の特徴(たとえば男性は女性よりも，声が低く背が高いなど)は，主にセックスによって決められている．一方，行動的側面の特徴(男性の方が賃金が高い，女性の方が家事を多く分担しているなど)は，主にジェンダーにより決められている．心理的側面は，その両方が影響を与えていると考えられる．

ジェンダーは私たちの日々の行動を，強く方向づけている．職業に限らず，さまざまな場面でどう振舞わなければならないか，何をすべきか，どのように生きていくのが望ましいのか，など社会が要求するものが，ジェンダーによって大きく異なる．雑誌などにみられる「どうすれば異性に好ましく映るか」「職場で上司に気に入られる行動は」という問いに対するアドバイスは，多くの場合ジェンダーに沿ったもの(世の中が男性や女性に理想として期待している姿)になっている．

ジェンダーはそれぞれに望ましい姿を示すだけでなく，その姿に一致するように人々を導き，そこから逸脱したものには社会的な批判を向けさせる機能をもっている．たとえば，「子育ては女性にこそふさわしい仕事だ」というジェ

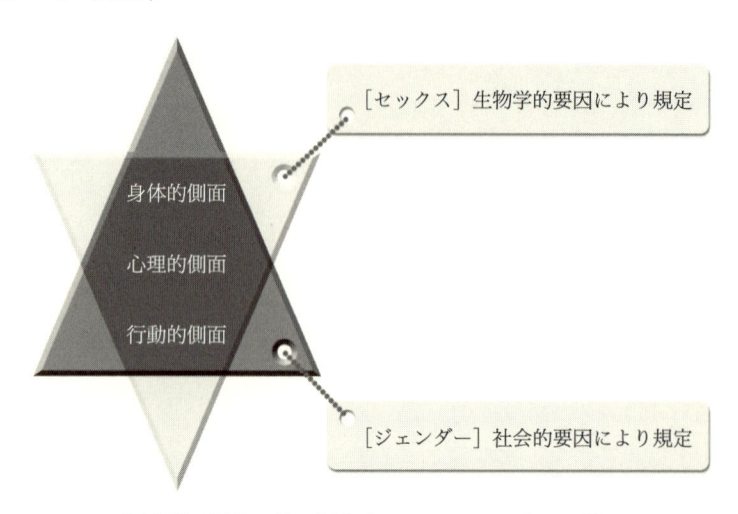

図 6-2　個人の性に混在するセックスとジェンダー
(青野ら, 2004)

[セックス] 生物学的要因により規定
[ジェンダー] 社会的要因により規定
身体的側面
心理的側面
行動的側面

ンダー意識が広く普及している社会では，育児休暇をとる男性は出世コースから外され，子どもを預けて働く女性には非難が向けられる．確かに，子どもを産む生殖機能をもつのは女性の身体である．しかし男女の性別を決定する遺伝子が，「男性は子育てをしてはいけない」と決めているわけではない．これは，セックスではなく，ジェンダーに基づいた非難であるといえる．

(b) ジェンダーステレオタイプ

　私たちの多くは，ジェンダーに関連してさまざまな思い込みをもっている．たとえば，「男性は女性に比べて攻撃的だ」とか「女性は男性に比べて感情的だ」といったものである．男女というカテゴリに結びついて，そのカテゴリに含まれる人の多くがもっていると信じられている特徴のことを，**ジェンダーステレオタイプ**と呼んでいる（ステレオタイプについては第3章を参照）．

　表6-2は，ウイリアムズとベスト(Williams & Best, 1982)が，25カ国の男女大学生を対象に，男性，あるいは女性を意味すると評定された形容詞をまとめたものである．これら性格特性のジェンダーステレオタイプの中核は，男性

表 6-2 ジェンダーステレオタイプの内容

作動性　　　　　　　　　　　　　共同性

男性を意味するとされた形容詞	
活動的な	冒険好きな
強制的な	独立した
強い	独裁的な
攻撃的な	進取の気性のある
がんこな	勇気のある
厳しい	進歩的な
感情的でない	粗雑な
支配的な	荒々しい
男っぽい	賢い
大胆不敵な	

女性を意味するとされた形容詞	
従順な	感動しやすい
愛情表現豊かな	女っぽい
感受性のある	弱い
感情的な	魅力的な
やさしい	恐がりの
おだやかな	好奇心のある
口数の多い	かわいぶった
依存的な	迷信を信じる
性的魅力のある	夢見がちな
愛らしい	温かい

(Williams & Best(1982), 青野ら(2004)をもとに作成)

的性格特性が**作動性**(agency), 女性的性格特性が**共同性**(communion)であると一般に考えられている. 作動性とは, ひとりの人間としてめざすべき, 自己成長や達成などに関するものである. 共同性とは, 他者との協調や親密さなどに関するものである.

冒頭で「男性向けの職業」「女性向けの職業」というイメージが私たちの頭の中に存在していることを紹介したが,「運転手」「秘書」という仕事が, 生物学的に(セックスによって)規定されているわけではない. これは, 社会が決めた「男らしさ」「女らしさ」, すなわちジェンダーが職業を「男性向け」「女性向け」とラベル付けしているにすぎない. このラベルには, 表 6-2 に示したジェンダーステレオタイプが関連している.「タクシー運転手は体力的にきつく, 危険. 男性の方が, 強くて独立しているから向いている」とか,「秘書は上司

の言うことを聞いて細やかな気配りをしないといけない．女性の方が，従順でやさしいから向いている」といった具合である．

　性別と結びつけた職業分類は，一見あたりまえのように思えるが，実は不安定である．タクシーの運転手といえば以前は男性の仕事であったが，最近では女性の姿もみるようになった．また秘書についても，一般的には「女性の方が細かな気遣いができるので向いている」などと考えられやすい．しかし，「政治家の秘書」といえば男性が頭に浮かびやすく，「男性の方が，賢くて感情的でないから向いている」と，理由づけがまるで逆転してしまう場合さえある．なぜこのようなことが生じるかといえば，ジェンダーの内容そのものが時代や状況によって変化し，さらにジェンダーと職業の関連づけが現実を反映させ後から付け足されたものにすぎないためである．

　ジェンダーステレオタイプに関する重要な思い込みに「男性と女性は全然違う」というものがある．性別は自分を位置づける重要なカテゴリであり，異性は最も身近な外集団である(外集団については，3-2節参照)．このため，異性については，自分とまったく異なる存在として認識してしまいやすい．このことは，男女の差を過大視したり，社会のあらゆる場面において男女の役割が異なるといった考えにつながっていく．しかしながら，同じ人間であるので違いよりも共通点の方が本当は多く，性差よりもむしろ個人差(同じ性別の中での差)が大きい場合も多い．にもかかわらず，異なる性別という手がかりを意識してみると，男女差のみに目がいき，その差が実際よりも大きく感じられることになる．

(c) ジェンダーによる勢力格差とステレオタイプ

　ジェンダーについて考えるとき，一番大きな問題はジェンダーの中に社会における**勢力関係の偏り**が内包されていることである．セックスは単純な分類にすぎず，どちらが良いとか優れているとかいう価値は存在しない．しかしジェンダーには，相対的に男性を優位におく傾向が隠されていて，これがさまざまな性差別の原因になっている．たとえば「仕事して家族を養うのは男性」「男

性の方が，人を指導する仕事に向いている」といったジェンダーは，雇用面接の際に男性に有利に働く．また，「子育ては女性の仕事」といった役割分担も，稼ぎのある方が偉いという価値が普及している社会では，相対的に女性の勢力を弱めることにつながる．

さらに，「主婦」「キャリアウーマン」といった女性の典型的な姿そのものも，全体として否定的なステレオタイプが形成され，男女ともがこれらのグループに否定的な感情を抱きやすいことも指摘されている．フィスクら(Fiske et al.,

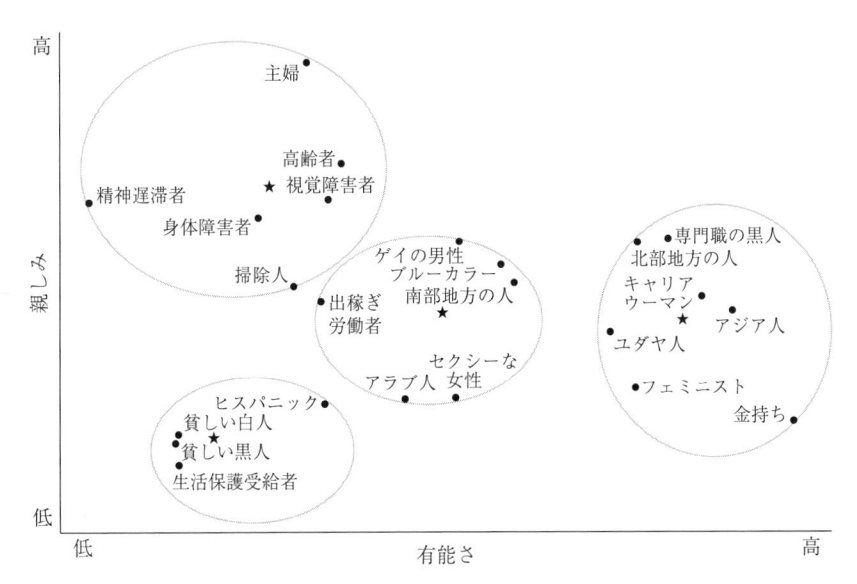

図 6-3 さまざまな集団に対するイメージ
(Fiske et al., 2002 の研究 1 の図をもとに作成)

1. この図はマサチューセッツ大学の学生(女性 50 人，男性 23 人)を対象とした質問紙調査の結果をもとに作成されている．回答者の 8 割近くが白人で，アフリカ系やアジア系の学生はいずれも 5% 以下である．
2. 調査にあたり回答者は，各集団が社会一般でどのようにみられているかを回答するように求められた．集団ごとに「知的」「信頼できる」「温かい」などのイメージ項目にどの程度あてはまるかを，5 段階で回答していく．そして，各集団について「有能さ」に関するイメージ項目の合計点の平均と，「温かさ」に関するイメージ項目の平均を算出し，それを組み合わせて布置したのが本図である．
3. 図の★は，丸で囲んだグループ内での「有能さ」と「温かさ」得点の平均を示している．

2002)はアメリカ人を対象とした調査から，老人，障害者，ブルーカラー，アジア人，ユダヤ人などさまざまな集団に対するイメージがどのような形で表象されているのかを分析した．この中に，ジェンダーにかかわる集団としてキャリアウーマン，フェミニスト，主婦が含まれており，その他の集団との関係からこれらの女性の典型的グループがどのようにイメージされているかが明らかになっている．図 6-3 は，大学生による回答結果で，近くに位置づけられているものは，頭の中で似たイメージをもたれていることを示している．キャリアウーマンやフェミニストは，ユダヤ人などと一緒に「親しみはもてないが，有能な人たち」としてイメージされている．一方，主婦は高齢者や視覚障害者などとともに，「親しみはもてるが，能力は低い人たち」とイメージされている．さらにこの研究では，それぞれの集団に対してどのような感情を抱くかについても調べられているが，その結果，キャリアウーマンやフェミニストが含まれる「親しみはもてないが有能な人たち」には敵意，嫉妬，賞賛などが向けられていた．一方，主婦が含まれる「親しみはもてるが能力は低い人たち」には，哀れみや同情が抱かれていた．

　先に述べたように，ジェンダーから逸脱した人々は社会から非難を受ける．従順という女性のジェンダーから逸脱した「キャリアウーマン」「フェミニスト」は有能と思われるが，親しみは抱かれずに遠ざけられる．反対に，女性のジェンダーに一致した「主婦」は好意をもたれるが，能力は低いと思われることになる．

6-3　優しさなのか，差別なのか

　女性に対する差別意識には「好意的」と「敵意的」の 2 種類のものがある．それらの特徴と相互の関連性，また他の差別との関係を述べる．

（a）敵意的性差別主義と好意的性差別主義

　現在の社会で男女平等について反対する人はほとんどいないであろうし，

「女性は能力が低いから，家で家事と育児をしていればよい」という意見には眉をひそめる人が多いであろう．実際，「男は仕事，女は家庭」という伝統的な性別分業に賛成する人は以前と比べるとはるかに少なくなっている．たとえば内閣府の「男女共同参画社会に関する世論調査(平成16年)」によれば，この意見に賛成の人は45%であった(昭和54(1979)年に行なわれた同様の調査では73%の人が賛成していた)．

しかしながら「家事も子育ても立派な仕事である．女性は，そんなすばらしい仕事があるのだから無理に社会に出て働くことはない」という意見についてはどうであろうか．「女性は弱いから，男性が守ってあげなくては」という意見についてはどうであろうか．これを「女性差別だ」ときっぱり言い切れる人は少ないかもしれない．

しかし，このような一見すると女性を理想化し，優しい行動と受け取られるものにも，その背後には性差別主義的な態度が存在し，女性を家事役割に縛り付けることを正当化しているとの指摘がある．

グリックとフィスク(Glick & Fiske, 1996; Glick et al., 2000)は，女性に対する差別意識として**敵意的性差別主義**(hostile sexism)と**好意的性差別主義**(benevolent sexism)の2つがあると指摘し，それぞれの強さを測定する心理尺度として**アンビバレント性差別主義目録**(Ambivalent Sexism Inventory, ASI)を作成している．表6-3は，アンビバレント性差別主義目録の日本語版項目(宇井・山本，2001)の一部である．

敵意的性差別主義は女性に対する嫌悪を伴い，女性と対立して支配しようとする古典的な形での差別意識である．一方，好意的差別主義は，一見すると女性に対する好意的態度にみえる．しかし女性を理想化しながらも，保護的な父性主義や，女性を家事役割に限定することを正当化する考えであることに注意をむける必要がある．女性に対して有利にみえる好意的性差別主義も，男性支配を正当化し継続させる機能をもっている点では敵意的性差別主義と同様である．性差別主義者は，この2つを時と場合によって使い分けて，自分の行為を正当化すると指摘されている．

表 6-3 アンビバレント性差別主義目録(日本語版項目の一部)

敵意的性差別主義
- 女性は,公平に競争した結果,男性に敗れたときにも,差別のせいであると決まって不平を言う
- いったん自分と関わりをもつ男性ができると,女性は大抵,彼を絶えず自分に従わせようとしている
- 女性は,仕事中に起きる問題について大げさに騒ぎ立てすぎる

好意的性差別主義
- 男性は,女性なしでは完全とは言えない
- 女性は,男性から大事にされ,守られなければならない
- 男性は,女性の生活を経済的に豊なものにするためには,喜んで自らの満足を犠牲にすべきだ

(宇井・山本,2001)

　実際に,日本の大学生に調査を行なった宇井・山本(2001)は,好意的性差別主義得点の高い者ほど敵意的性差別主義得点も高いことを明らかにしている.

（b）性差別主義と,他の差別傾向の関連

　さらに宇井・山本(2001)は,他のさまざまな人に対する差別意識についても測定し,敵意的性差別主義と好意的性差別主義,両方の得点とも,外国人や障害者などに対する差別意識傾向と,有意な相関を示すことを示している.

　また国分寺市(2004)が行なった調査では,「セクハラの多くは男性が女性と親しくしようとしただけである」「妻が家の中心であるよりも,夫が中心である方が自然である」などの項目を用いて女性に対する差別意識を測定し,他の回答項目との関連を検討した.その結果,女性差別意識の高い人は「男は男らしく,女は女らしくするのがよい」と考え,日常生活では家庭において妻のみが家事をする割合が高くなっていた.また,女性差別意識の高低は男女による大きな違いはなかった.さらに,女性差別意識の高い人たちは,**ドメスティック・バイオレンス**(DV; コラム 6-1 参照)への抵抗感が弱く,売買春についても女性差別的な考えを抱いており,また職業によって人を差別する傾向も相対

的に強いことが示されていた．

　政治や教育の現場で男女平等を押しすすめようとする活動が起こると，反対意見も表明されるのが常である．たとえば男女平等教育に関しては，「男は男らしく，女は女らしくするのがよい」とジェンダーの差を強調することを望む反対意見が出される．ここでしばしば聞かれるのが「男女で異なる教育をするのは差別ではない．区別である」との意見である．しかしながら，ここまで紹介したさまざまな研究結果からは，「男は男らしく，女は女らしく」と考える人々が同時に女性差別的な態度を抱く傾向を示している．「区別である」として男女差を強調する態度と，女性に差別的な考えを抱く態度がつながっていることを改めて意識する必要がある．

コラム 6-1 ドメスティック・バイオレンス（DV）

　ドメスティック・バイオレンス（domestic violence, DV）とは，家族や同居人などによって行なわれる暴力や脅しなどの破壊的行動を示す．暴力には，身体に対する暴力だけでなくこれに準ずる心身に有害な影響を及ぼす言動も含まれる．

　内閣府男女共同参画局では，女性に対する暴力に関して複数の調査を実施している．平成 12 年公表調査では，夫や妻がいる（あるいは過去にいた）人に，さまざまな形の暴力について，相手からうけた経験がどのくらいあるかを尋ねた．その結果，「命の危険を感じるくらいの暴行をうける」について，これまで「何度もあった」または「1, 2 度あった」と回答した人の割合は女性の 4.6%（男性は 0.5%）であった．また，「医師の治療が必要となる程度の暴行をうける」については，女性の 4.0%（男性は 1.2%）が「何度もあった」あるいは「1, 2 度あった」と回答している．女性のおよそ 20〜25 人にひとりが，パートナーから深刻な暴力を経験していることになる．

　また平成 18 年調査によれば，これまでに結婚した経験のある人のうち，配偶者から「なぐったり，けったり，物を投げつけたり，突き飛ばしたりするなどの身体に対する暴行をうけた」ことがある人は女性の 26.7%，男性の 13.8% であった．また「人格を否定するような暴言や交友関係を細かく監視するなど

の精神的な嫌がらせをうけた，あるいは，あなたもしくはあなたの家族に危害が加えられるのではないかと恐怖を感じるような脅迫を受けた」経験は女性の16.1%，男性の8.1%が該当していた．

平川(2003)は，暴力の被害をうけてシェルターを利用した女性の健康状態を測定している．その結果，入所直前，入所中，退所後に精神科・診療内科を受診したものは全体の3割以上であった(入所直前38%，入所中34%，退所後36%)．これは，暴力のある密室状況で高いストレスに晒されたため，不眠，うつ状態，吐き気，パニック発作，手足のしびれなどの症状が生じたことによる．また，暴力により骨折や打撲などの外傷を負い，入所直前に外科を受診したものは19%にのぼっている．

DVの背景には，さまざまなレベルの要因が関連しているが，もっとも根本的なのが，家父長制という社会文化レベルの要因である．家父長制とは「家父・家長の支配権を絶対とする家族形態」(広辞苑)を意味する．この考えに基づく社会形態が，男性が女性を従属させる関係を生み出し，男女不平等や，ジェンダーに基づく役割の規定，ジェンダーステレオタイプがもたらしていると指摘されている．第2に家族関係や仲間関係といった社会的ネットワークのレベルでも，ジェンダーに基づく規範や役割が強化されると考えられている．たとえば女性に対して暴力がふるわれる家庭の多くでは，伝統的な形のジェンダー役割が推奨されている．第3に，加害者と犠牲者の間にある権力と地位の差という二者間レベルの要因もある．一般に，関係の不平等は暴力を生み出しやすいが，家族関係の中での地位の差がDVに結びついている．第4に，DVが生じる際の状況も関係している．たとえば，秘密が外に漏れず発見されにくい状況や，アルコールや薬物使用も暴力の危険性を増加させる．最後にパーソナリティや動機といった，個人的なレベルの要因も関係している．支配欲求の強さ，感情を抑制できないことなどさまざまな個人的特性が，男性の女性に対する暴力の原因として指摘されている．

上記に示した内閣府の平成18年調査では，女性から男性への暴力も報告されており，DVの形は男性が加害者で女性が被害者という形に限定されない．ただし，女性が男性を攻撃する場合には自衛の動機に基づくことが多いことも指摘されている(男性の場合は相手に恐怖を与えたり威圧するためであることが示唆されている)．また，女性が加害者になる場合には，暴力によって相手を統制するという，伝統的な男性モデルを自らにあてはめていることがあるとの論考もある．いずれにしても，男性が加害者で女性が被害者というDVの

形は，生物学的に決定されていることではない．男性と女性の権力の不平等を支える社会的構造が原因となり，そこから発生するジェンダーステレオタイプや規範がそれを強化している．

男性から女性に対する暴力は，伝統的な文化では正当化され，ささいなことと見なされる傾向にあった．しかし近年ではDVの危害の程度が明るみになり，社会の重要な問題として認識されるようになっている．日本でも2001年より「配偶者からの暴力の防止及び被害者の保護に関する法律」が施行された．この法律では，「配偶者からの暴力に係る通報，相談，保護，自立支援等の体制を整備し，配偶者からの暴力の防止や被害者の保護を図ることによって，女性に対する暴力をなくし，男女平等社会を実現する」ことがめざされている．

その一方で，現在でも暴力をうけた場合に，被害をうけた側に責任があると非難されたり，家庭内の個別の問題として片付けられる傾向も依然として強く残っている．このことが，DV被害にあった人の6割が誰にも相談していない（内閣府，平成18年調査）現状を生み出している．DVの解決のためには，その根底に社会文化レベルの問題が存在し，社会全体に責任があることを，多くの人が認識する必要がある．

6-4 メディアが強化するジェンダーステレオタイプ

ところで，これまで行なわれたジェンダー研究からは，ジェンダーステレオタイプがメディアによって強化されているという指摘が多くなされている．本節では，このメディアとの関連について述べておきたい．

岩男(2000)は，1977年から1994年までの18年間に同一方法を用いて6回，テレビドラマの内容を分析した．この中で登場人物の性別について量的分析が行なわれ，各調査時期を通じて圧倒的に男性が多く登場していることが示された．主要登場人物に限定した場合も同様に男性が多かった．現実の日本の人口構成では女性の方が男性よりも人数は多いため，テレビドラマの世界は現実とは異なっていることが指摘できる．加えて登場人物の年齢についても，現実よりもドラマでは若者が多く登場し，逆に老人がほとんど登場しないという偏り

がみられた．登場人物の年齢構成比にも男女差がみられ，男性は中年も多く登場しているのに対し，女性では20代に人物が集中していた．

マスメディアの中のジェンダーステレオタイプについては，CM分析からも指摘されている．萩原(2004)は，2003年の6月のある1週間に放送されたCM(2330本)の内容を分析している．CMキャラクターの男女比をジャンル別に求めた結果，女性が多く起用されるのは「化粧品・洗剤」「薬品」「食品・飲料」「卸売・百貨店」であった．一方，男性が多く起用されるのは「一般産業機器」「精密・事務機器」「家庭用品・機器(テレビゲームやスポーツ用品を含む)」「基礎財」であった．家庭で使われる商品や化粧品・医薬品など身体関係は女性であることから，CMにおいて男女の役割はジェンダーステレオタイプに基づいて明確に色分けされていることがわかる．また中心的キャラクターを年齢別にみると，全体では「若者/青年」(42%)が最も多く登場し，「中年/大人」(23%)がそれに続いていた．反対に，「幼児/子ども」(6%)や「老人」(1%)はあまり登場していなかった．ただし，この分布には男女で差がみられた．男性では「若者/青年」は半数に至らず，「中年/大人」が4割近くと両者は拮抗していた．それに対し女性のキャラクターは，「若者/青年」が6割と圧倒的に多く，「中年/大人」は2割強にとどまっていた．

以上のように，ドラマやCMの内容分析研究から，日本のマスメディアでは男女が異なる役割を担うものとして描かれ，その中に伝統的な性役割に沿った形のジェンダーステレオタイプがみられることが明らかになっている．マスメディアは，言葉だけでなく，気づかれにくい形でジェンダーステレオタイプを表現しやすいといえる．

これらの偏りのある情報が提示される背景には，メディアで働く人々における女性の割合が低いことが大きな原因といわれているが，とくに日本ではこの女性比率が諸外国と比べて低いことが従前より指摘されている．たとえば新聞社で働く記者の総合数をみると，女性の占める割合は1割程度である．テレビ局においても従業員の男女比率の偏りは強く，NHKの場合では女性の割合は約1割，民放は2割と新聞社と同じく低い値にとどまっている．加えて，番組

制作の過程で意思決定を行なえる管理職・専門職のみに焦点をしぼると，NHKにおいて管理職・専門職につく女性の割合は2.4%にとどまり，非常に少ない(総合ジャーナリズム研究, 2005).

6–5 性差別解消の難しさ

(a) 男女の地位に関する意識

内閣府の「男女共同参画社会に関する世論調査(平成16年)」において，現在の日本で男女の地位が平等になっているかを尋ねた結果，社会全体でみた場合には男性の方が優遇されていると回答したものは74%に上り，多くの人が不平等を意識していることが示されている(「平等(20%)」「女性の方が優遇(4%)」とは大きな差があった).

ただし，この男女平等と感じられる程度には場面による違いがみられる．「平等」と回答したものの割合は，「職場」については25%と低いが，「学校教育の場」では67%と相対的に高くなっている(その他，「家庭生活」で40%，「法律や制度の上」で39%，「政治の場」で20%，「社会通念・慣習・しきたりなど」で17%)．教育現場では男女平等が進んでいるが，職場や家庭ではまだ平等とは言いがたく，さらに社会通念や慣習などは男女平等ではないと考えている人が多いことがわかる.

冒頭で述べたように，雇用の場では男女平等を法律で実現することが望まれている．裁判でも，男女差別を是正するための動きはみられている．その歴史をみると，まず始まったのは「退職差別」を克服することであった．昭和時代の企業には，「結婚退職制」や「女性若年定年制」(たとえば，定年を男性は60歳，女性は55歳とする)といったものが存在していた．これがいくつかの裁判において違法との判決が下された(たとえば「住友セメント事件」(1966年)，「日産自動車事件」(1981年)など)．また賃金についても，男女別に賃金表を作成することや，女性の年齢給だけを頭打ちにすることなどが違法であるとの判決が下った(たとえば「岩手銀行事件」(1992年)，「三陽物産事件」(1994年)な

ど).このように,露骨な男女差別についてはそれを解消するような力が司法から加えられている.

また,男女雇用機会均等法は第6条で「事業主は,労働者の配置,昇進および教育訓練について,労働者の性別を理由として,差別的取り扱いをしてはならない」と定めているため,昇級・昇格についても女性であることを理由とする差別は違法となる.また,職種や雇用形態の変更,労働契約の更新退職などの事項についても同様である.さらに2006年の均等法改正の際には,それまでになかった**間接差別**を禁止する規定も追加された.間接差別とは「外見上は性中立的な要件だが,一方の性に相当程度の不利益を与え,その要件に業務遂行上の必要など合理性がないもの」のことである.たとえば,総合職の募集や採用にあたり全国転勤を要件としたり,昇進について転勤経験を要件とすることなどである.このように,雇用における男女平等の動きは少しずつではあるが推進している.しかしながら,すでに指摘したように,採用場面での差別を証明することは難しいのと同様,昇給や昇進についても,女性差別を証明することは現実には難しく,その解消にはまだ時間がかかりそうである.

さらに社会心理学的にいえば,ジェンダーステレオタイプ自体に,それを確証するように働くメカニズムがあり,この点が男女平等を実現しにくくする一因となっている.以下ではそのメカニズムについて説明する.

(b) 自己充足予言

まず,**自己充足予言**(self-fulfilling prophecy)と呼ばれる現象に注意を向けたい.これは,人から自分に関する将来の情報(予言)や他者に関する情報を与えられると,無意識のうちにその予言や情報にあった行動をとるようになり,結果として予言された(情報にあった)状況を現実に作ってしまう現象のことである(1-3節参照).これを職場の女性社員の問題とすれば,「女性は仕事ができない」というステレオタイプをもっている上司のもとにいる女性部下は,なにかというと否定的な扱いをうける.また望むような仕事をさせてもらえない.そのたびに,自分はやはり女性だから無理なのかと考えて自信を失う.そのた

め失敗をしたり，動機づけが低くなったりして，結局は職場を離れることになる．結果として，上司のもっていた「女性は仕事ができない」というステレオタイプが確証されることになる．

(c) ステレオタイプ脅威

この自己充足予言の背景をもう少しくわしく説明すると，いくつかの過程が含まれている．そのひとつが**ステレオタイプ脅威**(stereotype threat: Steele & Aronson, 1995)という現象である．ステレオタイプ脅威とは，自分たちがステレオタイプに関連づけて判断され，扱われるかもしれない，自分の行動がそのステレオタイプを確証してしまうかもしれないという恐れのことを指している．

女性に対して否定的なステレオタイプを抱く上司の下で働く女性は，「ステレオタイプに関連づけて判断されたり扱われたりするだろう」「行動を通して，それに対する確信を与えるかもしれない」という恐れを感じ，アイデンティティが脅かされる．その結果，不安で十分に能力を発揮できなかったり，積極的に主張しないといったことが生じてしまう．このことが，結局は「女性は仕事ができない」というステレオタイプを確証してしまうことにつながる．

(d) 脱同一視

脱同一視(disidentification: Major & Schmader, 1998; Crocker et al., 1998)という現象も，あらかじめ存在しているステレオタイプを確証させることにつながる．

たとえば，女性差別的な考えを抱いている上司に繰り返し否定的なことを発言されたり，昇進に結びつくような仕事から外されたりする女性社員がいたとする．このような不快な経験を繰り返すうちに，次第に彼女はやる気をなくし，「業績をあげなくてもいい」と考え始めてしまう．自分の価値と，仕事の業績を無関係なものとして，完全に切り離してしまう，これが脱同一視である．これによって，仕事で嫌な思いをしても傷つく程度は弱くなるが，同時にこの職

場で一生懸命に仕事をしようと努力をする気はなくなり，場合によっては離職ということにもなる．

こうなると，はじめは誤って抱かれていた上司の否定的評価が，差別でなく本当の能力を反映した妥当なものと解釈されることになってしまう．「やっぱり女性には重要な仕事はまかせられない」という自分の思い込みの正しさを確認させることになる．ここで自己充足予言が成立してしまう．

またこの脱同一視が，集団の規範（集団のルール）となる場合には問題がさらに複雑になる．女性には責任ある仕事をまかせられないという偏見が強い職場では，「仕事を一生懸命しても仕方ない」と適当に仕事をする傾向が，女性社員全体に生じてくる可能性がある．すると，手を抜いたり，休んだりすることが女性社員の中では普通のことと考えられるようになる．一般に，ある集団に所属するためには，成員は共有されている規範を守る必要がある．この会社の中で，仕事から離脱する，つまり仕事は適当に切り上げることが内集団の規範となっている場合，熱心に仕事をしたり，男性の業務まで行なおうとすることは適切とみなされない．業績を上げようと熱心に仕事をすると，「かわってる」「かわいくない」といった表現で揶揄される原因となる．

このように，脱同一視は状況におけるステレオタイプ脅威によるのと同様に，内集団からのプレッシャーによっても維持される．結果として，ステレオタイプや偏見に一致するような集団差が，構造として本当に生まれてしまう．

まとめ

本章では，ジェンダーにかかわるさまざまな問題を紹介するとともに，職業差別や差別されることによる心理的な問題を，女性の立場から紹介してきた．しかしながら，これらの社会的問題や，心理的背景が男性に無関係ということではまったくない．ここで紹介してきた自己充足予言，ステレオタイプ脅威，脱同一視およびメディアにおけるとりあげられ方の問題は，社会において否定的な烙印を押された集団の人々に共通の問題として提出されている．

##〈問題〉

- あなたが将来就きたいと思っている職業は，ジェンダーステレオタイプを含んだものだろうか．また，それはあなたのジェンダーに一致しているだろうか．
- 雇用における男女不平等を解消するためには，社会がどのような行動をすることが効果的だろうか．またそのうち，あなた自身が行動できることはあるだろうか．

7 災害心理──災害時に人はどう行動するか

　1995年1月17日に発災した阪神・淡路大震災(1995年兵庫県南部地震)では，6000人余の方が亡くなり，31万人をこえる方が避難生活を余儀なくされた．2006年現在，日本列島には，東海沖地震，東南海地震，南海地震などの巨大地震の発生が予想されており，甚大な被害が想定されている．

　地震や水害の被害は後を絶たないが，こうした災害の中で人はどう行動するのであろうか．映画やドラマでは災害時に人々がわれさきに逃げまどい，パニックになる姿がよく描かれる．しかし，こうしたパニックは実際には起こりにくい．また，こうしたパニックを起こさないための工夫がさまざまに施されている．本章では，災害にかかわる社会心理学の研究成果を紹介する．

［キーワード］
▼
災害観
災害下位文化
リスク認知
正常性バイアス
被災体験の風化
パニック
群衆流
災害症候群
災害後のユートピア

7-1 災害前の心理

災害にかかわる社会心理学の研究領域は，表7-1のように災害の前後で区分することができる．この表7-1には日本の社会心理学において災害に関連する主な研究テーマを一覧してある．

本節では，災害前の研究分野を簡単に紹介した後，災害直後の心理と行動についてくわしく説明する．

（a）災害観

災害前では，災害をどのように捉えるかという災害観とリスク認知，防災活動，災害前の広報のあり方などが研究題材となっている．

廣井(1995)は，日本人に多くみられる**災害観**として，天譴論(てんけん)(天が人間を罰するために災害を起こすという思想)，運命論(自然のもたらす災害と，災害における人間の生死を避けられない運命と考え，これを甘受する思想)，精神論(人々の心のもち方や内面的努力を強調することによって災害に対処してい

表7-1 災害に関わる社会心理学の主な研究分野

災害前の心理
  災害観，リスク認知
  防災活動
  災害前の広報のあり方，リスクコミュニケーション

災害時の行動
  警報の発し方
  パニック，避難行動，大地震直後の対応行動
  流言

災害後(復興過程)
  災害後の心理的反応(PTSD，こころのケアなど)
  職業的災害救援者の心理

うとする態度)の3つをあげている．これらの災害観は大災害の後に明確に意識されやすいが，災害発生前の防災意識にも大きく影響する．

廣井(1995)は多くの意識調査の結果をまとめて，天譴論や運命論をもつ人が，防災行動が有効でないと考え，防災準備を行なわないことを明らかにしている．天譴論や運命論をもつ人は，災害は人の努力によっては防ぎようのないものと受け止め，防災活動をしても無駄であると考えるために，適切な防災行動をとらないものと考えられる．

ある地域が繰り返し同じ種類の災害に襲われると，災害が起こる前にどのような前兆が現れるかという知識や災害時にどのような行動をとればよいかなどに関する「生活の知恵」が地域内に共有される．こうした「生活の知恵」を**災害下位文化**(disaster subculture，災害文化と訳されることもある)と呼ばれる(それぞれの地域に災害に対する「文化」があるため，「下位文化」と呼ばれている)．災害観は災害に繰り返し襲われる地域の災害下位文化と密接にかかわっている．

たとえば，北海道浦河町は地震が多発している地域であるが，この地域の住民は，災害対応を神仏に頼らないという災害観が他地域より強く，家具の固定を実行する住民が多く，地震発生時の火の始末も徹底している(廣井，1995)．1982年3月21日に同町が震度6の烈震に見舞われたときにも，死者はなく1件の火災も出なかったのである(東京大学新聞研究所「災害と情報」研究班，1982)．ある住民は地震の最中に這って石油ストーブまでたどり着き，上に乗っていたヤカンの熱湯でやけどを負いながらも，ストーブの火を消したという．

地域住民の災害観が防災意識に影響し，防災意識が防災行動や災害時の行動に影響し，結果的にその地域の災害被害が軽減されるという，災害下位文化の構造が理解されよう．

(b) リスク認知と正常化の偏見

人や環境に対して害を及ぼす可能性がある現象や活動に対する人々の捉え方を，**リスク認知**(risk perception)と呼ぶ．リスク認知研究では，災害だけでな

く，遺伝子工学，放射性物質，核兵器などの誤使用によって大きな被害をもたらす社会的事象から，スケートボードや抗生物質による事故などの日常的な事象も扱われており，多くの事象がその恐ろしさと未知性とによって分類されることが明らかになっている(岡本，1992; 中谷内，2004 などを参照)．

災害にかかわるリスク認知に関しては，**正常性バイアス**(normalcy bias, 正常化の偏見とも訳される)が有名である．このバイアスは，災害の前兆や警報などの異常な事象に接しても，日常的な出来事と捉えてしまう認知の偏りを意味する．このバイアスが生じるために，災害において避難勧告や警報が発令されても，人はなかなか避難しようとしない．たとえば，1982 年 7 月 23 日長崎水害では，死者行方不明者 262 名という大きな被害が出たが，大雨洪水警報を聞いた住民のうち，「大雨になるとは思わなかった」住民が 71% を占め，警報を聞いて「自分が帰宅したり人を帰したりした」(10%)や「品物を高いところにあげた」(10%)などの行動をとった住民は，それぞれ 1 割に過ぎなかった(東京大学新聞研究所「災害と情報」研究班，1984; ただし廣井，1988 による)．警報を聞いても正常性バイアスが働き，日常の文脈の中で捉え，「どうせたいしたことは起こらないだろう」と受け止めた住民が多かったものと推定される．

災害時には，物事を判断する視野が狭くなり，正常性バイアスも働くために，危険が迫っていてもそれを認識せず，避難行動の開始が遅れる現象がみられる(安倍，1982 など)．

(c) 防災意識

大地震などの広域災害に対する防災活動は，第 1 に被災時の安全性の強化(建物の耐震性の強化など)，第 2 に即時的に避難できる体制作り(防災用品の準備，警報の発令，危険箇所や避難路の学習など)，第 3 に避難生活に対する準備(避難所の運営訓練など)に分けることができる．

内閣府が全国 20 歳以上成人 3000 人を対象に 2002 年に行なった世論調査によれば(図 8-1)，大地震に備えて「携帯ラジオ，懐中電灯，医薬品などを準備している」人は 50% と半数いるが，「自分の家の耐震性を高くしている」人や

7-1 災害前の心理——149

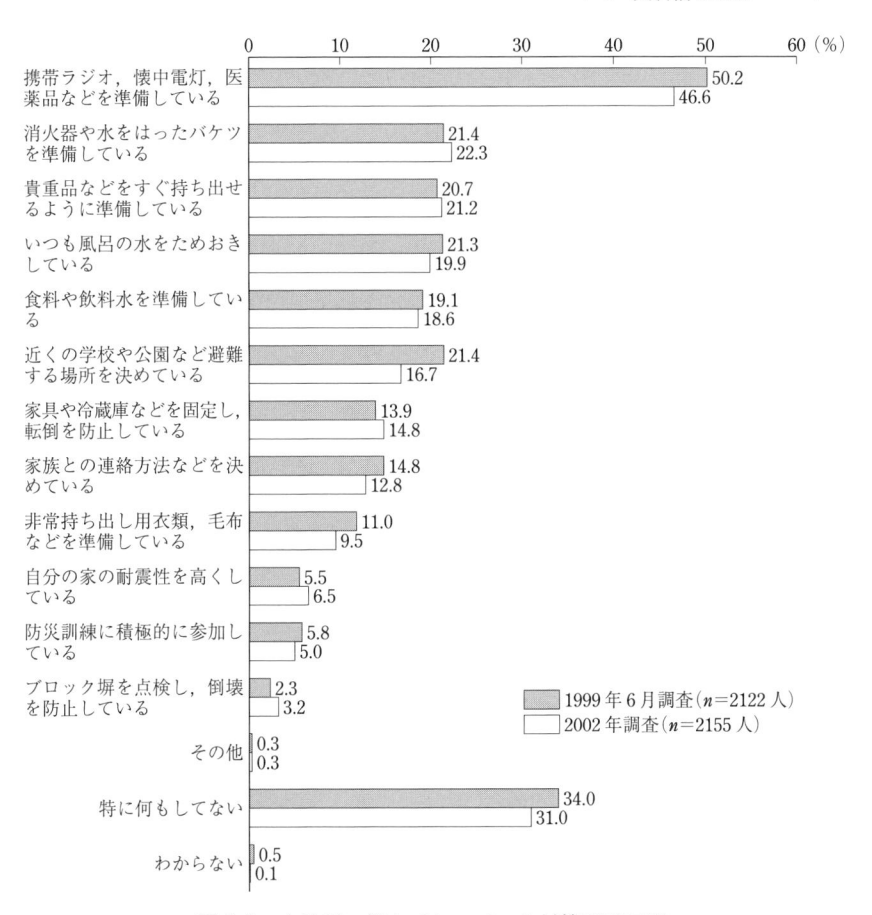

対策	1999年6月調査	2002年調査
携帯ラジオ，懐中電灯，医薬品などを準備している	50.2	46.6
消火器や水をはったバケツを準備している	21.4	22.3
貴重品などをすぐ持ち出せるように準備している	20.7	21.2
いつも風呂の水をためおきしている	21.3	19.9
食料や飲料水を準備している	19.1	18.6
近くの学校や公園など避難する場所を決めている	21.4	16.7
家具や冷蔵庫などを固定し，転倒を防止している	13.9	14.8
家族との連絡方法などを決めている	14.8	12.8
非常持ち出し用衣類，毛布などを準備している	11.0	9.5
自分の家の耐震性を高くしている	5.5	6.5
防災訓練に積極的に参加している	5.8	5.0
ブロック塀を点検し，倒壊を防止している	2.3	3.2
その他	0.3	0.3
特に何もしてない	34.0	31.0
わからない	0.5	0.1

図 7-1　大地震に備えてとっている対策(複数回答)
内閣府大臣官房政府広報室ホームページによる(2006年7月30日現在)．全国の20歳以上成人から無作為抽出された3000人を対象に2002年に行なわれた調査．1999年の調査結果と比較されている．

「防災訓練に積極的に参加している」人は，それぞれ6％と1割に満たない．第2の防災活動である即時避難のための準備は行なっていても，第1の被災時の安全性や第3の避難生活に対する準備は，きわめて不十分な状況にある．

さらに，図7-1には，1999年の調査結果が併記されているが，いずれの行動も低下していることがわかる．他のデータをみても，阪神・淡路大震災直後

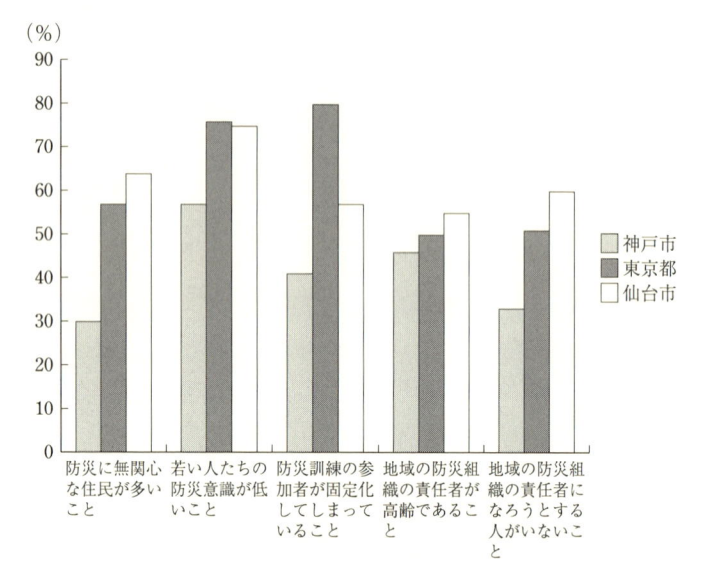

図7-2　地域防災組織の問題点(複数回答)
西道ら(2005)より抜粋して作図した．3地域の地域防災組織の責任者に対する意識調査から，防災体制の問題点として意識されている内容)の比率．

は各種の防災活動が活発に行なわれていたが，時が経つにつれて低調になっていると報告されている．このように，大災害直後は，被災経験から教訓を得て，防災意識も高まるが，時間が経つについて危機意識が薄れ，防災活動も低迷するという**被災体験の風化**が起こっている．

西道ら(2005)は2001年から2002年にかけて，神戸市，東京都，仙台市の3地域の地域防災組織の責任者に防災に関する意識調査を行なっている．図7-2には，防災体制の問題点として意識されている内容への回答結果を示した．3地区共通して，若い人の防災意識が低く，地域の防災組織の責任者が高齢であり，責任者になろうとする人がいないことが，問題点として意識されている．ただし，いずれの問題点も阪神・淡路大震災を体験した神戸市では比率が低くなっており，同地域では被災から6〜7年経ても震災の教訓が残り，地震に対する災害下位文化が形成されていることがわかる．

最近では，地域における防災意識を高めるために，ゲームや図上訓練の形をとったツールが多く開発されている．DIG，クロスロード，STEPなどがその代表例である．災害図上訓練DIGは，地域住民や災害ボランティアがグループになって，地域で水害や地震が発生した場合の被害状況を想定し，地域の地図に被害状況等を書き込みながら，自由な討議を行なう訓練である(DIGについては小林(2004)などを参照)．クロスロードは，広域災害後に災害対応の責任者が行なう意思決定をゲームの形で体験する防災ゲームである(矢守ら，2005)．STEP(Simulation Training System of Earthquake shelter Program)は，パソコンで制御されたロールプレイゲームの形式をとって，大地震後の避難所運営の模擬訓練を行なうシステムである(元吉ら，2005)．
　こうしたゲームや図上訓練は，若い人の防災意識を高める契機となるものと期待される．

7-2　パニックが起こる場合

　2001年9月11日朝，ニューヨーク世界貿易センタービルでは，後に「9.11」と呼ばれる歴史的なテロ事件が起きた．航空機2機が同センターの2つのビルに激突し，これらのビルと周囲のビルを倒壊させた．9時45分に世界貿易センタービルの北タワーのロビーにいた消防職員は，航空機が激突した倒壊前のビルから出てくる人々の様子を，以下のように形容している．

　　見たところ，人々はショック状態のようだったが，私が想像したようにパニックを起こしているよりは，状況は遥かにいい．泣き叫ぶ人は一人もいなかった．ほとんどの人は，避難指示を受けてほっとしている様子で，辛抱強く順番を守って動いていた．これは思いがけない幸運だ．目に見えて疲労している人もいたし，呼吸が苦しそうな人もいたが，ほとんどは元気そうだった．互いに助けあって避難している．歩みは素早いが，われ先にというわけではない．その違いは大きいのだ．走りだす者もいない．足

早に建物から外に出ようとするが,急ぎすぎてつんのめるほどではない.
(ピッチョートとペイズナー,2002, p. 79-80)

　航空機が激突し,人が上空から落ちてくる最中でも,少なくともビルの崩壊までは,多くの人は冷静に避難をしていた.この冷静さはニューヨーク警察やニューヨーク消防局員による的確な誘導による部分も大きいが,実はこうした事態ではもともと「パニック」が起こりにくいことが知られている.

　大事故や大災害が起きても,人々が恐怖や不安に駆られて,われ先に逃げまどい,大混乱を起こすという「パニック」は,多くの場合に起こらない.この事実から,災害直後に,人が起こす行動について説明していく.

(a) 何種類かのパニック

　パニック(panic)という言葉は,恐怖や不安などで混乱した心理状態や行動を意味するが,心理学ではいくつか異なる心理現象にパニックの言葉を当てはめている.

　第1は,多くの人にとっては何も感じない状況で突然不安や恐怖を感じ,息切れや呼吸困難,動悸,発汗,吐き気,立ちくらみなどの身体症状を示すパニック発作である.この発作は不安障害という精神症状によって起こると考えられている.

　第2は,災害などの衝撃的な出来事に遭遇したときに生じる心理的な混乱状態である.他のパニックと区別するために,本書では「心理的パニック」と呼んでおく.心理的パニックは,パニック発作と似た一時的症状を示すこともあるが,心理現象の背景に障害がみられない点が異なる.

　第3は,群衆行動としてのパニック現象(群衆パニック)である.多くの人が,恐怖や不安に駆られてモノを奪い合ったり,合理的な判断もせずに逃げまどったりして,混乱を示す現象である(正確な定義は,釘原(1995)などを参照).群衆パニックの中でも,何かのモノを得ようとして混乱を示す場合には「獲得パニック」と呼ばれ,何か危険なモノから逃げようとして混乱する場合には「逃

走パニック」と呼ばれる．

　大事故や大災害に遭ったときに，多くの人は心理的パニックを起こす．しかし，群衆パニックはほとんどの場合に起こらないことが，災害に関する多くの社会科学的研究で明らかになっている．

　たとえば，三上(2004)は「パニックが起こった」と報道された3つの事例（ナイトクラブの火災，ダムが決壊したという流言，地震の警戒宣言の誤報）を紹介し，いずれの事例でも実際には群衆パニックは起こっていなかったことを明らかにしている．日本における事例を紹介すると，1981年10月31日に平塚市では，市内45カ所に設置された同報無線通信のスピーカーから，東海地震の「警戒宣言発令」のメッセージが誤って放送された．翌朝の新聞はこの誤放送を聞いて「避難袋を抱えて戸外に飛び出す市民も出るなど，市内はパニックに」陥ったと伝えた．しかし，三上らの調査によると，放送を聞いて避難行動をとった市民は0.2%しかなく，それらの人も家族単位で整然とした行動をとっていたのである．

　このように，現実には混乱が起きてないのに，マスメディアが「パニックが起こった」と誤って報道されるケースを，三上は「疑似パニック」と呼んでいる．

（b）逃げ道のない空間での火災

　ただし，いくつかの条件がそろうと，災害や事故の後に群衆パニックが起こることがある．ここでは2つの事例を紹介する．

　1972年5月13日夜10時過ぎ，大阪市の千日デパートビル3階で火災が起き，7階にあったキャバレー「プレイタウン」を煙が襲った．当時，客と従業員を合わせて179名がいたが，うち118名の方が亡くなっている．図7-3には亡くなった方の発見場所を示す．亡くなった方の位置や生存できた方の証言に基づいて，安倍(1974)は亡くなった方の行動をいくつかの類型に分けている．第1は，図7-3の右手にある劇場側に逃げようと，ブロックの壁を叩き続けた14〜15名である．恐怖に駆られると，人は心理的パニックに陥り，こうした

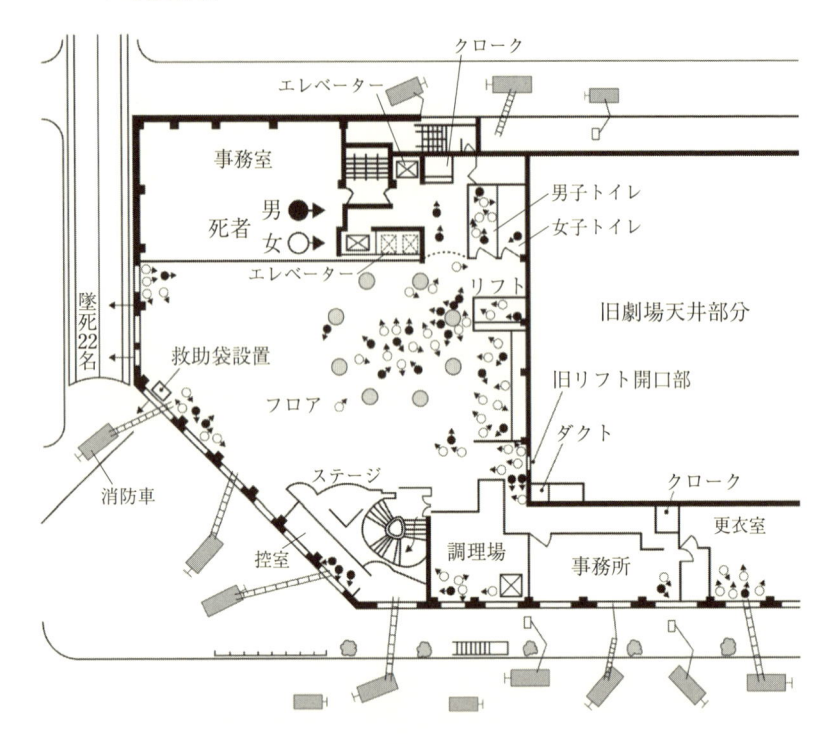

図7-3 キャバレー・プレイタウン火災の現場状況
(安倍(1974)より一部を引用)

非合理的な行動に固着しやすい．第2は，中央部のフロアに折り重なって亡くなった30名以上の方である(図7-3で灰色の○の囲まれた空間)．彼らはこの階に入るときに利用したエレベーターに向かったが，エレベーターを通って下層から流れる黒煙に押され，この場所で亡くなっている．第3は，窓(図7-3の左)から身を投げて，墜死した22名である(安倍，1974)．

　高層ビルの火災では，火炎や煙を逃れて窓から顔を出す避難者が多い．生き残った避難者によると，窓から下を見るうちに，地面がせり上がってくるような知覚の歪みが生じるという．この知覚の歪みと恐怖心とに駆られて，高層の窓から飛び降りてしまう事例が多く報告されている．この事例では，1人の避難者が飛び降りると，他の人も次々に飛び降りてしまう現象が起こりやすい．

最近では，先述の9.11のテロ事件でも多くの方が70数階の超高層ビルから飛び降りている．

群衆の1人が非合理的な行動をとると，他の多くの人が同調して大惨事に至ることがある(群衆雪崩現象)．高層ビルから多くの避難者が飛び降りる現象も，こうした群衆現象のひとつと考えられている．

逃げ道のない空間での火災は，人々を群衆パニックへと駆り立てるのである．

(c) 群衆流

第2の例は，2001年7月21日の兵庫県明石市の歩道橋事故である．同日明石市大蔵海岸では，市民夏祭りの一環として花火大会が催され，約13万人の見物客が訪れていた．花火大会が終わった午後8時35分頃，同海岸の最寄り駅であるJR朝霧駅から海岸に向かう長さ100メートル幅6メートルの歩道橋上(図7-4)で，海岸に向かおうとする人と帰宅しようとする人とがぶつかった．当時歩道橋上には約6400人がいたが，図7-4に示す事故現場において見物客6〜7人が折り重なって転倒し，高さ1.5メートルの人の山ができ，300〜400人が事故に巻き込まれた(朝日新聞2002年1月31日付朝刊など)．この事故により，11名の方が亡くなり247人の方が重軽傷を負った．

当時歩道橋上にいた方は，以下のようにその状況を述べている．

> 歩道橋上ではあちこちから悲鳴が上がった．「助けて！」「戻れ！」「死んでしまう！」．まさに地獄だった．
>
> 「妻は「子供が死ぬよ」と悲しい表情でつぶやきました．それが最後の言葉でした．直後，流れに押されて妻の姿が見えなくなった．私も人波の中で倒れていました．立ち上がって周りを見渡すと，人の上に3人も4人もの人間が乗っかっていました」
>
> (『FRIDAY』2001.8.10)

明石市の事故調査委員会によれば，事故当時1平方メートルあたり13〜15

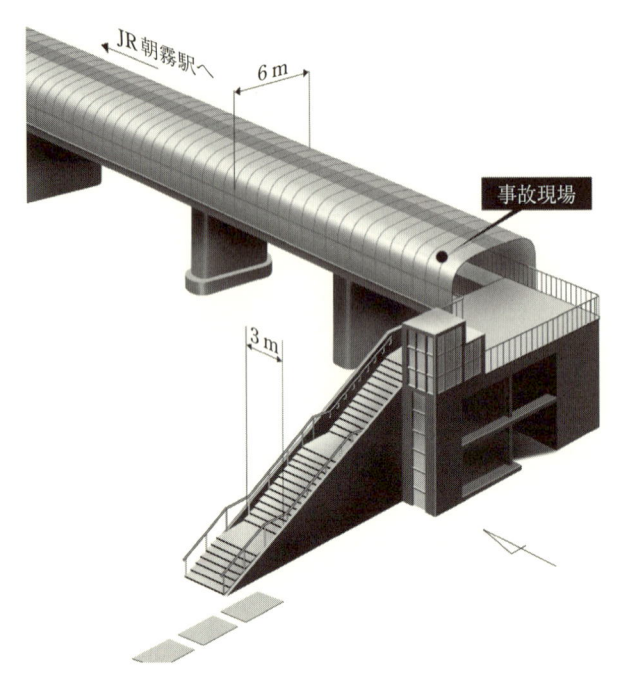

図 7-4　明石歩道橋事故の現場状況
（朝日新聞 2002 年 1 月 31 付朝刊を参考にして作成）

人の密度で人が集まっており，事故現場付近にいた人には大人でも胸部圧迫で失神しうるほどの圧力がかかっていた．一般に，人は 1 平方メートルあたり 5 人を超えると，歩行中に足が上げられず，すり足で移動することしかできなくなり，1 平方メートルあたり 10 人を超えると悲鳴と抵抗の声が上がるようになる(安倍，1977)．こうした密集状態では，個人が自分の意志で方向を制御することができなくなり，いわば水の流れのように，群衆として流される状態(**群衆流**，crowd flow)になる．

この事故の最大の原因は，海岸に出る人と帰宅する人の流れ(群衆流)が正面からぶつかり合う状況(対向流)を作った警備の無謀さにある．入口と出口を分けたり，乗降する駅を替えたりして，海岸に出る人の流れと帰る人の流れを分ければ，こうした悲劇は起こらなかった．さらに，歩道橋の幅は 6 メートルあ

るにもかかわらず，階段の幅は 3 メートルしかなかったこと(図 7-4 参照)や，歩道橋上からも花火をみることができたために，歩道橋上に滞留する人が多くいたことなども，この惨事の原因となっている．

　群衆流が対向流となったために惨事が起きた事件は，明石歩道橋事故だけではない．

　1956 年 1 月 1 日に新潟県にある弥彦神社では餅撒きの行事が行なわれた．元旦の午前 0 時に神社の拝殿前広場で餅撒きが行なわれ，餅を拾い終えた 8000 人の参拝者が外に出ようと，幅 5.1 メートル高さ 2.5 メートルの石の階段に殺到した．その同じ階段に，餅拾いに新たに参加しようと広場に向かう 1000 人が殺到し衝突した．先頭にいる人がもみ合いになり，その圧力でコンクリート柵が倒壊し，石段下に落下したり，転倒したりする人が出た．その結果，死者 124 名負傷者 177 名を出す大惨事になった(兵庫県警察，2002)．

　この弥彦神社事件では，神社から出る客と入ろうとする客との 2 つの群衆流が対向流となって，階段という足下が不安定な場所で衝突し，大惨事をもたらしたのである．

(d) 群衆制御

　明石歩道橋事故や弥彦神社事故のような群衆流による惨事を繰り返さないためには，多くの人が集まる空間において，群衆流を制御し，群衆パニックの生起を防止すること(**群衆制御**)が重要な課題になってくる．ここでは群衆制御の方法に関して研究および実践指導を行なってきた木下富雄(木下，2003; 兵庫県警察，2002)の見解(表 7-2)を紹介する．

　群衆を制御する原則の第 1 は，群衆密度を高めないようにすることである．1 平方メートルあたり 10 人程度が限度であろう．群衆密度を下げるためには，人の流れを滞留させないことが必要になる．東京ディズニーランドなどの遊戯施設では人の導線を区切るためにくねくねした通路やベルト付のポールを用いているが，これは通路を長くすることによって客を常に動かし，群衆の滞留を防ぐ工夫のひとつと考えられる．人の動きを集中させないために，会場への入

表 7-2 群衆制御の原則と制御方法

原　則	制御方法
群衆密度を減らす	1平方メートルあたり10人が限度
滞留を防ぐ	くねくねした通路，人を常に動かす
動きを集中させない	時差入場,時差退出,人の流れの分離
群衆の気をそらす	アトラクションや期待を高める情報，歩道橋に目隠し
対向流を避ける	一方通行
段差を作らない	緩やかなスロープ
通路や出口の幅を狭めない	障害物の撤去，入口より出口は広く
情報不足を避ける	列の後ろにガードマンや情報のプラカードを置く

(木下(2003，著者の許可を得て引用)および兵庫県警察(2002)より再構成)

場時間をずらしたり(時差入場)，会場から出る人を分散させる(時差退出)ことも必要となる．木下(2003)によれば，相撲の弓取り式や野球のヒーローインタビューは，興味のある人を会場に残すという時差退出の機能を果たしている．サッカースタジアムへの出入りをひいきチーム別にするという工夫は，人の流れを分離するだけでなく，ファンどうしの争いを未然に防ぐ機能も有しているであろう．

　群衆の滞留を防ぐために，群衆の気をそらす技法も使われる．花火大会で，群衆に滞留してほしくない場所に目隠しをおいて，花火を見えなくする工夫などが，これにあたる．

　また，群衆が待つことに飽きて不満を感じないように，待ち行列の脇に展示物などをおいて気をそらすという工夫もなされる．遊戯施設のアトラクションにおいて，入場待ちの行列の脇に動きのある小さな展示物をおいたり，入場後のアトラクションの写真を置いたりするのは，群衆の気をそらす工夫である．

　複数の群衆流が衝突しないように，とくに正面から対向流とならないようにするためには，通路を一方通行にする．川面を使った花火大会などでは，橋ごとに一方通行にすることがあるが，これは観客の動きを制御して対向流を防ぐための工夫のひとつである．

　弥彦神社のような階段では転倒事故が起こりやすいので，段差を作らず，緩

やかなスロープにする．入口に対して通路や出口を狭めるとボトルネックになり，群衆流の動きを止めやすい．通路の障害物は撤去し，入口より出口をより広くとるように，設計する必要がある．

　何かを待つ行列では，列の後ろほど情報不足になりがちである．情報が不足すると待つことに対する不安が高まり，ときには不正確な流言に振り回されやすくなる．遊戯施設で，待ち行列の最後尾に「60分待ちです」等のプラカードをもった従業員が立つのは，情報不足による不満を低める効果をもっている．

　以上のようなことから，群衆の動きを制御するために，建物や通路の構造から従業員の行動まで，さまざまな工夫がなされている．

7-3　パニックが起こらない条件

(a) パニックの発生条件

　以上のように，特異な条件がそろった事故や災害では，群衆パニックが起こることがあるが，大地震のような災害では群衆パニックは起こりにくい．たとえば，阪神・淡路大震災では，被災した人が逃げまどうことなく，穏やかに救援物資を受け取っている姿が海外のメディアに流れ，「日本人の美徳」と褒め称えられた．実際にほとんどの被災地において，人を押しのけての避難や物資の奪い合いや略奪は起こっていない．他の多くの広域災害においても，群衆パニックは起きていない．

　図7-5には，群衆パニックが起こる条件を整理した（三上，1988）．群衆パニックが起こる物理・社会的な環境としては，危機的な社会情勢（図7-5の中のA，以下同じ）がある．1923年9月1日に発災した関東大震災では，「朝鮮人が井戸に毒を投げ込んだり，暴動や略奪をしている」という流言が流れ，数千人の朝鮮人や中国人や社会主義者などが虐殺された．この虐殺の背景には，当時の日本人がふだんから朝鮮人に対する過酷な搾取を行なっていたという社会情勢が影響していると考えられている．

　パニックにもっとも影響する環境は，危機の存在(B)と資源の制限状況(C)

160 ── 7　災害心理

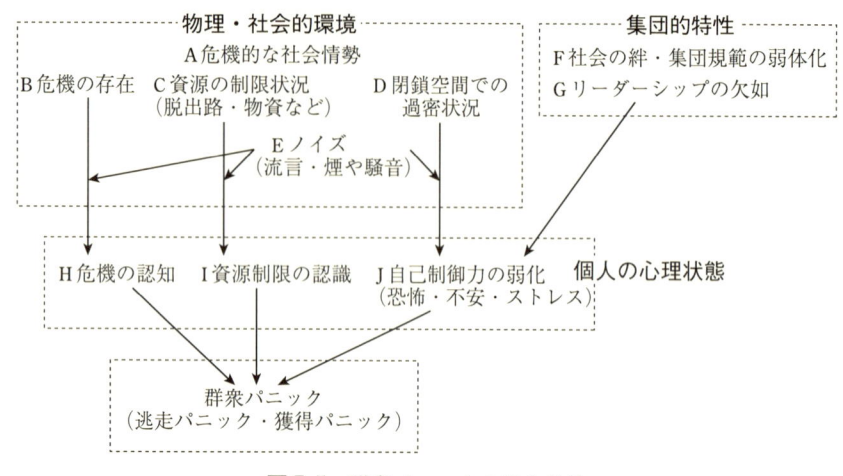

```
物理・社会的環境
        A 危機的な社会情勢
B 危機の存在  C 資源の制限状況      D 閉鎖空間での
            （脱出路・物資など）      過密状況
                    E ノイズ
                （流言・煙や騒音）

集団的特性
F 社会の絆・集団規範の弱体化
G リーダーシップの欠如

個人の心理状態
H 危機の認知  I 資源制限の認識  J 自己制御力の弱化
                              （恐怖・不安・ストレス）

群衆パニック
（逃走パニック・獲得パニック）
```

図7-5　群衆パニックの発生条件
(三上(1988)などを参考にして作成)

である．ここでいう危機とは，火災や地震などによって身体的な損害を受けたり，物資不足によって困窮したりする危険性を意味する．資源とは，逃走パニックの場合には安全な場所への脱出ルートや出口を意味し，獲得パニックの場合には必要とする物資を意味する．これらの危機が存在し，かつ資源が制限されていたり不足したりしている場合には，群衆パニックが生じやすい．正確に言えば，危機が存在し，資源が制約されているという情報を得たときに，群衆パニックが生じる環境的基盤がそろう．さらに，閉鎖空間での過密状況(D)にあると，逃走パニックが生じやすくなる．

こうした環境条件に加えて，真偽の不明確な流言(第1章参照)が流れたり，煙や騒音などの合理的な判断を妨げるようなノイズが加わると，群衆パニックが生起しやすくなる．

人が所属する集団の特性も群衆パニックの生起に影響する．社会の絆が強い集団の中にいるときには(F)，自身の行動の責任をとる気持ちが働き，パニックは抑制される．リーダーが的確な指示を与える(G)ことによっても，非合理的な行動を抑制することができる．釘原(1995)は逃走パニックを再現したゲーム実験を行ない，とくに恐怖が強い状況において，リーダーシップがパニック

の抑制に重要な役割を果たすことを明らかにしている．

　これら環境条件や集団の特性が，危機事態におかれた個人の心理状態に影響を及ぼす．危機の存在は危機の認知(H)に，資源の制限状況は資源制限の認識(I)に影響する．正常性バイアスが働くと，危機が存在しても，人々の間に危機の認知が生じないという事態も起こる．さらに，恐怖や不安やストレスといった自己を制御する力を弱める心理状態(J)が起こると，群衆パニックが生じやすくなることが知られている．

（b）パニックが起こった理由，起こらなかった理由

　図7-5にあげた諸条件を，先に紹介した事例に当てはめてみよう．

　世界貿易センタービルのテロ事件(9.11)では，ビルの倒壊という危機意識が発生しないうちは，脱出資源が制限されているという認識が弱く(I)，警察や消防職員の整然とした指示を受けていた(G)ため，逃走パニックが起こらなかったと解釈される．平塚市の警戒宣言の誤報では，警戒宣言を聞いた市民に正常性バイアスが働き，危機の認知(H)がされず，逃走パニックは生じなかった．一方，キャバレー・プレイタウンの火災では，煙から危機を認識したが(H)，閉鎖空間で(D)脱出路が限定されており(C)，煙や他の逃げまどう人の影響があった(E)．さらに従業員の適切な誘導もなかった(G)ため，大惨事に至った．明石歩道橋事故や弥彦神社事故では，閉鎖空間の過密状況(D)において，逃げることができないまま(C)，群衆流の衝突が起こったと考えられる．

　一方，阪神・淡路大震災を含む大地震の後には，パニックが起こりにくい理由は，主に資源の制限(C,I)にあった．大地震後には余震などに対する危機感はあるが(H)，脱出できるルートは限定されておらず，物資の供給に見通しがあれば，資源が制限されているという認識が生じない(C,I)．実際に，阪神・淡路大震災では被災者に向けて大量の救援物資が届けられ，マスメディアもその様子を報道し続けた．また，居住地域において被災した方が多く，社会の絆(F)が強固であったことも，群衆パニックの抑制に寄与していた．

　このように，資源の制約の条件が生じにくい大地震の後には，群衆パニック

が起こりにくい．ただし，逆に言えば，資源が制約された状況下では災害後には群衆パニック，とくに獲得パニックが起こりうることを意味する．2005年8月29日，アメリカ・ルイジアナ州を襲ったハリケーン(カトリーヌ)の被災地では略奪や放火が続発したと報道されている(朝日新聞2005年9月2日付夕刊など)．確定的な判断はできないが，これが事実であれば，劣悪な避難場所において，資源(物資)が入手できないという環境条件(C)と，貧困層が多いという現地情勢(A)が重なったために，獲得パニックが生じたものと推定される．

広域災害後に獲得パニックを防ぐためには，十分な物資の供給と，その供給に関する情報の徹底が，不可欠なのである．

7-4 被災直後の行動

大地震などの大災害では，群衆パニックは起こりにくいが，被災者にはいくつかの類似した心理反応や行動が生起する．

表7-3は，阪神・淡路大震災発災直後の被災住民の反応を示している．震度7の烈震に襲われた神戸市や西宮市の住民は「その場でじっと様子を見ていた」り，「ふとんをかぶった」という身を守る行動だけでなく，「子供・老人・病人などの身の安全を気づかう行動」も示している．「テレビが目の前を右に左にとんだ」(被災者談)ほどの烈震の最中でも，人は弱者の身を気づかう行動

表7-3 阪神・淡路大震災発災時の住民の主な行動(複数回答)

行　動	神戸市(699)	西宮市(502)
その場でじっとして様子を見ていた	34.9%	35.9%
ふとんをかぶった	28.3	25.5
動くことも歩くこともできなかった	21.5	31.5
子供・老人・病人などの身の安全を気づかう行動をした	19.5	19.9
思わず身をかばった	13.3	7.8

東京大学社会情報研究所「災害と情報」研究会(1995)より，「地震が起こった時，あなたはとっさに何をしましたか．次の中からいくつでもお答え下さい」という設問への回答のうち，回答率が10%を超えたものを抜粋して示した．

をとるのである．

　大地震の被災直後には，驚愕やショックを受け，「ゴジラが襲ってきたのではないか」などの「物語」を想像する心理現象もみられる．他方，他者を気づかったり合理的な対応をとろうとしたりして，身体の活動水準が上昇する現象も多くみられる(広瀬，2004)．

(a) 合理的な対処行動と災害症候群

　大災害後にみられる心理反応や社会心理を，表7-4に示した(広瀬，1981)．
　第1の反応は，合理的な対処行動である．たとえば，被災地からの避難行動は一般的に起こる合理的な行動である．被災者が外出中の場合には，帰宅行動となる．家族が離れた場所にいるときには家族どうしの安否確認が行なわれる．被災地外の人が被災地にいる家族や知己の安否確認も行なうため，電話が輻輳し，かかりにくくなる事態が生じやすい．食料品や懐中電灯などを買い回る行動もみられる．
　これらの行動は各被災者からみれば，災害に対処する合理的な行動であるが，被災者全体としてみると電話の長期輻輳といった非合理的な結果を生むことがある．
　第2の反応は，茫然として無気力な状態に陥る，虚脱状態である．虚脱状態には，心理的なストレスが身体の症状となって現れる心身反応が伴うことが多い．図7-6に，阪神・淡路大震災の被災地で1995年2月に行なわれたストレス症状に関する調査結果を示した(城，1996)．4～5割の被災住民が「肩がこ

表7-4　大災害後にみられる心理反応や社会心理的特徴

合理的対処	…… 避難行動(帰宅行動)，安否確認，買い回り行動など
虚脱状態	…… 心身症状，災害症候群
多幸症段階	…… 利他的行動，平等感，コミュニティに対する帰属意識
災害流言の発生	
格差の顕現化	…… 経済状態による復興の格差など
社会変化の加速	

(広瀬(1981)などをもとにして，再構成)

164 —— 7 災害心理

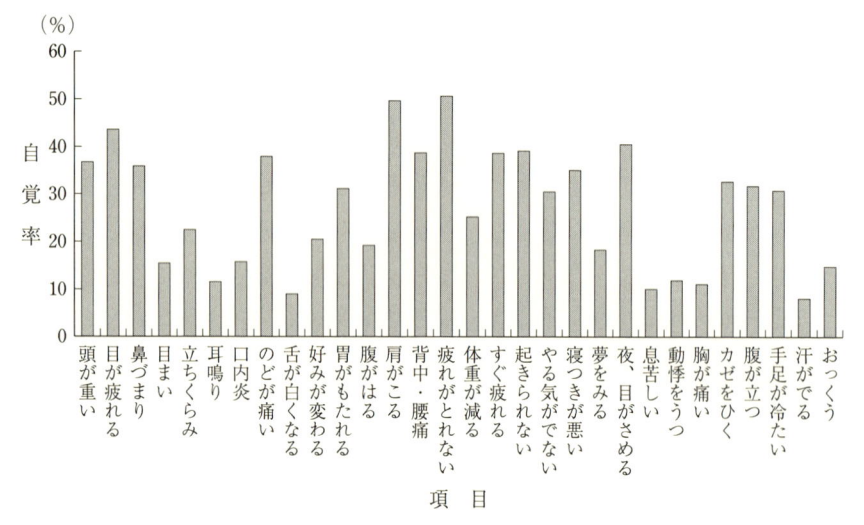

図 7-6 阪神・淡路大震災で被災した住民が自覚したストレス症状（複数回答）
1995年2月に神戸市および阪神地区の被災住民748名を行なった調査の結果，自覚されていたストレス症状を示す．（城，1996）

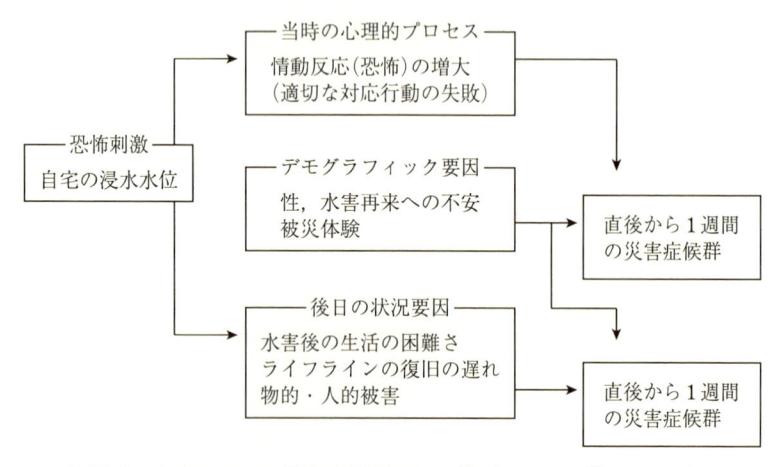

図 7-7 水害における災害症候群の心理的プロセスに関するモデル
東京大学新聞研究所「災害と情報」研究班(1984)が，長崎水害における被災住民の災害症候群の分析結果に基づいて構成したモデル図．

る」「疲れがとれない」「目が疲れる」「のどが痛い」「背中・腰痛」「すぐ疲れる」等の疲労症状を自覚し，「夜，目がさめる」「起きられない」「寝つきが悪い」等の睡眠障害を経験していた．

このように災害後に生じる心身の症状は**災害症候群**(disaster syndrome)と呼ばれる．東京大学新聞研究所「災害と情報」研究班(1984)は1982年7月23日に発災した長崎水害における住民の災害症候群を分析し，図7-7に示す水害後の災害症候群の発生に関するモデルを提示している．

(b) 多幸症段階

第3の反応は，多幸症段階(広瀬，1981など)と呼ばれる社会心理である．

大災害の後では，家族や親戚や近所の人たちが救出しあったり，一緒に炊き出しをしたり，物資を融通し合ったりする，利他的な行動が頻々とみられる．たとえば，長崎水害では水害後に66%の人が援助を受けているが，援助をしてくれたのは公的な機関の人ではなく，「親戚」や「近所」の人が中心であった(図7-8)．阪神・淡路大震災でも，家族や近隣の人が助け合っていた．

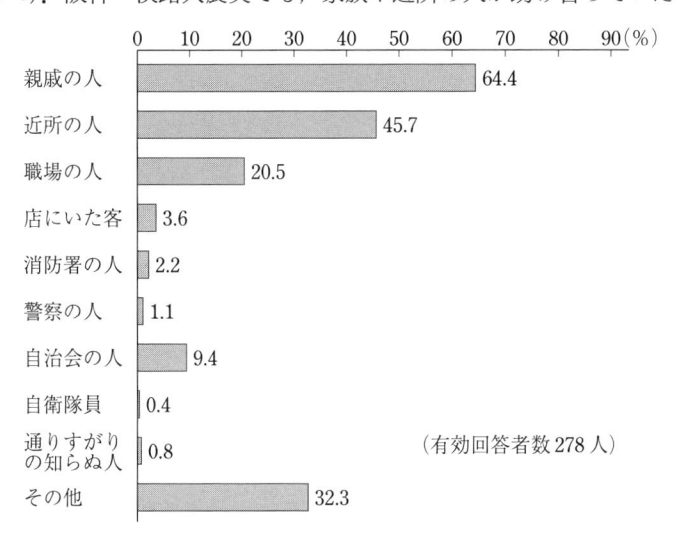

	(%)
親戚の人	64.4
近所の人	45.7
職場の人	20.5
店にいた客	3.6
消防署の人	2.2
警察の人	1.1
自治会の人	9.4
自衛隊員	0.4
通りすがりの知らぬ人	0.8
その他	32.3

(有効回答者数278人)

図7-8 長崎水害で水害後に被災者が援助を受けた相手
(東京大学新聞研究所「災害と情報」研究班，1984)

被災地内の相互扶助だけでなく，被災地外からも多くのボランティアがやってきて，被災者を助けてくれる．こうした体験が，他者への感謝の気持ちを生む．

被災者の中には，九死に一生を得た幸運に感謝する気持ちも生まれる．せっかく与えられた命を大切にしようという気持ちも生じる．

また，被災直後は，経済階層や身分にかかわりなくすべての人が平等に被災したという平等感覚をもちやすい．金持ちも貧乏人もない平等な世界がやってきたような感覚が抱かれる．自分が育った地域(コミュニティ)を大切にしたいという気持ちや地域に対する愛着が強まり，コミュニティに帰属しているという感覚が強まる．

こうした心理現象が被災者に広くみられるときに，コミュニティは多幸症段階にあるとか，**災害後のユートピア**が生じていると表現される．

(c) 流言の発生

大災害の後では，被災者は十分な情報を得られず，災害に対する恐怖心や怒りを背景にして，多くの**流言**(第1章参照)が発生する．

表7-5には，阪神・淡路大震災で住民がそれぞれのうわさを聞いた比率を示してある(東京大学社会情報研究所「災害と情報」研究会，1995)．同震災の後には，今後の地震(余震)に関する流言が最も多く流れた．

災害前の「予言が当たった」や「前兆現象があった」という流言も多く流れる．阪神・淡路大震災では，「ある発明家が発災を予測し，今度は小田原に地震が起こると予測した」という話や「地震の前日に飼っていた亀が立ち上がった」などが広がっていた(株式会社ニューズワーク阪神大震災取材チーム，1995)．

大災害後には被害が再来するという内容の流言が流れやすい．同震災では多くは流れなかったが，大災害の後には災害の被害を過大に伝える流言も広まりやすい．「隣町は全滅したそうだ」などの流言である．

災害後しばらくすると，美談や悲劇が流言となって流れる．阪神・淡路大震

表 7-5　阪神・淡路大震災で聞いたうわさ(複数回答)

うわさ	神戸市(699)	西宮市(502)
今後の地震(余震)に関する話	66.1%	52.6%
泥棒に関する話	61.5	41.2
避難所に関する話	22.5	17.9
生活情報に関する話	17.6	15.7
その他	5.2	2.2
人づてには何も耳にしなかった	17.7	31.1

(東京大学社会情報研究所「災害と情報」研究会, 1995)

災で多く聞かれたのは, がれきに埋まった家族から「もう逃げなさい」といわれた話である. おそらくこれらの流言には, 形を変えた事実が含まれていると思われる.

　　火の手が迫ってくる. 中学生の子どもは倒れた家の梁に体を挟まれていて, いくら引っ張っても助け出せへん. 父親は半狂乱になってこの女の子の手を引き続けていたそうやが, そのうち「お父さん, もうええから逃げてや」と今度は子どもの方が泣きわめきながらいったんやて.
　　そんでも, 父親は必死に助け出そうとしていたようやけど, どないにもならん. 火はどんどん熱うなってきてこらえきれん. 仕方なか, とその人は泣きながら近くにあった瓦礫を拾うと, 子どもの髪の毛を切ったんだそうや. それが遺髪になったんや…….

(株式会社ニューズワーク阪神大震災取材チーム, 1995)

　被災後には, 逆に人の悪行を指摘する流言も流れる.「市当局がわざとある地域の火事を消さなかった」などの流言である. この種の流言は災害に対して感じている怒りを, 身近な他者に向けてスケープゴート(生け贄の羊)を作ってしまう現象のひとつと理解される. もちろん, 被災地における消防職員は文字通り不眠不休で, 懸命の消化活動にとりくんでいたが, 制服職員はスケープゴートにされやすかった.

「被災地で犯罪が多発している」という流言も多く流れる(表7-5の「泥棒に関する話」).「被災地で窃盗団が歩き回っている」とか「避難所でレイプがあった」などの流言が流れた.

(d) 復興過程の社会現象

多幸症段階は長くは続かない.被災に貧富の差はないという幻想は,経済的に裕福な層ほど,良い土地に堅固な住宅を建てていることが多いため,被害が軽微ですんだという事実の前に崩れ去る.復興過程においても,富裕層の被害は早く復旧されやすく,貧困層が多いコミュニティの復興は遅れがちになる.こうした社会的格差が顕現化されてゆく.

また,大災害はその時点でそのコミュニティに進行している社会変化を加速させることが知られている.たとえば,関東大震災を経て東京の中心部の建物は不燃化され,近代化がいっそう進行した.他方,人が流出しつつある地域で大災害が起こると,より多くの人がその土地を離れることになり,地域の荒廃をいっそう早めてしまう.

災害は被災地の社会的変化を加速させるのである.

まとめ

災害に関する心理学の分野は,災害前,災害前後の行動,災害後の復興過程に分けられる.災害時の心理に関しては,災害観,正常性バイアス,防災意識などが研究されている.災害後には群衆パニックが起こると一般的には思われているが,逃げ場のない空間での火災や群衆流の衝突などの特殊な事態でないと,群衆パニックは起こらない.とくに,脱出ルートや物資などの資源が制約されているという条件がないと,パニックは起こりにくい.また大災害後には,合理的対処や虚脱状態などの心理現象のほか,多幸症段階,災害流言の発生,格差の顕現化,社会変化の加速などの社会現象が発生する.

⟨問題⟩

- 遊戯施設や花火大会などの人が多く出る催事において，群衆制御がどのように行なわれているかを観察してみよう．
- 自分の防災準備の状態を顧みて，その状態にある理由を分析してみよう．

8 組織の事故

　本章では，組織で発生する事件・事故の原因や問題点を社会心理学の研究知見をもとに解説する．

［キーワード］
▼
エラー
ルール違反
コミュニケーション不全
社会的勢力
代理状態
集団意思決定
集団分極化

8-1 ある医療事故

1999年2月，東京都立広尾病院で，入院中の患者が亡くなった(図8-1)．看護師が血液凝固阻止剤と間違えて，消毒液を患者に点滴注入してしまったことが原因とされる．後の調査によって明らかになったのは次のことである．

まず，看護師Aが「手術後の患者に点滴するための血液凝固阻止剤」と「別の患者の治療に使う目的で同型の注射に詰めた消毒液」を同じ処置台において準備した．その際，消毒液の名前を書いたメモを間違って血液凝固阻止剤の入った注射器に貼りつけてしまい，消毒液の入った注射器の方を患者の病室に運んだ．その後，看護師Bが，注射器の記載を確認せずに消毒液を点滴器具に注入し，これが原因で患者が亡くなってしまった(この看護師2人は，業務上過失致死罪執行猶予つきの有罪判決を受けている)．

さらにこの事件では，院長が主治医らと共謀し，報告を受けて死体に異常を認めたのにもかかわらず24時間以内に警察に届けず，「病死および自然死」として虚偽の死亡診断書と死亡証明書を作り遺族に渡したとして，執行猶予付きの有罪判決を受けている(山内，2001)．

図8-1 1999年2月に東京都立広尾病院で起こった医療事故を報じる新聞記事
(日本経済新聞1999年3月16日付夕刊)

8-2　故意か過失か

　組織で生じた事件や事故を知った私たちは，なぜそのようなことが起きてしまったのかを知ろうとする．その際にまず問題となるのが，それがうっかり起こってしまったことなのか，あるいは間違ったことだと知っていながら起こした行動の結果なのかということである．過失なのか，故意なのか．両者が生じる心理的背景は大きく異なる．責任の重さや所在を明らかにするため，そのような出来事が二度と起こらないように解決策を探るために，2つを分けて考えることが重要である．

（a）エラー

　人間が起こす失敗のうち，意図せずうっかり起こしてしまったものは**エラー**（error，ヒューマンエラー）と呼ばれる．先の医療事故の例では，「消毒液の名前を書いたメモを間違えて貼った」，「注射器の記載を確認せずに消毒液を点滴器具に注入した」といった複数のエラーが重なっている．看護師2人は，自分たちが事故を起こしているという意識がまったくないまま，その行為を行なってしまった．

　エラーの中には「異常事態が生じたのにふだんと同じような操作をしてしまった」など，意図的に選んだ目標が不適切であったために生じるものもある．このようなエラーを非意図的なエラーと区別して，**ミステイク**（mistake）と呼ぶ場合もある．

　エラーの背景には，多様な原因が関係している．人間の認知能力には制限や限界があるため，疲労や注意不足あるいは技術の不足などから失敗が生じてしまうことがある．また経験が豊富になったがために，予見による判断の誤りが起こることも考えられる．医療現場のように，そこで働くスタッフが常に複数の仕事を休みなく担当し，高度な知識と技術を必要とされ，しかも人の命にかかわるという職場ではエラーに結びつく潜在的な可能性がたくさんある．そし

てちょっとしたエラーが大きな事故に発展する危険性を抱えている．

（b）ルール違反

他方，事件や事故の中には，その行為をしているものが，自分は不適切な行動をしているとの自覚がありながら，故意に行なうものがある．このように，規則や倫理の違反という選択が積極的に行なわれた場合を**ルール違反**と呼んでいる．組織で生じるルール違反は，ひとりの人間が個人的に行なう場合だけでなく，会議による正式の決定を経て組織のさまざまな人がかかわって行動に移される場合もある．ときには「ルールがあることを知らなかった」ためにルール違反をしてしまう可能性もある．ただし，組織では多くの場合，作業手続きや規定などが定められているため，何度も繰り返し非意図的なルール違反が生じることは考えにくく，その意味でルール違反は意図的に行なわれる場合が多い．エラーを防止する精巧なシステムがいかに開発されたとしても，ルールを意図的に破ろうとするなら，そのシステムは意味をもたなくなってしまう．その結果，ルール違反はときとして大きな事故を引き起こす．

8-3 医療事故の背景と抑制

エラーやルール違反の発生には，それを引き起こす個人や組織の問題が存在している．ここでは医療事故を例にあげながら，まずエラーの問題を考える．

（a）事故防止への社会心理的な取組み

以前は，医療は聖域とみなされ，医療事故に関してなかなか他分野からの検討は行なわれにくかった．このことには，医療現場で行なわれている行為が非常に専門的であることも関係している．しかし，冒頭であげたような事件をきっかけとして，医療事故が社会全体の問題として次第に注目されるようになってきている．

それと並行して，医療事故を医療という特殊な分野で発生した特殊なものと

みなすのではなく，他領域での事件や事故に共通する「エラー」の問題として位置づけようという考え方も広まってきた．このため近年では医療事故に対する学際的な研究に，心理学者が参加するようになってきている．

(b) 医療事故の背景にある組織の問題

　組織で大きな事故が起こった場合，事故を直接起こした個人だけに原因があったかのように報道されることがある．医療事故についても例外ではない．医療事故が問題になってから，各医療機関において事故のレポートについて分析が行なわれるようになってきた．しかし，その原因については事故に直接かかわった医療スタッフの判断ミスや怠慢など，当事者の問題として片付けられる傾向が強い(山内ら，2003)．

　確かに，エラーの背景には，それを引き起こした個人の問題も大きい．しかしながら医療事故の原因を調べていくと，事故前にすでに組織全体がかかわるさまざまな問題が存在し，いつ事故が生じてもおかしくない状況だった場合が多くみられるのである．たとえば都立広尾病院の医療事故の場合，表面に現れたのは「血液凝固阻止剤と消毒液を取り違える」という失敗で，そこには2人の看護師のエラーが重なっている．ただし，その誘因として，病院全体で看護師が消毒液を注射器で測り，希釈して使用することが一般化していたこと，患者の床頭台(ベッドサイドのキャビネット)に後で使用する注射器を置いておく習慣があったことなど，組織的な問題が指摘されている．さらに言えば，消毒液の希釈を事前に薬剤部で行なわず，「薬剤師ではないものは調剤してはならない」というルール(薬事法)の違反を管理者が容認していたという不適切さが，看護師の失敗を誘発していたことになる．

　山内(2001)は，医療組織は医師，看護師，薬剤師，検査技師などさまざまな職種の複数の人が共同して作業を行なっていることから，ここで目に見える失敗を誰かが犯したときには，それを導く別の誰かの潜在的な失敗(すぐに事故にはつながらないため見逃されている不適切な行為)がそれ以前にあると述べている．山内・山内(2000)は，組織におけるエラーの問題を解消するためには，

組織全体でシステム改善の取組みを行なうという,「組織の視点」が必要と指摘している.

(c) エラーの防止とコミュニケーション

　医療事故の問題は組織全体の問題として捉える必要があるが,その中でエラーに大きくかかわっているのが,職場でのコミュニケーションの問題である.
　松尾ら(2003)では,医療事故に関連して一連の大規模な研究を行なっている.ここでエラー防止に関して強調されているのは,コミュニケーションの問題である.先に述べたように,医療には,医師,看護師,薬剤師,検査技師などの病院スタッフ,および患者という多数の人々が携わっている.このため,業務の過程で適切に情報が伝達できないと,エラーが生じ,事故につながる可能性がある.ただし逆に言えば,良好なコミュニケーションはエラー防止の手段として位置づけることが可能である.

(1) コミュニケーション不全とエラー

　医療現場でのエラーを収集した研究からは,医療従事者間の情報伝達に関連する要因が最も多いことが指摘されている.たとえば,スタッフ間(医師と看護師間,看護師と看護師間など)で伝達される指示が曖昧であった,情報や変更が伝わっていなかった,といったことがエラーに結びつきやすい.ここでは「おたがいが理解しあったつもりでいる」「暗黙のうちにみんなで仕事を終える習慣がある」といったことも問題として指摘されている.これらの問題をふまえ島森ら(2003)は,エラーの防止には「必要最小限のコミュニケーションを的確に行なう」「業務範囲を明確にする」「ルールを明確にする」「思い込みが生じにくい環境を整備する」といったことが具体的な業務の中で必要と提案している.
　また,機器の扱いに関するエラーにも,コミュニケーションが関連している.これまでエラーを防ぐために,認知心理学や人間工学の分野では機器の工夫や,エラーを起こしてもそれが事故につながらないようなシステムの開発が行なわ

れてきた．たとえば，医療場面では「電子カルテの導入：転記の過程で生じるエラーを防止」「後で混ぜる2種の薬を同じ袋にパック：ミキシング過程のミスを防止」「使用しやすい器具や配置の工夫：身体的負担による注意力の低下を防止」などの提案がなされている(河野，2004)．これらはいずれも，コミュニケーション不全によって生じやすいエラーを，防止することに有効であると考えられる．また，垣本ら(2003)は，医療事故の中でも事例が多い人工呼吸器に注目し，事故の内容を分析している．その結果，機器本体と患者をつなぐチューブの外れに問題が集中しており，さらにトラブル発生のアラームが鳴っても医療従事者が気づかなかった場合が多いことが明らかになった．事例分析の中から垣本らは，機器の改善だけでは問題は解決せず，担当者間の意思確認のためのコミュニケーションが非常に重要であると結論づけている．

医療現場に限らず，組織でエラーが発生する要因のひとつはコミュニケーションの失敗である．多くの人とコミュニケーションをとらなくてはならない職場では，このコミュニケーションエラーが危険につながることに留意する必要がある．

(2) コミュニケーションによるエラーの防止

佐相とリーズン(Sasou & Reason, 1999)は，チームによるエラーについて分析し，エラーが回復されるステップを「エラーの発見」，「エラーの指摘」，「エラーの修正」の3段階に分けている．医療だけでなく，どのような組織にもいえることは，誰もがミスを犯す可能性があると考え，そのミスを速やかに発見して事故につながらないように防止することが重要という点である．そのために欠かせないのが，良好なコミュニケーションである．

組織事故の発生メカニズムとしてしばしばとりあげられるのが，リーズン(Reason, 1997)のスイスチーズ・モデルである(図8-2)．あるスタッフや機械がエラーを生じたときに，いくつかの段階でそれが防がれているが，防御が不十分な個所がたまたま重なったところをミスが通り抜けて事故に至ってしまう．複数のチェックがあればミスは発見されやすいが，不幸にもそのチェックの不

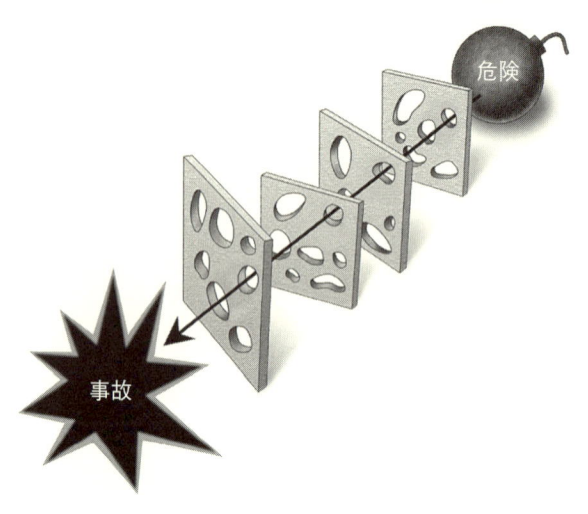

図 8-2　スイスチーズ・モデル（Reason(1997)をもとに作成）

図 8-3　スノーボール・モデル
　A：新たな仕事で発生させたエラー，B：防護（危険の監視や発見，対処）のエラー，
　C：引き継いだ仕事で発生させたエラー．（山内(2001)をもとに作成）

備が重なってしまったときに事故が生じるというのがこのモデルである．
　また山内(2001)は，医療組織特有の事故モデルとして，患者に近づくにつれて危険が増大するという，スノーボール・モデルを提出している．スノーボー

ルとは雪玉のことである．このモデルでは，発生したときには小さな危険であったエラーが，気づかれぬまま何人もの人を介すうちに重大な問題になっていくと，最終的には人の命を奪うほどの大きなエラーにふくれあがってしまう様を表現している．図8-3はそのモデルを図に示したものである．「医師の指示」のように治療プロセスのはじめで起こった失敗はまだ小さく，その後で仕事をするスタッフに発見されやすい．しかし，患者に近いところで仕事をするスタッフの失敗は発見されるチャンスが少なく，すぐに患者の傷害につながってしまうような大きなエラーになっている様も示されている．

(3) エラー指摘の困難さ

チームによるエラー回避には，コミュニケーションによってエラーを発見し，それを指摘し，修正することが必要である．しかしこの中でも重要と考えられるエラーの指摘が，成員の地位に差があることで難しくなっているとの知見がある．たとえば佐相とリーズン(Sasou & Reason, 1999)は，過剰な**権威勾配**(authority gradient)がエラーの指摘を難しくしていると主張している．権威勾配とは，組織の中にある地位格差のことである．権威勾配が大きい組織では，地位の高い人が強い**社会的勢力**(social power)をもっている．このため地位の低い人が地位の高い人の間違いに気づいてもそれを指摘できなかったり，地位の低い人が正しいことを言っても受け入れられないなどの現象が生じやすい(コラム8-1参照)．

コラム 8-1 社会的勢力と上方向への影響戦略

階層構造が存在する組織では，上位者(高い地位を占めている者)が下位者(地位の低い者)に対し大きな影響力をもっている．この対人的な影響力(他者の行動や態度，信念などを影響者の望むように変化させることのできる能力)のことを，社会的勢力と呼んでいる．フレンチとレーヴン(French & Raven, 1959)は社会的勢力を次の5つに分類している．

(1) 報酬勢力：相手に報酬をもたらす能力
(2) 強制勢力：相手に罰をもたらす能力
(3) 正当勢力：相手がとるべき行動を指示する正当な権利をもっている
(4) 参照勢力：相手が自分に対して同一視する傾向がある
(5) エキスパート勢力：特殊な知識や専門的技能をもっている

フレンチとレーヴンの知見にみられるように，組織に関する古典的な研究では，上位者から下位者への一方向的な影響力が注目されている．リーダーシップに関する研究もそのひとつである．

しかしながら現実の組織では影響力は決して一方向ではなく，下位者の活動によっては上位者が自身の行動を修正したり変化させる場合もある．組織に関する実証研究の進展に伴い，下位者から上位者に用いられる意図的な影響手段である「上方向への影響戦略」にも注目が集まるようになった．渕上(1994)は，関連の既存研究をまとめ，上方向への影響戦略の主なものとして次の6つを挙げている．

(1) 合理性：理由や根拠をきちんと説明する
(2) 迎合性：へりくだる，ご機嫌をとる
(3) 主張性：はっきりと要求する
(4) 交換性：相手の意見をみとめ，別の機会に自分の意見を認めてもらう
(5) 結託性：同僚を味方につける
(6) より高い権威性：自分の直接の上司よりも高い地位の人の支持をとりつける

これらの戦略についてこれまでの研究から次のようなことが指摘されている．6つの戦略のうちもっとも用いられやすく，上位者への影響が実際に強いのは「合理性」である．一方，「より高い権威性」「主張性」の影響力は弱く，下位者自身もあまり有効とは考えていない．ただし上位者のタイプによって戦略は変化する傾向にある．たとえば，権威的なリーダーシップをとる上司に対しては「迎合性」，配慮的で話し合いによって決定する上司のもとでは「合理性」が用いられやすい．また，他の組織成員との関係も重要で，集団の凝集性が高い組織では「結託性」が用いられやすいことも指摘されている．

大坪ら(2003)では，日本の病院内で医師・看護師・薬剤師の間に地位の格差が存在し，それがエラーの指摘を妨げていることを示している．この研究では，病院で働く医師・看護師・薬剤師に，場面想定法(質問紙上である場面を提示し，回答者が自分だったらどうするかを想像して答える方法)を用いて質問紙調査を実施している．「1回に1錠の服用が指定されている薬剤を，「2錠投与するように」という指示が○○から出されました．あなたはその○○に間違いを直接指摘しますか？」という文章について，その○○の部分に職場のいろいろな立場の人を入れて回答者に提示した．そしてためらいなく直接指摘できるかを尋ねた．その結果，医師・看護師・薬剤師いずれの回答者も，同じ職種の先輩に対しては直接にエラーを指摘することにためらいがあると答えることが多かった．また医師と看護師は，後輩よりも同期に対してためらいがあることが示されていた．さらに，エラーをした人の職種によっても指摘できるか否かには違いがみられ，看護師が医師のエラーを指摘するときのためらいは，医師が看護師のエラーを指摘するときのためらいよりも強かった．同様に，医師と薬剤師の比較でも，薬剤師の方が指摘に抵抗を感じていた．これらの結果は，日本の医療機関において，権威勾配が同一職種間と，異職種間の両方に存在していることを示している．

8-4　ルール違反による事件・事故

　ここまでは職場で非意図的に行なわれた失敗(エラー)に関する研究を紹介してきたが，ここからは意図的に行なわれた失敗(ルール違反)について述べる．

(a) 核燃料製造施設での事故

　1999年9月に核燃料を製造するJCO(ジェー・シー・オー)で臨界事故が生じ，作業に従事していた職員2人が亡くなり，その他に56人の職員が有意な被曝をした(図8-4)．また周辺住民で放射線による被曝があったと推定されるのは7人，臨界収束のために冷却水を抜き取る際に計画被曝した職員が24人

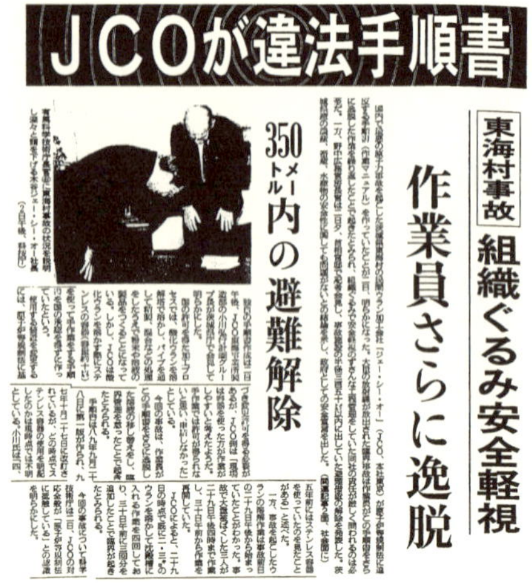

JCOが違法手順書

東海村事故

組織ぐるみ安全軽視

作業員さらに逸脱

350メートル内の避難解除

図 8-4 1999 年 9 月 30 日の JCO 臨界事故を報じる新聞記事
(日本経済新聞 1999 年 10 月 3 日付朝刊)

にのぼった．また事故の際，350 メートル圏内の住民(39 世帯)の避難，10 キロ圏内の人々(31 万人)が屋内退避措置の対象となった．また事故の後も農産物への影響について風評による買い控えがおこり，多額の被害が生じた．

この事故の原因は，社内の保安規定に反した違法の手順が採用されたためである．さらに調査の結果，事故が起こる以前から製造工程が，科学技術庁に届けられることなく違法に何度も修正され，その積み重ねの中で小さな違反が累積し，事故につながったことが明らかになった．手順の変更については JCO 内の会議で決定され，その危険性に気づいていた人がいたにもかかわらず，違反が是正されることはなく隠蔽されつづけていた．事故は 1999 年に起こったが，調査によれば 1993 年から違法に変更された工程手順ですでに，臨界事故が起こる可能性があったことが指摘されている(岡本，2003)．

この事故は，先に挙げた医療機関での事故の発生と大きく異なっている．ここで，関係者が保安規定に違反していることを知りながら作業手順の変更を繰り返していたことは，明らかなルール違反である．ただし，先に記した医療事故の例(8-1 節)でも，院長が報告を受けて死体に異常を認めたのに 24 時間以内に警察に届けず，「病死および自然死」として虚偽の死亡診断書と死亡証明書を作ったことはルール違反である．

（b）ルール違反の実態

近年，自動車会社のリコール隠し，食品会社の起こした食中毒事件，さまざまな企業の粉飾決算など，組織的な違反やその隠蔽による大規模な事件が次々に発生している．これらの事件はいずれも，違反にかかわった成員（しかも複数）が自身の行動が違法であることを知っていたにもかかわらず，それを隠して違反行為を続けていたことに原因がある．

このような事件がメディアをにぎわすたび，人々は「多くの組織は，裏でルール違反をしているのではないか」と不安を感じることになる．組織のルール違反に関する実態調査は少ないが，そのひとつとして上瀬ら（2003）がある．この調査では，仕事をもつ首都圏の成人男性に，職場にみられる違反容認の雰囲気や，自分の違反経験を尋ねている．このうち違反容認の雰囲気には，違反の種類によって容易になされるかどうかの程度に差がみられた．「遅刻」「仕事の遅れ」など個人が起こす違反（個人的違反）については，そのような雰囲気が職場にあると答えたものは2～4割であった．一方，「上司が不正を行なっても，部下の間ではみてみぬふりをする雰囲気がある」など複数の人が組織的にかかわった違反（組織的違反）も，全体として1割程度みられた．また，回答者自身の違反経験については，「勤務中に私的な用事」「会議や打ち合わせに遅刻」など個人的違反の経験者が4～6割であった．一方，組織的違反の経験は，「作業効率を上げるために規定を省略」（26％），「不正をかばうためにうその報告」（13％），「不祥事をもらさないよう指示された」（12％），「事故を監督官庁に届けない」（6％）などで，実際の違反経験者が少なくないことが明らかとなっている．

（c）組織で生じるルール違反の背景

ルール違反が生じる原因は，個人的違反と組織的違反とで異なっている．

(1) 個人による違反

組織で生じるルール違反の背景は複雑であり，研究自体もまだ十分ではないが，これまで比較的注目されてきたのが個人的違反の問題である．怠業，虚偽，

横領，暴力，セクシャルハラスメントなどの反社会的行動が，これにあたる．このような行動の原因のひとつと考えられているのが，**フラストレーション**(frastration，欲求不満)である．たとえば，給与への不満や人間関係など，職場で個人的な目標が達成・維持できない場合，人はフラストレーションを感じる．このことが怠業や虚偽，場合によっては暴力などの反社会的行動に結びつくと考えられている．反社会的行動の原因となる個人の要因としては，その他に職務満足，職場統一，発覚の知覚，制裁の知覚，仕事のストレスなどもあげられている．

職場での違反の原因を個人におく視点では，その解決法も個人に視点を当てたものになっている．たとえば，職場の成員が攻撃行動を起こさないように予防する策として，「採用時に危険性のある人物を選別する」「明確な懲戒手続きを設置する(攻撃行動を抑えるために罰則を用いる)」「組織的公正のレベルを高くし，不公正感をなくす」「攻撃に代わる対処スキルを身につけるよう成員を教育する」などが提案されている(Greenberg & Baron, 1997; Neuman & Baron, 1997)．

ただし，規則を厳しくしたからといって，それがルール違反を防ぐとは言いきれず，むしろ職務の遂行を難しくするような場合には違反が生じやすいとの指摘もある(Reason, 1997)．

(2) 組織による違反

違反の原因を個人におく研究とは別に，組織のあり方から違反を検討しようという動きもある．そのひとつが**企業倫理**と違反の結びつきを調べる研究である．企業は社会のルールを守り，公正で誠実な形で社会に貢献することが求められている．しかし組織の中に「もうけ主義」「効率優先」といった信念があると，倫理に反した行動がとられやすい．また，反倫理的な規範に従って行動することでも組織は利益を得ることができるため，組織は一般に反倫理的な規範を形成しやすい．たとえば，「オープンで正直であれ」という一般的な倫理に対しては，組織の利益のために「秘密主義で不正直であれ」といった形の逆

の規範が形成されやすく，組織には常にアンビバレントな規範が並存することになる(Jansen & Von Glinow, 1985)．近年，組織による不祥事が社会問題となったことから，企業倫理の徹底や**コンプライアンス**(compliance, 法令遵守)への要求が高まっている．ただしこの要求は，裏を返せば組織が反倫理的な規範を形成しやすいことに多くの人が気づいていることの現れでもある．

さらに組織文化の研究からも，違反について分析がなされている．たとえばホフステッド(Hofstede, 1980; Hofstede et al., 1990)は組織研究に文化差の視点を導入している．彼は，集団主義的な組織では個人主義的な組織よりも，仲間に虚偽を行ないにくいが，内集団の利益を追求するために外集団へは虚偽を行ないやすいものと論考している(内集団・外集団については，第3章参照)．また勢力の格差についてもふれ，組織において力をもつ人はその格差を維持するため下位の人に虚偽を行ないやすいと推測している．

このようにルール違反は手抜きや怠けといった個人的な問題から発生すると同時に，違反をみてみぬふりをする風土や，あるいは組織ぐるみで不正を行なったり隠したりする反社会的行動にも原因がある．

三沢ら(2006)は，鉄道運転士を対象とした調査を行ない，「信号・標識などの確認対象を，指差喚呼で確認しない」「見通しの悪い区間を通過する際に汽笛を振動させない」といった不安全な行動が，どのような背景から生じるかを分析している．この研究では，個人が安全規則を守りにくく役に立たないと感じると，不安全行動に結びつきやすいことを示している．さらに，このような個人の考え方は，組織自体の安全に対する態度(事故防止への取組みや，違反に対する規範が安全を重視したものか否か)に影響をうけていることが示されている．この点から三沢らは，組織が安全重視の方針を明示し，その方針の実践を通じて現場で働く人たちに理解されることが重要と指摘している．この研究結果はルール違反の防止には個人の要因と組織の要因の両方を同時に考えていかねばならないことを改めて示したものと位置づけられる．

8-5 話し合いとルール違反

　エラー防止に有効とされた組織でのコミュニケーションの改善は，ルール違反にも有効と考えられる．1人が職場に不満をもち，個人的な理由から反社会的な行動を起こしても，周囲がそれをみつけて修正すれば事故を未然に防ぐことができる．個人がルール違反を犯しても，周囲がそれをカバーできるようなコミュニケーション体制を築くことが事故防止には重要なのである．

　発生したルール違反をみつけ，事故につながらない工夫としてあげられやすいのが，話し合いである．実際の組織では，何か決定するときに何度も会議を重ねる．これは個人で決定するより組織全体で考えて決定したほうが安全であるとの直感的な判断に基づいている．しかし，問題はそれほど単純ではない．たとえば冒頭に例としてあげたJCO事故では，数々の違反は組織内の会議によって承認されていた．専門知識をもつ人間であれば危険性を十分認識できる違反であり，工程変更については反対意見も出た．しかしそれは会議の過程で，黙殺される結果となったのである．

　一般的に，話し合いが集団に望ましい結果をもたらすと考えられているが，社会心理学のさまざまな研究からは，話し合いによって必ずしも良い結果がでるとは限らないことが示されている．「複数の人が集まって話し合いをし，方針を決定する」という**集団意思決定**の過程自体に，違反を止められなかったり，危険を回避できない心理的な仕組みが生じやすい．以下では集団意思決定の問題点を指摘した研究知見のうち，代表的なものを紹介する．

（a）同調行動

　組織での話し合いが有効な結果を導けないことのひとつに，誰かが危険な提案をし，それに疑問をもつ人がいたとしても，その集団に残りたいという気持ちから危険な意見に同意してしまう現象があげられる．「自分は反対だが，上司や同僚から圧力があり同意してしまった」という形の賛成である．集団の圧

力によって，集団の規範に沿った行動を行なうことを**同調**(conformity)行動といっている．

　同調行動を示した有名な研究に，ミルグラムの行なったアイヒマン実験がある(Milgram, 1974; アイヒマンはヒットラー政権下でユダヤ人虐殺を指揮した人物)．実験室に呼ばれた実験参加者は，心理学の実験のためと説明され，自分とペアになった別の実験参加者に電気ショックを与えるように指示される．このとき多くの参加者は，不本意ながらも心理学者の要請に応じて，命にかかわるほどの強い電気ショックを相手に与え続けた．この原因としてミルグラムが指摘しているのは，**代理状態**である．代理状態とは，個人が自分自身を他人の要望を遂行する代理人とみなしている状態のことである．人が自分の行為に責任をとるためには，それが自分の意思で行なったものと自覚する必要がある．代理状態の人は，自分を指図している権威に対しては責任を感じるが，命じられた行為の内容については責任を感じなくなる．組織のルール違反に手を染めた人が「自分は命令されただけだ」と弁明することは多く，まさにミルグラムの指摘した代理状態が発生しているものと考えられる．「権威に対する気持ちは，忠節，義務，規律といった別の言葉で表現される」とミルグラムは指摘している．(なお，この実験で電気ショックを受けたのは実はサクラであり，電気ショックを受けたように演じていたことが，後で実験参加者に説明された.)

(b) 集団分極化現象

　さらに，話し合いという過程そのものに，非合理的な決定を導く原因がある．これは集団意思決定の問題として，古くからとりあげられてきた，リスキーシフトやコーシャスシフトに関する研究によって示されている(Wallach et al., 1962; McCauley et al., 1973)．**リスキーシフト**(risky shift)とは，集団で意思決定を行なった場合に，単独で意思決定を行なった場合と比べて，決定内容がより危険なもの(リスクの高いもの)になる現象のことである．反対に，集団で意思決定をした時の方が，決定内容がより安全で保守的になる現象のことは，**コーシャスシフト**(cautious shift)と呼ばれている．そして，これら「人々の

初期態度分布において優勢だった傾向が，集団による討議，他者意見への接触を通じて，より極端なものになる現象」を**集団分極化**(group polarization)現象と呼んでいる．

　なぜこのような現象が起こるのかについてはいくつかの説明が可能である．ひとつには，話し合いの場では人々が，他のメンバーに自分を好ましい人間であることを示そうとし，自信があり勇敢であるように極端な意見をお互いが表明しやすいことが考えられる．また，参加者が，集団討議によって自分がその集団に属していることを強く意識することから，集団の代表的な意見に同調しやすいのだという説明もある．さらに，話し合いの過程では多数派の意見が多く聞かれることになるため，結局，はじめに賛成する人の多かった意見が通りやすいことも原因と考えられている．

（c）共有情報と意思決定

　話し合いの過程における共有情報の問題については，さらに詳細な検討が行なわれている．私たちが話し合いに期待しているのは，おたがいが知りえていない情報を話し合いによって共有し，個人では到達することのできない最良の結論を導きだすことである．しかしながら，話し合いの場で私たちが行なっているのは，多くの人が支持する意見は何かを確認することにすぎない場合が多い．

　たとえばステッサーら(Stasser et al., 1989)は，話し合いは必ずしも最良の選択肢を発見できるとは限らないことを次のような実験によって示している．大学生の実験参加者は，架空の選挙の候補者について判断するよう求められた．まず参加者は，3人の候補者についての情報を個別に読んだ．その後で別の参加者と3人（あるいは6人）のグループになって候補者について話し合いをした．話し合いの前に読む情報の中には，他の人と共有する情報と，読んだ人にしか書かれていない文章（非共有情報）が混じっていた．話し合いの様子を録音して分析した結果，話し合いの多くは共有していた情報を確認しあうことに費やされ，非共有情報が話し合われる割合は少なかった．また，共有情報が話し合わ

れやすい傾向は，3人グループよりも6人グループで強くみられた．さらに，一度議論に登場した情報が再び繰り返して話題にされるかどうかを調べると，共有情報の方が非共有情報よりも繰り返して話題にされやすく，この傾向も6人グループの方で強くみられた．これらの結果は，話し合いの場では多くの人が共有する情報が登場しやすく，さらに繰り返して取り上げられやすい．そして話し合うメンバーの数が多いとその傾向が強く現れやすいことを示している．

　私たちは，多くの人が支持していることに妥当性があると感じやすく，そのことは多数派とは異なる意見を表明しにくくしてしまう．これは「沈黙の螺旋モデル」のプロセスとして知られている (Noelle-Neumann, 1993; 第4章参照)．したがって，会議は必ずしも個人の意見の合計ではなく，やり方次第によっては，出される結論がまったく異なってしまうこともありうる．

　実際に，亀田と杉森 (Kameda & Sugimori, 1995) は，異なる実験条件によって，まったく反対の結論に至る様子を示している．ここでは大学生に死刑判決の是非について話しあってもらい，話し合いの条件を実験的に2つ設定して結果が異なるかどうかを検討した．ひとつは1段階条件である．ここでは参加者全員が集まって話し合いを行ない，死刑賛成派が多数派であるように人数が操作されていた．もう一方の条件は，2段階条件である．ここでは，実験参加者はまず少人数の組に入り一時的な意見をまとめ，その後で別の組と合流して全員で話し合いをして最終結論を出した．この時，実験者側の操作によって，少人数の組に分かれたときには死刑反対派が多数派だが，全体の時には賛成派が多数派になるように設定されていた．この2つの条件で話し合いを行なうと，1段階条件では参加者の6割以上が死刑賛成の結論に達した．しかし2段階条件では，はじめの話し合いの時には死刑反対派の方が見かけ上の多数派だったため，死刑賛成の結論に達したグループは1つもなかったのである．この実験結果は，現実場面においても話し合いの手続きによって，導かれる結論が大きく異なってしまう可能性を示している．

　また最近は，コンピュータによる仮想数値シミュレーションを用いて，集団意思決定に影響を与える要因が分析されている (足立・石川, 2003)．たとえば

足立ら(2003)は，賛成派が多数派になると，反対派の日和見主義者(味方がいたら発言しようとするもの)が発言する機会がほとんどなくなってしまうことや，集団サイズが大きくなるほど，賛成派が優勢になりやすいことを示唆している．

以上のことから，ルール違反を認めるような不適切な案件が提出され，これについて話し合いが行なわれたとしても，案件を通したい人物の意見だけが語られたり，賛成意見の表明が反対意見よりも多くなされると，賛成者が多数派であるような社会的現実が形成されてしまう．その結果，不適切な決定がなされ，ルール違反が認められてしまう恐れがある．

8-6 ルール違反の防止と今後の課題

ヒューマンエラーの研究によって，「人間はエラーを起こすもの」という考えが広く普及し，現在では人が操作する機器にはエラーを防ぐさまざまな手立てが盛り込まれている．さらに近年では，「組織は違反を起こすもの」という認識も広まり，いかにそれを抑制するかを社会が考えていかなければならないと認識されつつある．

ルール違反の防止を考えるにあたり，違反を個人的なものと組織的なものと分けることは有効である．違反と組織風土の関係を調べた鎌田ら(2003)は，個人的に行なうルール違反は，命令系統を整備することで抑制されると指摘している．また，組織的違反が命令系統の整備とは関連が薄かったことから，個人的違反と組織的違反の違いを示している．三沢ら(2006)では，組織自体が安全を重視していることを成員にアピールし，安全遵守のルールが有効であると成員が納得することで，個人の違反は低減すると指摘している．

これまで提出されてきた研究知見に基づくと，組織的なルール違反を防ぐひとつの手段として，話し合いを有効に機能させることがあげられる．たとえば足立ら(2003)は前述のシミュレーション実験の結果から，多数派の出現を阻止，もしくは影響力を最小限にするための措置として，「発言を一巡させる」「発言

の回数や時間について制限を設ける」などの会議ルールを提案している．

◇ま◇と◇め◇

　本章では組織で生じる事故について，非意図的な原因から生じたエラーと，意図的に行なわれたルール違反の2つに分けてその問題の背景について述べてきた．人間の認知能力には制限や限界があるため，人はエラーをおこしやすい．このエラーを防ぐために，事故の起こりにくい機器の開発など，さまざまな工夫がされている．ただし，組織で起こるエラーの背景には，事故前にすでに組織全体がかかわるさまざまな問題が存在していることが多い．また組織で起こるエラーはコミュニケーション不全によって生じることが多い．

　また，組織のルール違反は，成員が個人的に起こすものと，組織ぐるみで行なわれるものとがあり，たがいに性質が異なっている．組織で集団意思決定をする場合は，同調行動，集団分極化現象，話し合い過程での情報の共有傾向などによって決定が歪められる可能性があるため注意が必要である．

　最後になるが，近年，組織をとりまく環境が変化してきている．たとえば，パートタイマーの増加や，業務の外部委託化の増加は，組織内のコミュニケーションの形や意思決定システムに変化を及ぼすと考えられる．また，合併や共同出資などの増加，より小さな組織の割合の増加といった変化も指摘されている．これらの変化がルール違反にどのような影響を与えるかは明らかではないが，これまでとは異なる違反の形と，それを抑制するための知恵が必要となってくるであろう．

〈問／題〉

● 最近生じた組織の事故をひとつ思い浮かべてみよう．その事故はエラーによって生じたのであろうか，ルール違反によって生じたのであろうか．また事故の責任はどこにあると考えられるだろうか．

9 悲嘆過程

　大切な人を失ったり，悲惨な事故に遭遇したりすると，私たちは特有の心理状態に陥る．心に傷を残すような衝撃的な出来事や現象は，**心的外傷**(trauma，**トラウマ**)と呼ばれる．心的外傷が人の心に残す影響に関しては，おもに精神医学や臨床心理学において注目されてきたが，社会心理学の領域においても研究が蓄積されている．
　社会心理学の新しい展開のひとつとして，本章では大切な人や物を失ったときに生じる悲嘆に関する研究を紹介し，悲嘆に苦しむ人々に対する支援について説明する．

［キーワード］
▼
心的外傷
トラウマ
対象喪失
悲　　嘆
解　　離
否　　認
侵　　入
意味構築
ストレス関連成長
喪の仕事
退　　行
分離不安
ソーシャルサポート

9-1　悲嘆のパターン

　以下は，2001年6月8日大阪教育大学教育学部附属池田小学校において，児童8名が殺害され，教師を含む15名が重軽傷を負った殺人事件に関して，大阪地方裁判所が下した判決文の抜粋である．同判決では死刑判決が下され，翌年に刑が執行されている．この裁判では，被害者児童の遺族からの意見陳述が積極的に取り入れられた判決が下されている．突然わが子を失ったご遺族の深い悲しみを理解することができるであろう．

　　亡くなった子どもたちの遺族は，深い愛情をもって大切に慈しみ育ててきた我が子を突如として理不尽にも奪われてしまったのである．事件発生の報に接し，子どもの無事を祈りつつ自宅や職場等から学校や病院に駆けつけ，小さな体に凶行の傷跡が残された我が子の変わり果てた姿との対面を余儀なくされた，その悲しみ，その苦しみ，そしてその怒りは，深く，重く，余人の想像を許すものではない．
　　遺族らの，年月がたとうとも決して癒やされることがないその心情は，公判廷において切々と語られ，あるいは当裁判所に提出されたその意見に，そして，供述調書や遺族作成の書面に，その一端をうかがうことができる．ある遺族は事件当日子どもの体調が思わしくないように感じられたのに登校させてしまったと，またある遺族は家族の病気が子どもにうつっていれば学校を欠席して殺害されることもなかったと，さらにある遺族は，事件前夜子どもに傷んだものを食べさせて体調不良となって学校を欠席していれば殺害されることもなかったなどと，本来憎むべきは，被告とその理不尽な蛮行であるはずなのに，やりきれない思いから，現実にはあり得ないようなことにまで考えをめぐらせては自らをも責め続けているのである．また，ある遺族は犯行現場に残された血痕をたどって我が子の苦しみを思い，またある遺族は自宅に引きこもりがちとなって我が子の苦痛を共感す

るため自らの身体を包丁で傷つけようとまでし，さらに<u>ある遺族は子どもの遺骨を肌身離さず持ち歩いている</u>というのである．また，ある遺族は我が子を殺した憎むべき被告に対する本件公判の帰すうを見届けたいと思いつつも，被告と同じ空間にいることに耐えられず，法廷に入ることができないというのである．

(大阪教育大学教育学部附属池田小学校殺人事件に関する大阪地方裁判所の判決(2003年8月28日川合昌幸裁判長)より抜粋した．下線は引用者による．お子さんを亡くされたご遺族の悲痛な心理をご理解いただくために，引用した．)

(a) 悲嘆に関連する用語

　愛するものを失った後に生じる心理は，精神分析では**対象喪失**(object loss)と呼ばれる．家族や親しい人と死別したり，別れた後に対象喪失が起こる．しかし，対象喪失が生じる原因となる対象は人に限らない(表9-1)．事故や病気によって，自分の健康や身体の一部や能力を損なった場合や，自分が所有しているモノが壊れたり失ったりした場合にも，対象喪失は起こる．さらに，転居や災害などで思い出や誇り，ふるさとなどの抽象物を失った場合にも，対象喪失が起こる(小此木，1979)．

　本章では，愛着をもった対象を失った後に生じる一連の心理過程を，**悲嘆**(grief)と呼んで論じるが，本章でいう悲嘆は対象喪失の概念と重なる部分が多い．

表9-1　対象喪失や悲嘆を起こす対象

カテゴリー	主　な　内　容
生物や関係	人との死別，ペットの死，失恋や別離
所有対象	健康や能力を損なう，モノが壊れたり失ったりする
抽象物	思い出のある風景やふるさとが消える，誇りを失う，記憶が消える

（b）4種類の悲嘆過程

　悲嘆には個人差があり，愛する対象を喪失した後に生じる心理過程は，少なくとも4種の類型やパターン(表9-2)に分けることができる(Wortman & Silver, 1988)．

　喪失直後には悲嘆反応を示さず，一定の期間が経過してから強い悲嘆反応，とくにうつ症状を示すパターンがあり，このパターンは遅延悲嘆反応(表9-2の②)と呼ばれる．喪失直後から病的な激しい悲嘆反応を示すパターン（複雑性悲嘆とも呼ばれる）も見られる(③)．遅延悲嘆反応や病的な激しい悲嘆の場合には，精神医学や臨床心理学の治療やケアの対象となることがある．

　他方，愛しているはずの対象を失ったのに，悲嘆反応を示さずに経過するパターンもあり，無悲嘆と呼ばれる(④)．無悲嘆の中には，実際には愛情を抱いていなかった身近な人を亡くした方や，愛する人を亡くしたのに悲しみを表出する機会が与えられなかった方などが含まれる．後者の例としては，突然事故で亡くなった夫の家業を継がざるを得なくなり，死後の処理に追われて悲しむ間ももてなかった婦人のケースなどがあげられる．

　悲嘆過程の中でもっとも劇的な時間経過をたどるのが，表9-2で典型的な過程(①)と呼ぶパターンである．このパターンは，すべての人に起こる過程ではないが，死別とくに近親を亡くされた方がたどることが多い過程である．本節では，悲嘆に関する臨床心理学や精神医学の研究成果(松井，1997)に立脚しながら，死別反応に関する大規模調査の結果(安藤，2004)と失恋に関する調査結果とを参照しながら，このパターンを紹介する．

　死別反応に関する調査は，2002年9月に首都30キロ圏内に在住する男女

表9-2　悲嘆のパターン

① 典型的な過程
② 遅延悲嘆反応
③ 病的な激しい悲嘆
④ 無悲嘆

(Wortman & Silver, 1988)

表 9-3　死別直後の感情や反応(複数回答)

精神的衝撃・解離
　夢を見ているようで，目の前のことが現実とは思えなかった　　　　　35.0%
　自分に起きていることを，外からながめているような気持ちになった　27.2
　頭の中が真っ白になって何も考えられなくなった　　　　　　　　　　21.8
　記憶が抜け落ちて思い出せない出来事があった　　　　　　　　　　　 9.7

身体症状
　睡眠がうまくとれなくなった(寝つきが悪くなった，眠りが浅くなった，
　　朝早く目が覚めるようになったなど)　　　　　　　　　　　　　　 40.8
　胸がドキドキするようになった　　　　　　　　　　　　　　　　　　19.0
　お腹の具合が悪くなった(胃痛，腹痛，下痢，便秘など)　　　　　　　 13.4

不安・過覚醒
　とてもイライラしたり，ちょっとしたことでも気にさわった　　　　　20.0
　わけもなく興奮した　　　　　　　　　　　　　　　　　　　　　　　11.6

後悔・罪悪感
　亡くなったことが悔やまれた　　　　　　　　　　　　　　　　　　　73.2
　涙もろくなった　　　　　　　　　　　　　　　　　　　　　　　　　49.9
　自分を責めたり，自分のしたことを悔やんだりした　　　　　　　　　32.2

うつ・不安
　気が滅入るようになった　　　　　　　　　　　　　　　　　　　　　36.9
　落ちこみやすくなった　　　　　　　　　　　　　　　　　　　　　　31.6
　強い不安を感じた　　　　　　　　　　　　　　　　　　　　　　　　30.1
　次々とよくないことを考え，とりこし苦労をした　　　　　　　　　　23.1

(安藤(2004)のデータより，原著者の許可を得て算出)

2000人を無作為抽出し，郵送法で実施された．回答者は856名で，うち回答時点より10年以内に「自分にとって身近な人(家族や親戚，友人，恩師など)の死を経験した」と回答した人は647名で，回答者の77.5%であった．同調査の結果明らかになった死別直後の心身反応を，表9-3に示す．

　失恋に関する調査結果は，首都圏6つの大学の学生252名の回答に基づいている(松井，1993)．恋愛後に別れた経験のある学生に対して「その人と別れて

表 9-4 失恋後の感情や行動（上位15項目，複数回答）

1. 何かにつけて相手のことを思い出すことがあった	46.6%
2. 悲しかった	41.3
3. 相手をなかなか忘れられなかった	37.7
4. その人とは，友だちでいようと思った	36.9
5. 相手との出会いを避けようとした	29.8
6. 別れた後も相手を愛していた	28.2
7. 強く反省した	27.8
8. 苦しかった	27.4
9. 胸が締め付けられる思いがした	26.2
10. その人のことを考えないようにした	25.8
11. 別れたことを悔やんだ	25.4
12. 相手を忘れようとしてほかのことに打ち込んだ	23.4
13. 電話がなるとその人だと思った	22.2
14. 相手を忘れるために，ほかの人を好きになろうとした	21.4
15. 相手のことを知っている人とその人の話をした	21.4

（松井(1993)より，肯定率が高かった上位15項目を引用）

から次のような気持ちや行動をとったことがありますか」と尋ねた結果を表9-4に示す．

9-2 典型的な悲嘆過程

前節で述べたような，典型的な悲嘆過程について取り上げる．このパターンは表9-5に示す9つの下位過程に区分することができる．これらの下位過程はひとりに全てが現れるわけではなく，出現の順序も定まっていない．いったん「⑨希望」の段階にあるように思えても，再び「⑥混乱と抑うつ」に戻るといったように，いきつもどりつする経過もみられる．しかし，大人数を対象にした研究や実践記録をみると，全般的には表9-5の順に経過することが多いと理解されている．

表 9-5 典型的な悲嘆過程

喪失直後
① ショックと麻痺, 解離
② (心理的)パニックと不安, 心身反応, 過覚醒
③ 否認

喪失への直面
④ 怒りを中心とする強烈な情動
　　怒り, 不当感, 恨み, 罪悪感
⑤ 侵入と思慕
　　侵入, 愛着と思慕, 空想
⑥ 混乱と抑うつ
　　不安, 孤独, 絶望, 精神的混乱
　　抑うつ, 思考や行動力の低下, 消極化, 無力感
⑦ 悲嘆による成長
　　死の社会化, 意味生成, 人間的成長

適応と希望
⑧ あきらめと受容
⑨ 希望
　　希望, 将来の計画, ユーモア, 新しい生き方(アイデンティティ)の形成

（a）喪失直後

親しい人を亡くした直後に感じる典型的な反応は, 表 9-5 ①～③に示す 3 種類に分けられる.

「①ショックと麻痺, 解離」とは, 喪失の心理的な衝撃で心身の反応が起こりにくくなる状態を意味する. 驚きのあまり「腰が抜け」たり, 考えることができない状態に陥ったり, 一時的に目がかすんだり耳が聞こえなくなることもある. ショックのあまり一時的に意識障害が生じることもある. 周囲が現実的でなくビデオや映画を観ているようだと感じたり(現実感喪失), 周囲の人が人間でないような感覚を感じたり(離人症状), ショックを受けた後数時間の記憶が失われたり(解離性健忘)する現象は, **解離**(dissociation)と呼ばれる.

表 9-3 では,「夢を見ているようで, 目の前のことが現実とは思えなかった」

や「自分に起きていることを，外からながめているような気持ちになった」が現実性喪失に当たり，「記憶が抜け落ちて思い出せない出来事があった」が解離性健忘にあたる．

「②(心理的)パニックと不安，心身反応，過覚醒」は，不安や興奮状態に陥り，非合理的な行動を取ったり，身体症状を示したりする現象をさす．(心理的)パニックは不安に駆られて混乱している状態で，葬儀の席で強い悲しみを示したり，子どもじみた行動を取る(退行)ようなケースが(心理的)パニックにあたる．群衆パニックと区別するために，ここでは(心理的)パニックと表記する(7-2節参照)．

(心理的)パニックの背後には，大切な対象を失った後に生じる出来事や自分の境遇に対する不安があると考えられる．

強い不安はさまざまな身体症状を引き起こしやすい．表9-3には，睡眠障害(睡眠がうまくとれなくなった)，動悸(胸がドキドキするようになった)，消化器系の症状(お腹の具合が悪くなった)が多くみられることを示している．こうした症状は，喪失という心理的なことが原因になって身体症状が現れたと解釈されるため，心身症状と呼ばれる．不安などの感情が顕著でなく，心身症状のみが体験されることもある．

(心理的)パニックには至らなくても，強く興奮し，ふだんとは異なる感情状態に陥ることがある．いつになくイライラしたり，興奮しやすくなったり，意味もなくせわしなく動き回り，休んだり眠ったりすることが難しくなる．こうした状態は，覚醒が高まっているという意味で，過覚醒や覚醒亢進状態と呼ばれる．表9-3でいえば「とてもイライラしたり，ちょっとしたことでも気にさわった」や「わけもなく興奮した」が過覚醒にあたる．

非常に強いショックを受けた後に起こる心理の1つが表9-5の**③否認**(denial)である．否認という言葉にはいくつかの意味があるが，悲嘆過程における否認は，喪失の事実を認めないか，本当のことと受けとめない心理や，喪失の事実や喪失に伴って起こる感情を受け止めることができない心理状態を意味する．たとえば，恋人から突然別れを切り出されたときに，冗談としてしか

受け止めないという場合に，否認が働いているとみなされる．最愛の夫に先立たれた婦人が，明るく愉しそうに弔問客に対応しているなどといった場合にも，否認が働いていることがある．

　阪神・淡路大震災では，遺体安置所になった学校のある教室で，若い父親が3歳ぐらいのわが子の遺体の脇で，一晩中絵本を読んで聞かせていたという．

　末期ガンの告知を受けた患者が，告知内容を認めようとしなかったり，信仰する神に対して「これから信心深くするから，ガンを治して下さい」などと祈る心理(取り引き)も，否認の一部と捉えることができる．キューブラーロス(1998)は，こうした取り引きを含む末期患者の心理を，臨床体験に基づいて克明に描いている．

(b) 喪失後の強い情動

　否認を中心とする喪失直後の反応が表れてからしばらく時間が経つと，喪失の事実に直面したことによる多様な心理反応が表れる(表9-5 ④〜⑦)．

　「④怒りを中心とする強烈な情動」では，さまざまな形の情動反応が表出する．加害者が明確な事故では，加害者に向かって強い怒りが生じる．加害者が明確でない事故や天災で愛情の対象を失った場合には，運命や神に対する不当感を強く感じる．たとえば，長崎の原爆被爆者には，神を疑い，一時的にせよ信仰を放棄するクリスチャンが現れたという．

　事故で家族を亡くされた方が，同じ事故で生き残った他の方に恨みを抱いてしまうことがある．自分を遺して逝ってしまった家族を恨むこともある．恨んではいけないと思いながらも，こうした気持ちが生じるのである．心理学的には，恨みは屈折した怒りの表れと捉えられている．

　喪失後には罪悪感も表れやすい．罪悪感は少なくとも2つ以上のタイプに分けることができる．第1のタイプは，愛した対象の喪失に直接的間接的に自分が関与していた場合である．朝の通勤前に夫婦げんかをして列車に乗り遅れた夫が交通事故で亡くなったイギリスのケースでは，遺された婦人に強い罪悪感が生じ，うつ状態から抜け出せないでいたという．

この罪悪感は，実際にあり得ないことまでも想像するという，非現実的な形で現れることがある．本章冒頭では，お子さんを亡くされたご遺族が，「傷んだものを食べさせる」という親としてはありえない行為まで想像し，その行為をしなかった自分に対して罪悪感を感じている．

罪悪感の第2のタイプは，喪失前に愛していた対象に行なった自分の心ない行為が，罪悪感になって思い出されるという場合である．家族を亡くされた方が「お父さんにもっと優しくしておけばよかった」とか「妻に何であんなひどいことを言ってしまったのだろう」と思い悩んだり，失恋後に「あの人の気持ちをもっとわかってあげればよかった」などと悔やむ現象が，このタイプの罪悪感である．

表9-3の調査結果によれば，身近な人との死別後に，32%の人が，「自分を責めたり，自分のしたことを悔やんだりした」体験を有していた．

(c) 喪失後の記憶にかかわる反応

怒りを中心とする心理反応は情動反応であるが，「⑤侵入と思慕」は記憶に起こる反応である．**侵入**(intrusion)は，思い出そうとしていないのに喪失した対象を思い出してしまう現象である．思い出そうとしないように努めているのに，喪失前の出来事が突然想起される．意識的に思い出そうとしないように努めているのに，その努力の隙間を縫って記憶が入りこんでくるという意味で，侵入とよばれる．再体験と呼ばれることもある．

表9-4には失恋後に「何かにつけて相手のことを思い出すことがあった」や「相手をなかなか忘れられなかった」や「電話がなるとその人だと思った」などの反応がみられる．これらの反応が侵入の例である．また，「その人のことを考えないようにした」や「相手を忘れようとしてほかのことに打ち込んだ」や「相手を忘れるために，ほかの人を好きになろうとした」などの行動の背後には，繰り返し思い出してしまう侵入の心理があるものと推定される．

亡くなった父親のタンスを開けたら遺されたスーツの匂いがして，父親の姿が眼前に浮かぶというように，急にイメージがよみがえる現象は，フラッシュ

バックと呼ばれる．フラッシュバックは覚醒剤中毒の患者などに多くみられる現象であるが，外傷経験後や悲嘆過程においても生じることが知られている．

「愛着と思慕」は，喪失した対象を積極的に思い出そうとしたり，対象にかかわる情報を集めようとする現象である．亡くなった人の手紙を繰り返し読んだり，別れた恋人とデートをした場所に出かけるという行動は，愛着と思慕にあたる．子を亡くした母親が，子の同級生から，学校での様子などをくりかえし尋ねようとする現象も，この例である．表9-4では失恋後に「相手のことを知っている人とその人の話をした」という行動が，愛着と思慕に関連している．

失った対象を思い出し，情報を集めるうちに美化し，理想化する現象も起こりやすい．「いいやつほど，早く死ぬ」という俚言は，こうした理想化の心理に基づくものと考えられる．

一般的な心的外傷体験では，辛い体験を忘れようとし，思い出すことを避ける現象（回避）が表れやすいが，悲嘆では逆に喪失対象にしがみつき，積極的に思い出そうとする愛着と思慕がみられる（白井・小西，2004など）．

本章冒頭の判決文にある，殺されたお子さんの血痕をたどられたり，自分の身を傷つけたという，ご遺族のあまりに悲痛な行動も，愛着と思慕の文脈の中で理解される．

愛着と思慕に関連する心理現象として，否認に基づく空想が起こることもある．亡くなった方がまだ生きているかのように感じたり，生きているかのような行動をとる現象である．ヴィクトリア女王は亡くなった夫のために，毎日，召使いに夫の衣服を出して広げさせ，ひげを剃るための水をもってこさせたという（ゴーラー，1986）．類似した現象は，交通事故などで子どもを亡くした家庭に見られる．通学途中でわが子を亡くしたご家族は，子ども部屋を子どもが朝出て行ったときのままにして，片づけようとしない．ほこりが溜まればそれを払うが，子どもが脱ぎ捨てた服の襞のひとつひとつを元のように戻す．

欧米の悲嘆研究において「空想」は，悲嘆の回復を妨げるものと位置づけられやすいが，逆に喪失後の心理的適応を促す面もある．日本では，仏壇の位牌や遺影に語りかけたり，墓参りの時に墓石に話をする行為がみられる．こうし

た行為は，愛した人を亡くした事実は受け止めながらも，イメージの中で故人に支えられ，安らぎを得ていると解釈され，悲嘆を和らげる効果を有すると考えられる(Yamamoto et al., 1969)．実際に，死別後に生じる悲嘆に関する欧米の心理療法では，臨床家が来談者に対して誰もない椅子に故人が座っているように想像させて，故人に対して言いたいことを言うように励ます技法(イメージ指導)が有効であることが明らかになっている(ウォーデン，1993)．

(d) 精神的混乱と抑うつ

愛した対象を失った悲しみは，不安や抑うつを中心とする感情の混乱を引き起こすことがある(表9-5⑥)．将来に対する不安，自分はひとりぼっちで誰からも理解されていないという孤独感，将来に何の希望も感られないという絶望感，精神的な混乱などの激しい感情が起こる．気分が落ちこみ，自殺さえも考える抑うつが生じたり，物事を考える力を失い，何かの行動をとる意欲を失い，新しいことに消極的になるなどの，無力感を感じることもある．

表9-3の死別反応で見れば，「亡くなったことが悔やまれた」や「涙もろくなった」という悲しみに始まり，「気が滅入るようになった」「落ちこみやすくなった」「強い不安を感じた」「次々とよくないこと考え，とりこし苦労をした」などの抑うつにかかわる反応を，3割以上の人が示していた．表9-4に示す失恋後の反応をみても，「悲しかった」や「苦しかった」という反応が3～4割の人に表れていた．

愛情を感じていた対象を失ったときに，3割以上の人が抑うつに関連する反応を示すのであり，抑うつは悲嘆過程において，決して稀な現象ではない(もしあなたがいまこうした気持ちに苦しめられていたら，多くの人が同じような気持ちに苦しみ，いつか回復していったという事実を受けとめてほしい)．

(e) 意味の探求と社会化

人は大切な人を失った後に悲しみうちひしがれているだけではない．悲しみを糧にして成長することもできる．

本章冒頭で紹介した大阪教育大学教育学部附属池田小学校の殺人事件の被害児遺族は，全国の附属小学校にアンケートを行ない，小学校の安全対策を求める署名運動を展開した（「8 Angels Web Site」，巻末の参考文献参照）．1999年11月に東名高速道路で飲酒運手のトラックに追突され，3歳と1歳のお子さんを亡くされたご夫婦は，飲酒運転で被害を受けた多くの人々とともに，飲酒運転に対する厳罰化を求める社会運動を展開された．この運動を受けて，2001年11月に刑法が改正され，「危険運転致死傷罪」が設けられるようになった．このように，死別という厳しい体験を契機にして遺された方が社会運動に取り組まれる現象を，野田(1992)は「死の社会化」と命名している．

上記のような大規模な社会運動を展開しなくても，身近な人を失った人が故人の遺志や希望に添って活動する例は少なくない．こうした活動の背後には「故人の死を無駄にしたくない」という強い想いが込められている．

また，亡くなった人が人格者であったことや，生前にすばらしい活動をしていたことを知ると，遺族の気持ちが大いに安らぐことも，よく知られている．遺族は故人の人生に意味があったことを確認したいと願っている．

死の社会化を含めたこれらの活動は，私たちが辛い喪失に直面したときに，その体験に意味を求めようとする心理の反映と考えられている．死に意味を求めるときには，死の社会化や故人の遺志の継承となり，生に意味を求めるときには，故人のすばらしさの確認となる．どんなに辛い喪失体験であっても，私たちはその中に意味をみつけようとする．この心理現象は**意味構築**(meaning making; Park, 1998 など)や意味了解(meaning sense)と呼ばれる．

さらに辛い体験は，人を成長させるバネともなる．表9-6は，表9-3と同じ調査の中で，死別後に遺族が体験したことを尋ねた質問への回答を示している．表からわかるように，多くの遺族は身近な人の死を契機にして，「その人の死を無駄にしたくないと思うようになった」という思いをもつだけでなく，「生命の大切さを実感するように」なり，「人のやさしさや温かさを感じるように」なり，「他人を思いやる気持ちが強くなった」と感じていた．死別が人間に対する理解を深め，成長したのである．

表 9-6 死別による成長.「かなりあてはまる」「おおいにあてはまる」を合わせた比率.

生命の大切さを実感するようになった	54.3%
その人の死を無駄にしたくないと思うようになった	38.7
他人を思いやる気持ちが強くなった	31.7
人のやさしさや温かさを感じるようになった	27.9
身近な人々や社会の役に立ちたいという気持ちが強まった	24.3

(安藤(2004)のデータより,原著者の許可を得て算出)

このように外傷体験や強いストレスが人間的成長を促す現象は**ストレス関連成長**(Stress-Related Growth, SRG)と呼ばれるが,悲嘆に限定した場合には,悲嘆による成長(growth through grief)と呼んでおきたい.

(f) 適応と希望

どんなに辛い喪失体験であっても,多くの人はいつかその体験を受け入れ,希望をもつようになる.

表9-5の「⑧あきらめと受容」は,喪失の事実を受け入れる心理反応を意味する.事実の受け入れは2段階に分けて捉えられることが多い.喪失した事実を否認せず,事実として受け止める認知的受容と,喪失した事実を思い起こしても情緒的に安定した状態でいられるという感情的受容である.この段階の前に現れる④〜⑦の反応は,認知的受容はしたが,感情的受容はしていない状態にあると考えられる.

感情的に受容した人は,「もうあきらめました」という言葉で自身の心理状態を話すことが多い.この言葉の背後には,積極的に進んで事実を受け入れたのではなく,「運命だから仕方がない」とか「どんなに思っても結局帰っては来ないのですよね」というような努力のむなしさを感じていることが多いようである.

「⑨希望」は,より積極的に人生に取り組む姿勢を意味する.「⑥混乱と抑うつ」の状態では,目の前にあることにしか関心が向かず,将来のことを考える

気力も失せている．しかし，「⑨希望」の段階に至ると，将来に(わずかであっても)希望を感じられるようになり，数ヵ月先の計画を立てられるようになる．この段階では，こっけいなことが起こると笑えるようになる．筆者が聴取した面接調査では，家族を亡くされた複数の方が「死別後数年間，他人へのお愛想笑いはしたが，腹の底から笑ったことはなかった」と話されていた．

こうした希望の段階は，新しい生き方(アイデンティティ)を形成できて初めて安定する，と考えられている．新しい生き方の形成とは，「愛した人を失っても生きていける自分」を作り上げた状態を意味する．悲嘆が和らぐ過程を，私たちは「回復」と呼ぶが，この表現は必ずしも正確ではない．喪失からの回復は，失った対象を取り戻し，元に戻ることではない．その対象を失っても生きていける自分を創造する過程なのである．

愛する対象を失った後に体験する悲嘆過程がこんなにも辛いのは，新しい自分のあり方(アイデンティティ)を作り上げる「産みの苦しみ」を伴うためなのであろう．

臨床心理学では，愛する対象を喪失した人が悲嘆過程をじっくりと体験し，人間的に成長してゆく過程を，成長のための課題ととらえ，**喪の仕事**(mourning work)と呼んでいる．喪の仕事はすべての人に必要ではないことも明らかになっているが(Wortman & Silver, 1988)，悲嘆に苦しむ人にとって「この苦しみは成長のための課題である」と受け止めることは，苦しい状況における一抹の救いになるであろう．

9-3 死別による悲嘆の強さに影響する要因

悲嘆の強さは，さまざまな要因によって影響されることが指摘されている．悲嘆をもたらす代表的な喪失状況として，死別をとりあげ，死別後の悲嘆反応に影響する要因を説明する．

表9-7には，死別後の悲嘆の強さに影響すると考えられている要因を列挙してある．ただし，これらの要因の影響については，死別研究に関する臨床に基

表 9-7 死別後の悲嘆の強さに影響する主な要因

死の状況
 突然性，生前の対話，看取りの期間，遺体との対面，死の原因(加害者の存在)，複合喪失

遺された人の要因
 性別，年齢，精神的不安定，人生観，宗教・信仰，頼ってくれる家族の存在

故人との関係
 続柄，経済的依存，心理的依存

喪失後の状況
 死別後の経過期間，経済的安定，周囲のサポート

づく知見が多く，他のデータで確証されていない内容も含まれている．

（a）死の状況

　事故や災害などで，死が突然に起こった場合には，死別後の悲嘆は強くなると考えられている．逆に，病院などで十分な看取りを行なった場合や，生前に故人と十分に話し合い，互いに許しあった場合には，死別後の悲嘆が弱まると考えられている．渡邉・岡本(2005)は，死別前に故人に多くのケア(支援)をした人ほど，死別後に人格的に発達するというストレス関連成長現象を実証している．

　死の原因が事故や犯罪による場合には，加害者や過失のあった者に対する怒りが強く現れる．大事故の遺族が賠償裁判などを起こしているときには，加害者に対する怒りを持続するために，裁判を長引かせたいという心理が起こることがある(安藤，2004)．

　また，遺体と対面しなかった場合には，否認が働き，悲嘆過程が遅くなると考えられている．

　死別や対象喪失が重なる現象は，複合喪失と呼ばれる．複合喪失は複数の喪

失が起こった時間間隔が重要である．同時に複数の家族を亡くした時には悲嘆は強くなり，家族を亡くしてから十分な悲嘆過程を経た後では，2回目以降の悲嘆は和らぐことが多い．

大事故や災害で身近な人を亡くした場合には，突然で十分な看取りや話ができず，複合喪失が起こりやすい．遺体の損傷が激しい場合が多く，混乱の中で遺体との対面ができなかったり，葬儀も不十分になりがちである．こうした死の状況が，大事故や大災害の遺族の悲嘆を深めることが多い(安藤，2004など)．

(b) 遺された人の要因

死別後の悲嘆は男女で異なる．女性は死別直後に感情反応を示しやすく，辛い気持ちを人に話しやすい．男性は感情の表出が弱く，人に話すことも少ない．このため，男性では遅延悲嘆反応が出やすいという指摘もある．

年齢別にみると，子どもに現れる悲嘆反応が重要であるが，次項で外傷体験を受けた子どもの反応としてまとめて論じる．

死別前から神経質であったり，うつ症状の経験のある遺族は，死別後に悲嘆反応，とくに不安やうつ症状を示しやすい．楽観的な考え方をする人は悲嘆が弱いことが明らかになっている(安藤，2004)．

宗教は死後の世界や人の生き方に関するさまざまな情報を提供しているため，宗教や信仰は死別後の反応に影響すると考えられている．しかし，特定の宗教団体への従事活動が少ない日本では，宗教や信仰が死別反応にどう影響するかに関するまとまった知見はない．

遺族の中に幼子がいるような場合には，その子を護ろうとして，家族が悲嘆から早く立ち直ることがある．頼ってくれる家族の存在が，しっかり生きなくてはならないという気持ちをかきたて，生き抜く意欲をわき上がらせるのである．筆者は面接で，1歳児とともに遺された若い母親が，「この子を死なせたくない」という気持ちから不慣れな就職活動に取り組み，死別の苦しみを乗り越えられたお話を聞かせていただいたことがある．

人は，頼ってくれる者を護るために強く生きる力をもっているのである．

(c) 外傷体験をもつ子どもの反応

死別を経験した家族に子どもがいる場合に，親や周囲の人は，子どもがどのような反応を示すかを理解したいと望むであろう．

親や家族を亡くした子どもや大災害や悲惨な事故にあった子どもには，成人にはあまり見られない特有の反応が現れやすい．ここで，外傷体験を受けた子どもの反応について，くわしく説明しておきたい（ただし，外傷経験が子どもに引き起こす長期的な影響や，虐待などの累積的な外傷の影響については，臨床心理学的に詳細な説明が必要となるので，論じない．ここでは，外傷体験直後の反応に限定して紹介する）．

親離れができるようになった年齢の子どもが，強い心的外傷を受けたために，それまでできていた生活習慣ができなくなったり，幼いときの行動が再び現れるようになることがある．聞き分けのよかった子が突然わがままになったり，周囲の大人のいうことを聞かなくなったりする．こうした「子ども返り」の現象は，**退行**（regression）と呼ばれる．退行は成人でも外傷的出来事を体験すると一時的に現れることがあるが，成人の退行は自制されやすい．子どもの場合には，おねしょのぶり返しのように直接的な形で，本人が統制できないまま現れやすい．

阪神・淡路大震災の3〜4カ月後に神戸市内の幼稚園児の母親に「地震後現れた行動および地震後できなくなった行動」を尋ねた結果を，図9-1に示す（小花和，1996）．図からわかるように，25％もの子どもが「ひとりでできることでも親に頼りたがる」という退行を示している．「爪嚙みや指しゃぶり」も退行の一種である．

強いショックを受けた子は，身近な人が自分から離れることをひどくおそれる．子どもが親などの養育者が離れることに対して感じる不安は，**分離不安**（separation anxiety）と呼ばれる．家族を失った子どもや大災害に見舞われた子どもは，親の外出をいやがったり，家事をする親につきまとったりすること

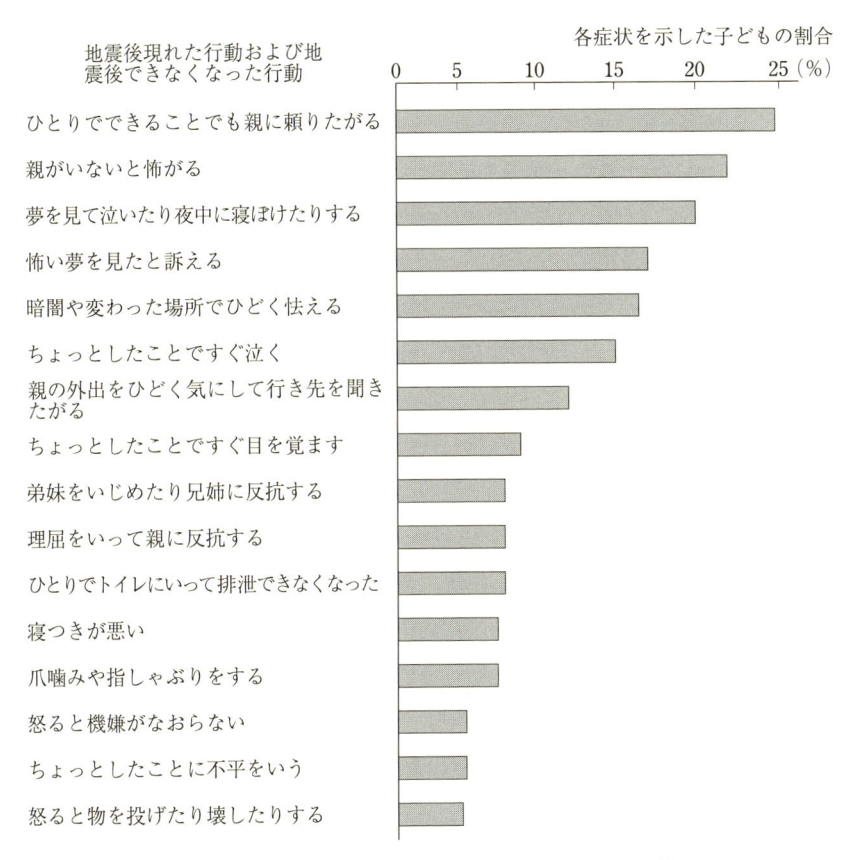

図 9-1 阪神・淡路大震災後に，幼児に現れたストレス症状(複数回答)
(小花和(1996)より上位 16 項目を引用)

地震後現れた行動および地震後できなくなった行動（各症状を示した子どもの割合）：
- ひとりでできることでも親に頼りたがる
- 親がいないと怖がる
- 夢を見て泣いたり夜中に寝ぼけたりする
- 怖い夢を見たと訴える
- 暗闇や変わった場所でひどく怯える
- ちょっとしたことですぐ泣く
- 親の外出をひどく気にして行き先を聞きたがる
- ちょっとしたことですぐ目を覚ます
- 弟妹をいじめたり兄姉に反抗する
- 理屈をいって親に反抗する
- ひとりでトイレにいって排泄できなくなった
- 寝つきが悪い
- 爪噛みや指しゃぶりをする
- 怒ると機嫌がなおらない
- ちょっとしたことに不平をいう
- 怒ると物を投げたり壊したりする

がある．こうした親にすがりつく行動の背景には，外傷的体験を受けた後に高まった分離不安があると考えられる．阪神・淡路大震災の後では，「親がいないと怖がる」や「親の外出をひどく気にして行き先を聞きたがる」などの行動がみられた(図 9-1)．

辛い気持ちをうまく言葉にできない子どもの場合には，身体の症状の形でストレスを表現することが多い．ひとりでトイレにいけない，おねしょをするなどの排泄に関わる症状や，怖い夢を見たと訴えたり，寝つきが悪くなる，ちょ

っとしたことですぐ目を覚ますなどの睡眠障害も多く見られる(図9-1)．こうした外傷体験後のストレスが身体症状として表れる現象は，身体化と呼ばれる．

さらに，兄弟をいじめたり，親に反抗するようになるといった攻撃行動が増加することもある．図9-1では「弟妹をいじめたり兄姉に反抗する」「怒ると機嫌がなおらない」「ちょっとしたことに不平をいう」「怒ると物を投げたり壊したりする」などの行動が，攻撃の増加にあたる．

ちょっとした刺激に大きな驚きを示す過敏反応も見られる．大地震の被災者は，近くをトラックが走って地面が少し揺れただけで，身がすくむような強い恐怖を感じることがある．図9-1の「暗闇や変わった場所でひどく怯える」や「ちょっとしたことですぐ泣く」などは，過敏反応の例である．

外傷体験後の子どもにもっとも特徴的な行動は，再現遊びであろう．再現遊びとは，自分が受けた外傷体験を再現するような遊びをする現象をさす．阪神・淡路大震災の被災地では，積み木で遊んでいた子どもが，積み木で町並みを作った後で，うなり声を上げながら腕を振り回し全てを崩したという事例や，倒壊した家から陶器の皿や茶碗を集めた子どもが，壁に投げつけて粉々に砕き続けるという「遊び」をしていた事例が，報告されている．これらの行動や「遊び」は，自分が受けたショックな出来事を自分が行うことによって，外傷体験を統御しようとする心理機制に基づく行動と理解される．

映画『禁じられた遊び』(ルネ・クレマン監督，1952年作品)では，再現遊びが主題となっている．フランスで戦争孤児になった女児ポーレットが田舎に身を寄せ，男児ミッシェルとともに死んでしまった昆虫などのために十字架を立てるという「禁じられた遊び」をする光景が描かれる(図9-2)．ポーレットの「遊び」は戦禍で十分な葬儀もできなかった両親への追悼も含む再現遊びと理解される．しかし，敬虔なクリスチャンである周囲の大人たちはこの遊びの意味が理解できず，ポーレットは孤児院に引き取られることになる．引き取られる駅の中でミッシェルを呼ぶ声がかき消されていき，この映画は終わる．ポーレットの運命を暗示するラストシーンが，哀切なギターの旋律とともに，心に残る作品である．

図 9-2 『禁じられた遊び』の一場面
(写真協力：(財)川喜多記念映画文化財団)

　子どもが行なう再現遊びの多くは，同じ外傷体験に苦しむ周囲の大人たちの心の傷をさらに刺激するため，反感を買いやすく，「禁じられ」やすい．しかし，周囲の人々は，再現遊びをせざるを得ない子どもの心の辛さを理解し，再現遊びの後にくる子どもの成長を見守っていただきたいと願う．

（d）故人との関係

　故人との関係の中でももっとも強い影響を与えるのは，故人との続き柄である．

　子どもを亡くした親の悲嘆は強く，深い．死別後の悲嘆の強さを比較した研究(安藤，2004)によれば，子どもを亡くした親がもっとも悲嘆が強く，親を亡くした子ども，兄弟や祖父母を亡くした家族の順に，悲嘆が弱くなっていた．子どもの死と並んで悲嘆が強かったのは，(回答者数は少なかったが)恋人を亡くした人であった．

　故人が家族の生計を担っていて，遺族が経済的に依存している場合や，心理的に故人に頼っている場合には，悲嘆が強くなりやすい．

　交通事故では，働き盛りの男性が亡くなるケースが多く，遺族が経済的に故

人に依存していることが多い．事故によって遺族は心の支えを失うばかりでなく，経済的にも困窮することが多い．とくに，子どもの進学時に経済的な問題が生じやすい．

(e) 喪失後の状況

　前述した悲嘆の典型的過程などの捉え方によれば，死別してから時間がたつほど，悲嘆は和らぐと考えられるが，調査データでは経過時間による悲嘆の軽減効果は実証されていない．悲嘆から回復する時間の長さに個人差が大きいためと考えられるが，悲嘆が典型的過程のような時間経過をたどるという仮定自体に疑問を示す研究者もいる(池内，2002)．

　上記のように，死別後の経済的安定も悲嘆過程に影響を与える．経済的に不安定で困窮している遺族には，生き抜くために大きなストレスがかかる．

　さらに，悲嘆を味わっている人に大きな影響を及ぼすのは，周囲の人の対応である．心理学では，ストレスを感じている人に周囲の人が精神的・心理的な支援をしたり，物質的に援助をしたりする行動を，**ソーシャルサポート**(social support, 社会的支援)と呼んでいる．ソーシャルサポート研究では，さまざまなストレスを感じている人が，周囲の人の支えによってストレスを緩和していることが明らかにされている(西川，2000 など)．

　死別などの喪失を経験した人へのソーシャルサポートのあり方をコラム9-1にまとめたので参照されたい．

コラム 9-1 | 悲嘆にくれる友への支援

　死別などの喪失を経験し悲嘆過程にある人へのソーシャルサポートのあり方を表9-8にまとめた．このリストは，臨床心理学や悲嘆の実践活動に携わっている方の著作に基づいている(社会心理学においては，Lehman et al.(1986)などが発表されている)．以下，表9-8に沿って，死別や失恋に苦しむ友人(以下「友」)に対して，心がけていただきたいことを，アドバイスの形式で記述する．

表9-8 喪失体験をした人への支援のあり方

① 傍らにいること
② 耳を傾けること
③ 手を動かすことを勧めること，故人について話してあげること
④ 足を動かすことを促すこと
⑤ 役割期待を押しつけない

　喪失直後は，友の側に寄り添っていてほしい．友が話さなければ，無理に語りかける必要はない．友の状態について詮索したり，「気持ちはどう」と尋ねる必要もない．友がショック状態から身震いをしていたり，ものを食べずにいる時には，毛布を掛けたり温かいスープを飲ませてあげてほしいが，何もしなくてもよい．暗闇の中で友の気持ちをわかっているあなたが寄り添ってくれることが，友の心の支えになるのである．
　喪失直後には，同じ体験をしてきた人が傍らにいることがもっとも望ましい．
　友が悲嘆の初期状態を脱して，話を始めたら，耳を傾けてほしい．同じ話を何度も繰り返し，愚痴や怒りやさまざまな激しい感情をはき出すかも知れない．あなたを傷つける言葉を投げつけるかも知れない．これらの言葉を我慢して聴いていただきたい．自殺願望や退職・退学の希望などを話す場合には，適宜いさめる必要があるが，基本的には，友が繰り返し話をせざるを得ない情況にあることを受け止めながら，耳を傾けてほしい．外傷体験をもつ人が他人に話をすることによって，自分の考えを整理したり，自分の体験の肯定的な側面に気づくようになれば，心身の健康を取り戻せることが，心理学の研究で明らかになっている(畑中，2006)．
　たくさんの話が収まってきたら，手を動かすことを勧める．具体的には，故人の記録や遺品を整理する手伝いをする．友の気持ちや行動を筆記したり，死別の場合には故人の人生について筆記したりすると，ストレスが緩和されることも明らかになっている．
　失恋時には向かないが，死別時でかつその友が望めば，故人について知っていることを話してあげるとよい．
　若い方が不慮の死を迎えた場合に，遺された親が故人の話を聞きたがることがある．そのときには，たくさん話してあげてほしい．親は亡くした子が自分の知らない人生を送っていたことに気づき，他の人に愛されていたことを知り，人生を(少なくともひとときは)愉しんでいたことを知りたいと切望する．こう

した願いを叶えてあげてほしい．

　ただし，故人の名誉を損なうような話やうわさは控えたい．死別の場合には，いくら補償金が出たかとか，生命保険がどうなっているかなどの金銭に関する話題は慎重に話してほしい．金銭に関わる話は，遺族にとって切実な問題であるとともに，他人には触れてほしくない話題でもある．

　悲嘆が和らいできたら，足を動かすことを促す．ちょっとした買い物や用事を済ませるために外出することから始め，旅行や将来計画を立てるための活動をとる手伝いをする．友の悲嘆が長く続き，新しい世界に出ることに臆病になっているのなら，一緒に歩いてあげるとよい．

　以上の4種の支援は，友が悲嘆のどの段階にあるかを見極めながら徐々にとっていく．この際に留意すべきことは，喪失を体験した人のイメージを勝手に作り，そのイメージに基づいて自分の意見を押しつけないことである．たとえば，家族を亡くした友に対して「あなたは遺族なんだから，もっと悲しんでいいの」とか「いいかげん，もうくよくよしていないでしっかりしなさい」と声をかけてしまうことがある．声をかけた人は励ましているつもりであっても，逆効果になりやすい．こうした声かけは「遺族はこうあるべきだ」などというイメージ（役割期待）に基づいており，過剰な役割期待を友に押しつけていることになる．こうした声をかけられた友人は「こんな自分はダメなんだ」と悩んだり，「自分のことが理解されていない」と感じて孤立感を深めてしまう．周囲の過剰な役割期待が，悲嘆に暮れている人をさらに追い込んでしまうことがある．

　よかれと願って行なう支援が，かえって相手を追い込む危険性があることも，自覚しておきたい．

9-4　悲嘆研究のこれから

　悲嘆に関する国内の研究は臨床領域から始まり，現在は社会心理学でも展開しつつある．具体的には，失恋などの対人関係の崩壊，死別反応，被災者研究，事故や犯罪の被害者，所有物の喪失，慢性疾患医療や末期医療における患者の心理，外傷体験の開示等の分野で，研究が展開している（松井，2005）．しかし，

その多くは基礎資料の収集段階にあり，コラムに示したような悲嘆にくれる人に対する具体的な支援のあり方については，まだ十分な科学的なデータが蓄積されていない．

他者の悲しみを支え合える社会こそ，豊かな社会といえるであろう．豊かな社会を築くための基盤科学として，悲嘆にかかわる研究のさらなる展開が期待される．

まとめ

愛するものを失った後に生じる悲嘆過程は4種類に分けられる．典型的な悲嘆過程では喪失直後に，ショックと麻痺，解離，(心理的)パニックと不安，心身反応，過覚醒，否認が生じる．喪失への直面時期になると，怒りを中心とする強烈な情動，侵入と思慕，混乱と抑うつが生じる一方，悲嘆による成長もみられる．適応と希望の時期になると，あきらめと受容，希望などが生じる．死別による悲嘆の強さには，死の状況，遺された人の要因，故人との関係，喪失後の状況などが影響を与えている．外傷体験をもつ子どもには，退行や再現遊びなどの特徴的な反応がみられる．

問題

- もしあなたやあなたの大事な人が未だに，大きな喪失を体験していないのであれば，この章の内容をちょっとだけ覚えていてください．もし今，あなたの大事な人が悲嘆を体験しているのであれば，勇気を奮い起こして，巻末の「読書案内」や「参考文献」を読んでみてください．

  でも，あなた自身がいま悲嘆に苦しんでいるのであれば，迷わずに人に支えてもらってください．

あとがき

　「序章」でも述べたように，本書は伝統的な教科書の枠組みをとらず，著者らがふだんの講義で紹介している社会心理学の話題に絞って，その研究成果を紹介している．研究の最前線で展開している研究課題の紹介を通して，社会の問題と切り結ぶ社会心理学の醍醐味や研究のおもしろさを伝えたいと意図して，本書を執筆した．

　本書の執筆にあたっては，「教科書という枠組み」と「最先端の研究紹介」という二重の課題をどのように折り合わせてゆくかに苦労した．いずれも中途半端に終わってはいないかと危惧しているが，その判断は読者にゆだねたい．

　筆者らに社会心理学のおもしろさを教えてくださった多くの先生，とくに貴重な資料の紹介をご許可いただいた木下冨雄先生に感謝したい．また，これまで多くの研究をともにしてきた共同研究者の方々や，上記の二重課題にともに取り組んでいただいた岩波書店編集部の皆様に感謝したい．

　2007年1月

著　　者

読書案内――さらに学習するために

序　章
B. ラタネ，J. ダーリィ(著)，竹村研一，杉崎和子(訳)(1977)：『冷淡な傍観者――思いやりの社会心理学』ブレーン出版．
　優れた実験を積み重ね傍観者効果を立証した研究を紹介している．社会心理学における実験の進め方がわかりやすく紹介されており，社会心理学の入門書として読むこともできる．
安藤清志・大坊郁夫・池田謙一(1995)：『社会心理学』(現代心理学入門4)岩波書店．
　体系的に社会心理学の研究知見を紹介した，オーソドックスな教科書である．社会心理学全体を展望するには，もっとも適切な本であろう．

第1章
菊池聡・谷口高士・宮元博章(編)(1995)：『不思議現象なぜ信じるのか』北大路書房．
不思議現象を信じる理由を，さまざまな心理学の知見から解説している．心理学の入門書としても楽しめる．
S. A. ヴァイス(著)，藤井留美(訳)(1999)：『人はなぜ迷信を信じるのか』朝日新聞社．
　迷信などの不思議現象を信じる気持ちを認知心理学や社会心理学の視点から分析している．
H. J. アイゼンク，D. K. B. ナイアス(著)，岩脇三良，浅川潔司(訳)(1986)：『占星術――科学か迷信か』誠信書房．
　実証科学の立場から，星占いを徹底的に検証している．なお，この本では1つの占いは反証できなかったと記されているが，その後この占いも反証されている．

第2章
押見輝男(1992)：『自分をみつめる自分――自己フォーカスの社会心理学』サイエンス社．
　自己意識について，発達過程，パーソナリティとの関係，集団との関係などについてわかりやすく解説されている．
中村陽吉(編)(1990)：『「自己過程」の社会心理学』東京大学出版会．
　自己過程の詳細について，過程ごと詳細な解説がなされている．やや専門的．

第3章
上瀬由美子(2002)：『ステレオタイプの社会心理学――偏見の解消に向けて』サイエ

ンス社.
各種ステレオタイプの問題や,形成・維持の過程,偏見解消過程について解説した入門書.

岡隆,佐藤達哉(編)(1999):『偏見とステレオタイプの心理学』(現代のエスプリ 384号)至文堂.
偏見やステレオタイプに関する理論紹介のほか,職業,年齢,人種など個々の偏見・ステレオタイプの研究についても紹介されている.

山本眞理子,原奈津子(2006):『他者を知る——対人認知の心理学』サイエンス社.
ステレオタイプ研究の主柱となる対人認知研究について,具体的研究例を多くあげながら幅広く解説されている.

第4章

萩原滋(編著)(2001):『変容するメディアとニュース報道——テレビニュースの社会心理学』丸善.
テレビニュースに注目し,提供される情報の内容や受け手の心理などが,具体的なデータをもとに紹介されている.マスメディアの影響過程についての理論の紹介も詳しい.

坂元章(編):『メディアと人間の発達』学文社.
テレビ,テレビゲーム,インターネットが人間にどのような影響を与えるか,発達的な視点から解説をしている.

諸橋泰樹(2002):『ジェンダーの語られ方,メディアのつくられ方』現代書館.
ジェンダーとメディアの関係について,さまざまな問題についてわかりやすく解説されている.

萩原滋,国広陽子(編)(2004):『テレビと外国イメージ——メディア・ステレオタイプ研究』勁草書房.

岩男壽美子(2000):『テレビドラマのメッセージ——社会心理学的分析』勁草書房.
マスメディア情報の偏りについて深く知りたい場合は,具体的な分析結果が掲載されている上記の2冊が参考になる.

第5章

松井豊(1993):『恋ごころの科学』サイエンス社.
恋愛に関する心理学的知見を平易にまとめている.

齊藤勇(編)(2006):『イラストレート恋愛心理学』誠信書房.
恋愛にかかわる最近の研究や学問の成果を,多角的な視点でわかりやすく論じている.

大坊郁夫,奥田秀宇(編)(1996):『親密な対人関係の科学』(対人行動学研究シリーズ3)誠信書房.

恋愛や友情に関する研究知見をまとめている．この分野について研究し，卒業論文を執筆する際には，ぜひ参照したい専門書である．

第6章
福富護(編)(2006)：『ジェンダー心理学』朝倉書店.
　ジェンダーに関する入門書．ジェンダー研究の歴史，発達との関係，ジェンダーステレオタイプなど多様な側面について最新の研究が紹介されている．
青野篤子，森永康子，土肥伊都子(2004)：『ジェンダーの心理学(改訂版)』ミネルヴァ書房.
　ジェンダーに関する入門書．「男女の思いこみ」をキーワードとして，その形成過程，影響過程，思いこみをなくすための提案などが書かれている．
R.K.アンガー(編著)，森永康子，青野篤子，福富護(監訳)(2004)：『女性とジェンダーの心理学ハンドブック』北大路書房.
　ジェンダー研究の歴史から，発達との関連，社会制度とのかかわり，臨床心理学とのかかわりなど，広く網羅的に紹介されている．ジェンダー研究の各領域について深く知りたい人向けの本．やや専門的．

第7章
広瀬弘忠(2004)：『人はなぜ逃げおくれるのか——災害の心理学』集英社.
　災害心理学の入門書には名著が多いが，新しい入門書として推薦したい．災害時の行動と「パニック」を中心として，災害後の過程に関する心理学の知見がわかりやすく紹介されている．
廣井脩(編)(2004)：『災害情報と社会心理』(シリーズ情報環境と社会心理7)北樹出版.
　災害と情報に関する最新の専門書である．この領域の最新の研究動向を学ぶのに好適であろう．なお，編者の廣井氏は日本における災害と情報研究の第一人者であるが，ご活躍中の2006年に逝去された．
松井豊，水田恵三，西川正之(編著)(1998)：『あのとき避難所は——阪神・淡路大震災のリーダーたち』ブレーン出版.
　阪神・淡路大震災において，避難所でリーダーになった方々の活躍を，社会心理学者が聴き取ってまとめた本．大災害時の避難所運営に関する具体的な情報も紹介されている．本書を読めば研究者がフィールドの中でどのように活動しているかが理解できるであろう．

第8章
芳賀繁(1991)：『うっかりミスはなぜ起きる——ヒューマンエラーの人間科学』 中央労働災害防止協会.
芳賀繁(2003)：『失敗のメカニズム——忘れ物から巨大事故まで』角川書店.

大山正，丸山康則(編)：『ヒューマンエラーの心理学——医療・交通・原子力事故はなぜ起こるのか』麗澤大学出版会.
　組織で生じるエラーの問題については，上記の3冊が参考になる．
岡本浩一，今野裕之(編著)(2003)：『リスク・マネジメントの心理学——事故・事件から学ぶ』新曜社.
　組織の事故や違反の問題について，社会心理学的な視点から解説したものである．また，新曜社から刊行されている「組織の社会技術シリーズ」(全5巻)では，組織風土，会議，職業威信，内部告発など各巻ごとに，多様な視点から組織的違反について具体的研究をもとに解説している．

第9章

小此木啓吾(1979)：『対象喪失』中央公論社.
　愛する者を失った後に生じる心理を説明している名著．失恋直後に読むべき本として，すすめたい．ただし，1970年代の精神分析的な理解が中心になっており，1980年以降の研究動向は反映されていない．
J. H. ハーヴェイ(著)，安藤清志(監訳)(2002)：『悲しみに言葉を——喪失とトラウマの心理学』誠信書房.
　喪失に関する研究動向を広く概観しながら，平易な言葉で研究成果を紹介している．
松井豊(編著)(1997)：『悲嘆の心理』サイエンス社.
　悲嘆研究にかかわる日本の研究者が，日本における悲嘆研究の新しい成果をわかりやすく紹介している．悲嘆研究の入門書としてすぐれているだけでなく，卒業論文を書く際には研究動向を把握するためにも好著である．

参 考 文 献

序　章

亀田達也・村田光二(1999)：複雑さに挑む社会心理学——適応のエージェントとしての人間，有斐閣．

菊島充子・松井豊・福冨護(1999)：『援助交際』に対する態度——雑誌や評論の分析と大学生の意識調査から，東京学芸大学紀要 第1部門教育科学，第50集，47-54．

北山忍(1998)：自己と感情——文化心理学による問いかけ，共立出版．

Latané B. & Darley, J. M.(1970)：The unresponsive bystander: Why doesnt he help? Prentice Hall. 竹村研一・杉崎和子(訳)：冷淡な傍観者——思いやりの社会心理学，ブレーン出版，1977．

Lorenz, K.(1963)：Das sogenannte böse: Zur naturgeschichte der aggression. Dr. G. Borotha-Schoeler Verlag. 日高敏隆，久保和彦(訳)：攻撃——悪の自然誌(1, 2)，みすず書房，1970．

中村紀子(1994)：ユーミン現象．松井豊(編)，ファンとブームの社会心理，サイエンス社，15-32．

坂本真士・佐藤健治(編)(2004)：はじめての臨床社会心理学——自己と対人関係から読み解く臨床心理学，有斐閣．

高野陽太郎・纓坂英子(1997)："日本人の集団主義"と"アメリカ人の集団主義"——通説の再検討，心理学研究，68(4)，312-327．

竹村和久(編)(2004)：社会心理学の新しいかたち(心理学の新しいかたち8)，誠信書房．

東京都幼稚園・小・中・高・心障性教育研究会(編)(2002)：2002年調査 児童・生徒の性，学校図書．

第1章

Allport, G. W. & Postman, L.(1946)：The psychology of rumor. Henry Holt & Co. 南博(訳)：デマの心理学，岩波書店，1952．

Eysenck, H. J. & Nias, D. K. B.(1982)：Astrologgy: Science or superstition? Maurice Temple Smith. 岩脇三良，浅川潔司(訳)：占星術——科学か迷信か，誠信書房，1986．

Gilovich, T.(1991)：How we know what is'nt so: The fallibility of human reason in everyday life. The freeman Press. 守一雄・守秀子(訳)：人間この信じやす

きもの——迷信・誤信はどうして生まれるか，新曜社，1993．
Hines, T. (1988)：Psudoscience and the paranormal: A critical examination of the evidence. Prometheus Books. 井山弘幸(訳)：ハインズ博士「超科学」をきる，科学同人社，1995．
伊藤哲司(1996)：いわゆる"非科学"への人々の傾斜に関する社会心理学的研究，文部科学研究費補助金奨励研究(A)研究報告書．
和泉宗章(1983)：占い告発，読売新聞社．
川上善郎(1997)：うわさが走る——情報伝播の社会心理，サイエンス社．
Keene, L. (1997)：Psychic mafia. Prometheus Books. 皆神龍太郎(監訳)村上和久(訳)：サイキック・マフィア，太田出版，2001．
草野直樹(2000)：テレビのオカルト番組を調べる(1998.10～2000.3)(TV)．Journal of JAPAN SKEPTICS, 9, 45-53.
ライフデザイン研究所(編)(1996)：続・現代高校生のライフスタイル・意識・価値観——第3回高校生の生活環境に関する調査，ライフデザイン研究所．
松井豊(1997)：高校生が不思議現象を信じる理由．菊池聡・木下孝司(編)，不思議現象と教育，北大路書房，15-35．
松井豊(1998)：不思議現象への関心．広告月報，1998年2月号，46-51．
村上幸史(2005)：占いの予言が「的中する」とき．社会心理学研究，21(2), 133-146．
Vyse, S. A. (1996)：Believing in magic the psychology of superstition. Oxford University Press. 藤井留美(訳)：人はなぜ迷信を信じるのか，朝日新聞社，1999．(ただし，翻訳書初版の表2-5には誤訳があり，本書本文と一致していない．)

第2章

浅見定雄・西田公昭・江川昭子・紀藤正樹(2000)：カルトと若者，ブレーン出版．
Baumeister, R. F. (1987)：How the self became a problem: A psychological review of historical research. *Journal of Personality and Social Psychology*, 52, 163-176.
Festinger, L. (1954)：A theory of social comparison processes. *Human Relations*, 7, 117-140.
Festinger, L., Pepitone, A. & Newcomb, T. (1952)：Some consequences of de-individuation in a group. *Journal of Abnormal and Social Psychology*, 47, 382-389.
Fromm, E. (1941)：Escape from freedom. Farrar & Rinehart. 日高六郎(訳)：自由からの逃走(新版)，東京創元社，1965．
James, W. (1890)：Principles of psychology. Macmillan. ウィリアム・ジェームズ(著)今田寛(訳)：心理学(上・下)，岩波文庫，1939．(文庫版は，原書の短縮版

に索引を付したもの.)

上瀬由美子(1992):自己認識欲求の構造と機能に関する研究——女子青年を対象として.心理学研究,**63**, 30-37.

上瀬由美子(2000):自己認識欲求の発達的変化.江戸川大学紀要〈情報と社会〉,**10**, 75-81.

上瀬由美子・堀野緑(1995):自己認識欲求喚起と自己情報収集行動の心理的背景——青年期を対象として.教育心理学研究,**43**, 23-31.

越良子(1996):能力の自己査定行動と自己高揚期待.心理学研究,**67**, 42-49.

Makus, H. & Kitayama, S.(1991): Culture and the self: Implications for cognition, emotion and motivation. *Psychological Review*, **98**, 224-253.

Mettee, D. & Smith, G.(1977): Social comparison and interpersonal attraction: The case for dissimilarity. In J. Suls & R. Miller(eds.), Social Comparison Processes. Hemisphere, pp. 89-101.

永田良昭(2000):血液型性格関連説など通俗的人間観への関心の社会心理的要因.心理学研究,**71**, 361-369.

中村陽吉(編)(1990):「自己過程」の社会心理学,東京大学出版会.

西田公昭(1998):「信じるこころ」の科学——マインド・コントロールとビリーフ・システムの社会心理学,サイエンス社.

沼崎誠・工藤恵理子(1995):自己の性格特性の判断にかかわる課題の選好を規定する要因の検討——自己査定動機・自己確証動機.心理学研究,**66**, 52-57.

押見輝男(1992):自分を見つめる自分,サイエンス社.

Scheier, M. F., Fenigstein, A. & Buss, A. H.(1974): Self-awareness and physical aggression. *Journal of Experimental Social Psychology*, **10**, 264-273.

Schoeneman, T.(1981): Reports of the sources of self-knowledge. *Journal of Personality*, **49**, 284-294.

Swann, W. B. Jr.(1983): Self-verification: Bringing social reality into harmony with the self. In J. Suls & A. G. Greenwald(eds.), Social Psychological perspectives on the self, Vol. 2. Erlbaum, pp. 33-66.

高田利武(1992):他者と比べる自分,サイエンス社.

Tesser, A.(1986): Some effects of self-evaluation maintenance on cognition and action. In R. M. Sorentino & E. T. Higgins(eds.), *Handbook of motivation and cognition*, Vol. 1, Guilford, pp. 435-464.

Tesser, A.(1988): Toward a self-evaluation maintenance model of social behavior. In L. Berkowitz(ed.), *Advances in experimental social psychology*, Vol. 21. Academic Press, pp. 181-227.

Trope, Y.(1983): Self-assessment in achievement behavior. In J. Suls & A. G. Greenwald(eds.), Psychological Perspectives on the Self, Vol. 2. Lawrence

Erlbaum Associates, pp. 93-121.
Wicklund, R. A. & Duval, S.(1971) : Opinion change and performance facilitation as a result of objective self-awareness. *Journal of Experimental Social Psychology*, **7**, 319-342.
Zimbardo, P. G.(1969) : The human choice: Individuation, reason, and order versus deindividuation, impulse, and chaos. *Nebraska Symposium on Motivation*, **17**, 237-307.

第3章

Aronson, E., Stephan, C., Sikes, J., Blaney, N. & Snapp, M.(1978) : The jigsaw classroom. Beverly Hills, Sage Publications.
Brewer, M. B. & Miller, N.(1984) : Beyond the contact hypothesis: Theoretical perspectives on desegregation. In N. Miller & B. Miller(eds.), Groups in contact: The psychology of desegregation. Academic Press, pp. 281-302.
Campbell, D. T.(1965) : Ethnocentric and other altruistic motives. In D. Levine (ed.), Nebraska symposium on motivation. University of Nebraska Press, pp. 283-311.
Darley, J. M. & Gross, P. H.(1983) : A hypothesis-confirming bias in labeling effects. *Journal of Personality and Social Psychology*, **44**, 20-33.
Devine, P. G.(1989) : Stereotypes and prejudice: their automatic and controlled components. *Journal of Personality and Social Psychology*, **56**, 5-18.
Devine, P. G., Evett, S. R. & Vasquez-Suson, K. A.(1996) : Exploring the interpersonal dynamics of intergroup contact. In R. M. Sorrentino & E. T. Higgins (eds.), Handbook of motivation and cognition, Vol. 3. Guilford, pp. 423-464.
Dovidio, J. F., Esses, V. M., Beach, K. R. & Gaertner, S. L.(2003) : The role of affect in determining intergroup behavior—The case of willingness to engage in intergoup contact. In D. M. Mackie & E. R. Smith. From prejudice to intergroup emotions: differentiated reactions to social groups. Psychology Press, pp. 153-171.
Gaertner, S. L., Mann, J., Murrell, A. & Dovidio, J. F.(1989) : Reducing intergroup bias: The benefits of recategorization. *Journal of Personality and Social Psychology*, **57**, 239-249.
Ickes, W.(1984) : Compositions in black and white: Determinants of interaction in interracial dyads. *Journal of Personality and Social Psychology*, **47**, 330-341.
池田謙一(1993):社会のイメージの心理学――ぼくらのリアリティはどう形成されるか,サイエンス社.
上瀬由美子(2001):視覚障害者一般に対する態度――測定尺度の作成と接触経験・能

力認知との関連．江戸川大学紀要〈情報と社会〉，**11**, 27-36．
上瀬由美子・小田浩一・宮本聡介(2002)：視覚障害者に対するステレオタイプの変容——電子メールを用いたコミュニケーションを介して．江戸川大学紀要〈情報と社会〉，**12**, 91-100．
上瀬由美子(2004)：ワールドカップによる外国イメージの変容——日韓共催によって韓国イメージはどう変わったか．萩原滋・国広陽子(編)，テレビと外国イメージ——メディア・ステレオタイピング研究，勁草書房，243-259．
工藤恵子(2003)：対人認知過程における血液型ステレオタイプの影響——血液型信念に影響されるものは何か．実験社会心理学研究，**43**, 1-21．
Lippmann, W.(1922)：Public opinion. Harcourt Brace.
松井豊(1991)：血液型による性格の相違に関する統計的検討．東京都立川短期大学紀要，**24**, 51-54．
松井豊・上瀬由美子(1994)：血液型ステレオタイプの構造と機能．聖心女子大学論集，**82**, 89-111．
Parks, R.(1992)：Rosa Parks: My Story. Dial Books. 高橋朋子(訳)：黒人の誇り・人間の誇り——ローザ・パークス自伝，サイマル出版会，1994．
Pettgrew, T. F.(1998)：Intergroup contact theory. *Annual Review of Psychology*, **49**, 65-85.
Tajfel, H. & Turner. J. C.(1979)：An integrative theory of intergroup conflict. In W. Austin & S. Worchel(eds.), The Social Psychology of Intergroup Relations. Books/Cole, pp. 33-47.
Tajfel, H. & Turner. J. C.(1986)：The social identity theory of intergroup behavior. In S. Worchel & W. G. Austin(eds.), Psychology of intergroup relations (2nd edtion). Nelson-Hall, pp. 7-24.
山内隆久(1996)：偏見解消の心理，ナカニシヤ出版．

第4章

Cantril, H.(1940)：The invasion from Mars: A study in the psychology or panic. Princeton University Press. 斎藤耕二・菊池章夫(訳)：火星からの侵入，川島書店，1971．
Festinger, L.(1957)：A theory of cognitive dissonance. Row, Peterson. 末永俊郎(監訳)(1965)：認知的不協和の理論——社会心理学序説，誠信書房．
Gerbner, G., Gross, L., Morgan, M. & Signorielli, N.(1980)：The "main streaming" of America: Violence profile No. 11. *Journal of Communication*, **30**, Summer, 10-29.
Gerbner, G. & Gross, L.(1976)：Living with television: The violence profile. *Journal of Communication*, **26**, Spring, 172-199.

萩原滋(2004a)：テレビ CM に現れる外国イメージの動向．萩原滋・国広陽子(編)，テレビと外国イメージ——メディア・ステレオタイピング研究，勁草書房，147-168．

萩原滋(2004b)：メディアイベントとしての FIFA ワールドカップ——テレビ報道の内容と評価．萩原滋・国広陽子(編)，テレビと外国イメージ——メディア・ステレオタイピング研究，勁草書房，223-242．

Heider, F.(1958)：The psychology of interpersonal relations. Wiley. 大橋正夫(訳) (1978)：対人関係の心理学，誠信書房．

上瀬由美子(2004)：ワールドカップによる外国イメージの変容——日韓共催によって韓国イメージはどう変わったか．萩原滋・国広陽子(編)，テレビと外国イメージ——メディア・ステレオタイピング研究，勁草書房，243-259．

Katz, E. & Lazarsfeld, P. F.(1955)：Personal influence. Free Press. 竹内郁郎(訳)：パーソナル・インフルエンス，培風館，1965．

菊野春雄(2000)：嘘をつく記憶——目撃・自白・証言のメカニズム，講談社選書．

小城英子(2003)：神戸小学生殺害事件の新聞報道における目撃証言の分析．社会心理学研究，18, 89-105．

Lazarsfeld, P. F., Berelson, B. & Gaudet, H.(1944)：The people's choice. Columbia University Press. 有吉広介(監訳)：ピープルズ・チョイス，芦書房，1987．

Loftus, E. F.(1979)：Eyewitness testimony. Harvard University Press. 西村武彦(訳)：目撃者の証言，誠信書房，1987．

McCombs, M. & Shaw, D.(1972)：The agenda-setting function of mass media. *Public Opinion Quarterly*, 36, 176-187．

向田久美子・坂元章・村田光二・高木栄作(2001)：アトランタ・オリンピックと外国イメージの変化．社会心理学研究，16, 159-169．

Noelle-Neumann, E.(1993)：The spiral of silence: Public opinion—Our social skin (2nd edition), The University of Chicago Press. 池田謙一・安野智子(共訳)：沈黙の螺旋理論——世論形成過程の社会心理学，ブレーン出版，1997．

大渕憲一(1993)：人を傷つける心，サイエンス社．

高木栄作・坂元章(1991)：ソウル・オリンピックによる外国イメージの変化——大学生のパネル調査．社会心理学研究，6, 98-111．

Tesser, A.(1986)：Some effects of self-evaluation maintenance on cognition and action. In R. M. Sorentino & E. T. Higgins(eds.), *Handbook of motivation and cognition*, Vol. 1. Guilford, pp. 435-464.

Tesser, A.(1988)：Toward a self-evaluation maintenance model of social behavior. In L. Berkowitz(ed.), *Advances in experimental social psychology*, Vol. 21, Academic Press, pp. 181-227.

Zajonc, R. B.(1968)：Attitudinal effects of mere exposure. *Journal of Personality and Social Psychology*, Monograph Supplement, **9**, 1-27.

第5章

Berscheid, E. & Hatfield, E. H.(1969)：Interpersonal attraction. Addison-Wesley. 蜂屋良彦(訳)：対人的魅力の心理学(現代社会心理学の動向5)，誠信書房，1978．

Davis, K. E.(1985)：Near and dear: Friendship and love compared. *Psychology Today*, 1985, February, 22-30.

Fehr, B.(2001)：The status of theory and research on love and commitment. Fletcher, G. J. O., & Clark, M. S.(eds.)Blackwell Handbook of Social Psychology：Interpersonal Prcesses. Blackwell, pp. 332-356.

Fiedler, F. E., Willard, G. & Warrington, G.(1952)：Unconscious attitudes as correlates of social group. *Journal of Personality and Social Psychology*, **1**, 790-796.

藤原武弘・黒川正流・秋月左都士(1983)：日本版 Love-Liking 尺度の検討．広島大学総合科学部紀要Ⅲ 情報行動科学研究，**7**, 39-46．

古畑和孝(1990)："愛"の特集号の編集にあたって——愛の心理学への序説．心理学評論，**33**, 257-272．

橋本順聖(1992)：大学生の恋愛に関する態度測定の試み．仏教大学心理学研究所紀要，**8**, 16-23.

Hendrick, S. S. & Hendrick, C.(1986)：A theory and method of love. *Journal of Personality and Social Psychology*, **50**, 392-402.

Hendrick, S. S. & Hendrick, C.(1989)：Reserch of love: Dose it measure up? *Journal of Personality a Social Psychology*, **56**, 784-794.

Hendrick, S. S., Hendrick, C. & Adler, N. L.(1988)：Romatuic relations：Love, satisfaction, and staying togather. *Journal of Personality and Social Psychology*, **54**, 980-988.

金政祐司・大坊郁夫(2003)：愛情の三角理論における3つの要素と親密な異性関係．感情心理学研究，**10**, 11-24.

Lee, J. A.(1977)：A typology of styles of loving. *Personality and Social Psychology Bulliten*, **3**, 173-182.

Lee, J. A.(1974)：The styles of loving. *Psychology Today*, 1974, October, 43-51.

Lewis, R. A.(1973)：A longitudinal test of a developmental framework for premarital dyadic formation. *Journal of Marriage and the Family*, **35**, 16-25.

増田匡裕(1998)：排他性．松井豊(編)，恋愛の心理学——データはどこまで恋愛を解明したか，現代のエスプリ，**368**．至文堂，141-150．

松井豊(1990)：青年の恋愛行動の構造．心理学評論，**33**(3), 355-370．

松井豊(1993a)：恋ごころの科学，サイエンス社．

松井豊(1993b)：恋愛行動の段階と恋愛意識．心理学研究，**64**(5), 335-342.
松井豊(1996)：親離れから異性との親密な関係の成立まで．斎藤誠一(編)，人間関係の発達心理学4，青年期の人間関係，培風館，19-54.
松井豊(2000)：恋愛段階の再検討．日本社会心理学会第41回大会発表論文集，92-93.
松井豊(2001)：親密な対人関係の形成と発展．高木修(監訳)土田昭司(編)，21世紀の社会心理学1，対人行動の社会心理学，北大路書房，93-107.
松井豊(2006)：恋愛の進展段階と時代的変化．齊藤勇(編)，イラストレート恋愛心理学，誠信書房，62-71.
松井豊・木賊知美・立澤晴美・大久保宏美・大前晴美・岡村美樹・米田佳美(1990)：青年の恋愛に関する測定尺度の構成．東京都立立川短期大学紀要，**23**, 13-23.
Murstein, B. I.(1977)：The stimulus-value-role(SVR)theory of dyadic relationships. In S. Duck(ed.), *Theory and practice in interpersonal attraction*. Academic Press.
小野寺孝義(1994)：身体的魅力ステレオタイプの内容分析．東海女子短期大学紀要，**20**, 105-11.
Rubin, Z.(1970)：Measurement of romantic love. *Journal of Personality and Social Psychology*, **16**, 265-273.
Rubin, Z.(1973)：Liking and loving. Holt, Rinehart & Winston. 市川孝一・樋口芳雄(訳)：好きなこと・愛すること，思索社，1981.
Sternberg, R. J.(1986)：A triangular theory of love. *Psychological Review*, **93**, 119-135.
立脇洋介・松井豊・比嘉さやか(2005)：日本における恋愛研究の動向．筑波大学心理学研究，**29**, 71-87.
遠矢幸子(1998)：対人関係の親密化過程．松井豊(編)，恋愛の心理学——データはどこまで恋愛を解明したか，現代のエスプリ，**368**. 至文堂，73-85.
豊田浩司(1998)：大学生における嫌われる男性と女性の特徴．奈良教育大学教育研究所紀要，**34**, 121-127.
山口秋乃(1997)：企業の採用選考に関する実態調査，学生の就職活動に関する意識調査．HRRメッセージ，1997, spring, 8-21.
山本真理子(1986)：友情の構造．人文学報(東京都立大学人文学部)，**183**, 77-101.

第6章

青野篤子・森永康子・土肥伊都子(2004)：ジェンダーの心理学(改訂版)，ミネルヴァ書房.
Crocker, J., Major, B. & Steele, C.(1998)：Social stigma. In D. T. Gilbert, S. T. Fiske & G. Lindzey(eds.), Handbook of Social Psychology(4th edition), Vol. 2. McGraw-Hill, pp. 504-553.

Fiske, S. T., Cuddy, A. J. C., Glick P. & Xu, J.(2002)：A model of (often mixed) stereotype content: Competence and warmth respectivelty follow from perceived status and competition. *Journal of Personality and Social Psychology*, **82**, 878-902.

Glick, P. & Fiske, S.(1996)：The ambivalent sexism inventory: differentiating hostile and benevolent sexism. *Journal of Personality and Social Psychology*, **70**, 491-512.

Glick, P., Fiske, S. T., Mladinic, A., Saiz, J. L., Abrams, D., Masser, B. Adetoun, B., Osagie, J. E., Akande, A., Alao, A., Brunner, A., Willemsen, T. M., Chipeta, K., Dardenne, B., Dijksterhuis, A., Wigboldus, D., Eckes, T., Six-Materna, I., Exposito, F., Moya, M., Foddy, M., Kim, H. J., Lameiras, M., Sotelo, M. J., Mucchi-Faina, A., Romani, M., Sakalli, N., Udegbe, B., Yamamoto, M., Ui, M., Ferreira, M. C. & Lopez, W. L.(2000)：Beyond prejudice as simple antipathy: Hostile and benevolent sexism across cultures. *Journal of Personality and Social Psychology*, **79**, 763-775.

萩原滋(2004)：テレビCMに現れる外国イメージの動向．萩原滋・国広陽子(編)，テレビと外国イメージ——メディア・ステレオタイピング研究，勁草書房，147-168.

平川和子(2003)：暴力被害女性と子どもの健康——ジェンダー問題としてのDV．柏木惠子・高橋惠子(編)，心理学とジェンダー，有斐閣，203-208.

岩男壽美子(2000)：テレビドラマのメッセージ——社会心理学的分析，勁草書房．

国分寺市(2004)：国分寺市男女平等に関する市民調査・実態調査報告書．

厚生労働省：平成17年賃金構造基本統計調査(全国)結果の概況．http://www.mhlw.go.jp/toukei/itiran/roudou/chingin/kouzou/z05/

Major, B. & Schmader, T.(1998)：Coping with stigma through psychological disengagement. In J. K. Swim & C. Stangor(eds.), Prejudice: The target's perspective. Academic Press, pp. 219-241.

内閣府：男女共同参画白書 平成18年版．http://www.gender.go.jp/

内閣府：男女共同参画社会に関する世論調査(平成16年)．http://www8.cao.go.jp/survey/h16/h16-danjo/index.html

内閣府男女共同参画局：「女性に対する暴力」に関する調査研究．http://www.gender.go.jp/e-vaw/chousa/index.html

日本労働研究機構(2001)：中学生・高校生の職業認知．資料シリーズ，No. 112.

総合ジャーナリズム研究(2005)：2005年春号(192号)．

Steele, C. M. & Aronson, J.(1995)：Stereotype vulnerability and the intellectual test performance of African Americans. *Journal of Personality and Social Psychology*, **69**, 797-811.

宇井美代子・山本眞理子(2001)：Ambivalent Sexism Inventory(ASI)日本語版の信頼性と妥当性の検討．日本社会心理学会大 42 回大会発表論文集，300-301．
Williams, J. E. & Best, D. L.(1982)：Measuring sex stereotypes: A thirty-nation study. Sage.
山本眞理子(1999)：地位・職業ステレオタイプ．現代のエスプリ，**384**, 119-129．

第7章
安倍北夫(1974)：パニックの心理，講談社．
安倍北夫(1977)：入門群衆心理学，大日本図書．
安倍北夫(1982)：災害時の人間行動．安倍北夫・秋元律郎(編)，都市災害の科学，有斐閣，117-146．
兵庫県警察(2002)：雑踏警備の手引き，兵庫県警察発行．
廣井脩(1988)：うわさと誤報の社会心理，日本放送出版協会．廣井脩，新版 災害と日本人──巨大地震の社会心理．時事通信社，1995．
広瀬弘忠(1981)：災害過程．広瀬弘忠(編)，災害への社会科学的アプローチ，新曜社，3-48．
広瀬弘忠(2004)：人はなぜ逃げおくれるのか──災害の心理学，集英社．
城仁士(1996)：被災者の心理的ストレスと不安．城仁士・杉万俊夫・渥美公秀・小花和尚子(編)，心理学者がみた阪神大震災──こころのケアとボランティア，ナカニシヤ出版，93-123．
株式会社ニューズワーク阪神大震災取材チーム(1995)：流言兵庫，碩文社．
木下冨雄(2003)：KSP における発表資料──2003 年 6 月 21 日．甲子園大学において．
小林隆史(2004)：DIG(Disaster Imagination Game)──「納得して地域とつきあう」ためのワークショップ型災害図上訓練のすすめ．消防防災，2004 秋季号，92-102．
神戸大学都市安全研究センターホームページ．http://www.kobe-u.ac.jp/usm/news/2001/akashi/keika.html(2006 年 8 月 18 日現在)
釘原直樹(1995)：パニック実験──危機事態の社会心理学，ナカニシヤ出版．
三上俊治(1988)：自然災害とパニック，安倍北夫・三隅二不二・岡部慶三(編)，応用心理学講座 3, 自然災害の行動科学，福村出版，40-57．
三上俊治(2004)：災害情報とパニック．廣井脩(編)，心理シリーズ情報環境と社会心理 7，災害情報と社会，北樹出版，55-74．
元吉忠寛・松井豊・竹中一平・新井洋輔・水田恵三・西道実・清水裕・田中優・福岡欣治・堀洋元(2005)：広域災害における避難所運営システムの構築と防災教育の効果に関する実験的研究．地域安全学会論文集，**7**, 425-432．
中谷内一也(2004)：ゼロリスク評価の心理学，ナカニシヤ出版．

岡本浩一(1992)：リスク心理学入門——ヒューマン・エラーとリスク・イメージ，サイエンス社．
Picciotto, R. & Paisner, D.(2002)：Last man down: A firefighter's story of survival and escape from the World Trade Center. Berkley Pub Group. 春日井晶子(訳)：9月11日の英雄たち——世界貿易センタービルに最後まで残った消防士の手記，早川書房，2002．
西道実・清水裕・田中優・福岡欣治・堀洋元・松井豊・水田恵三(2005)：自主防災組織に見る地域防災体制の規定因——神戸市における防災福祉コミュニティの特徴，プール学院大学紀要，**44**, 77-90．
東京大学社会情報研究所「災害と情報」研究会(1995)：「阪神・淡路大震災」における住民の対応と災害情報の伝達に関する調査——兵庫県神戸市・西宮市，東京大学新聞研究所．
東京大学新聞研究所「災害と情報」研究班(1982)：1982年浦河沖地震と住民の対応，東京大学新聞研究所．
東京大学新聞研究所「災害と情報」研究班(1984)：「1982年長崎水害」における住民の対応，東京大学新聞研究所．
矢守克也・吉川肇子・網代剛(2005)：防災ゲームで学ぶリスク・コミュニケーション，ナカニシヤ出版．

第8章

足立にれか・石川正純(2003)：集団意志決定の落とし穴，岡本浩一・今野裕之(編著)，リスクマネジメントの心理学——事故・事件から学ぶ，新曜社，157-186．
足立にれか・石川正純・岡本浩一(2003)：決議の規定因としての発話態度，決定ルールおよび集団サイズ——会議のシミュレーション，社会技術研究論文集，**1**, 288-298．
French, J. R. P., Jr. & Raven, B. H.(1959)：The bases of social power. In D. Cartwright(ed.), Studies in social power. University of Michigan, pp. 150-167. 千輪浩(監訳)：社会的勢力，第9章 社会的勢力の基盤，誠信書房，1962, pp. 193-217．
渕上克義(1994)：最近の上方向への影響戦略に関する研究の動向——社会的相互作用の視点から．実験社会心理学研究，**34**, 92-100．
Greenberg, J. & Baron, R. A.(1997)：Behavior in organization：Understanding and managing the human side of work(6th edition). Prentice Hall.
Hofstede, G. H.(1980)：Culture's consequences：international differences in work-related values. Sage.
Hofstede, G., Neuijen, B., Ohayv, D. D. & Sanders, G.(1990)：Measuring organizational cultures: A qualitative and quantitative study across twenty cases.

Administrative Science Quarterly, **35**, 286-316.

Jansen, E & Von Glinow, M. A.(1985)：Ethical ambivalence and organizational reward systems. *Academy of Management Review*, **10**, 814-822.

垣本由紀子ら(2003)：医療事故における操作ミスをなくすために――マン・マシンインターフェースとヒューマンエラー．松尾太加志(研究代表者)報告書(2003), 66-78.

鎌田晶子・上瀬由美子・宮本聡介・今野祐之・岡本浩一(2003)：組織風土による違反防止――「属人思考」の概念の有効性と活用，社会技術研究論文集，**1**, 239-247.

Kameda, T. & Sugimori, S.(1995)：Procedural influence in two-step group decision making: Power of local majorities in consensus formation. *Journal or Personality and Social Psychology*, **69**, 865-876.

上瀬由美子・宮本聡介・鎌田晶子・岡本浩一(2003)：組織における違反の現状――組織属性・個人属性との関連分析．社会技術研究論文集，**1**, 218-227.

河野龍太郎(2004)：医療におけるヒューマンエラー――なぜ間違えるどう防ぐ，医学書院.

松尾太加志(研究代表者)・島田康弘・垣本由紀子・嶋森好子(分担研究者)(2003)：看護業務改善による事故防止に関する学術的研究――エラー防止および医療チーム研修の導入の効果．厚生労働科学研究費補助金医療技術評価総合研究事業 平成13-14年度研究報告書.

McCauley, C., Stitt, C. L., Woods, K. & Lipton, D.(1973)：Group shift to caution at the race track. *Journal of Experimental Social Psychology*, **9**, 80-86.

Milgram, S.(1974)：Obedience to authority―An experimental view. Harper & Row. 岸田秀(訳)(1980)：服従の心理――アイヒマン実験，河出書房新社.

三沢良・稲富健・山口裕幸(2006)：鉄道運転士の不安全行動を誘発する心理学的要因，心理学研究，**77**, 132-140.

Neuman, J. H. & Baron, R. A.(1997)：Aggression in the workplace. In R. A. Giacalone & J. Greenberg(eds.), Antisocial behavior in organization, 1997. Sage Publications, pp. 37-67.

Noelle-Neumann, E.(1993)：The spiral of silence: Public opinion―Our social skin (2nd edition), The University of Chicago Press. 池田謙一・安野智子(共訳)：沈黙の螺旋理論――世論形成過程の社会心理学，ブレーン出版，1997.

岡本浩一(2003)：1999年秋―― JCO事故．岡本浩一・今野裕之(編著)リスク・マネジメントの心理学――事故・事件から学ぶ，新曜社，pp. 3-36.

大坪庸介・島田康弘・森永今日子・三沢良(2003)：医療機関における地位格差とコミュニケーションの問題――質問紙調査による検討．実験社会心理学研究，**43**(1), 85-91.

Reason, J.(1997)：Managing The Risks of Organizational Accidents. Ashgate. 塩

見弘(監訳)高野研一・佐相邦英(訳)：組織事故, 日科技連, 1999.
Sasou, K. & Reason, J.(1999)：Team errors: Definition and taxonomy. *Reliability Engineering and System Safety*, **65**, 1-9.
嶋森好子ら(2003)：コミュニケーションエラーの発生要因に関する研究——医療従事者間の情報伝達の不備を防止する対策の検討. 松尾太加志(研究代表者)報告書(2003), 29-55.
Stasser, G., Taylor, L. A. & Hanna, C.(1989)：Information sampling in structured and unstructured discussions of three—and six—person groups. *Journal of Personality and Social Psychology*, **57**, 67-78.
山内桂子ら(2003)：コミュニケーション・スキル研修の開発と効果測定第1節：事故防止のための研修プログラムの開発と効果測定. 松尾太加志(研究代表者)報告書(2003), 131-224.
山内桂子・山内隆久(2000)：医療事故——なぜ起こるのか, どうすれば防げるのか, 朝日新聞社.
山内隆(2001)：医療事故——組織安全学の創設. 大山正・丸山康則(編). ヒューマンエラーの心理学, 13-52.
Wallach, M. A., Kogan, N. & Bem, D. J.(1962)：Group influence on individual risk taking. *Journal of Abnormal and Social Psychology*, **65**, 75-86.

第9章

安藤清志(研究代表)(2004)：航空機事故の死別後の心理的反応と回復過程に関する研究平成13-15年度科学研究費(基盤研究)(B)(1)研究成果報告書.
Gorer, G.(1965)：Death, grief, and mourning in contemporary britin. Cresset Press. 宇都宮輝夫(訳)：死と悲しみの社会学, ヨルダン社, 1986.
畑中美穂(2006)：開示・抑制と適応. 谷口弘一・福岡欣治(編), 対人関係と適応の心理学, 北大路書房, 67-82.
8人の天使達のホームページ. http://www.8angels.net/
池内裕美(2002)：大切な物を失う. 松井豊(編), 対人心理学の視点, ブレーン出版, 89-102.
Kübler-Ross, E.(1969)：On death and dying. Scribner. 鈴木晶(訳)(1998)：死の瞬間——死のその過程について(完全新訳改訂版), 読売新聞社.
Lehman, D. R., Ellard, J. H. & Wortman, C. B.(1986)：Social support for the bereaved: Recipients' and providers' perspectives on what is helpfull. *Journal of Consulting and Clinical Psychology*, **54**(4), 438-446.
松井豊(1993)：恋ごころの科学, サイエンス社.
松井豊(編著)(1997)：悲嘆の心理, サイエンス社.
松井豊(2005)：悲嘆研究からみた心理臨床と社会心理学. ストレス科学, **19**(3), 175-

183.
西川正之(編)(2000)：援助とサポートの社会心理学(21世紀の社会心理学4), 北大路書房.
野田正彰(1992)：喪の途上にて, 岩波書店.
小花和尚子(1996)：災害後の幼児と母親のストレス. 城仁士・杉万俊夫・渥美公秀・小花和尚子(編), 心理学者が見た阪神大震災――心のケアとボランティア, ナカニシヤ出版, 127-162.
小此木啓吾(1979)：対象喪失, 中央公論社.
Park, C. L.(1998)：Stress-Related growth and thirving through coping: The role of personality and cognitive processes. *Journal of Social Issues*, **54**, 267-277.
白井明美・小西聖子(2004)：PTSDと複雑性悲嘆との関連――外傷的死別を中心に. トラウマティック・ストレス, **2**, 21-27.
渡邉照美・岡本祐子(2005)：死別体験による人格的発達とケア体験との関連, 発達心理学研究所, **16**(3), 247-256.
Worden, J. W.(1991)：Grief Couseling and Grief Therapy: A Handbook for the Mental Health Practioner. Springer. 鳴沢實(監訳)：グリーフカウンセリング, 川島書店, 1993.
Wortman, C. B. & Silver, R. C.(1988)：The myths of coping with loss. *Journal of Consulting and Clinical Psychology*, **57**(3), 349-357.
Yamamoto, J., Okonogi, K., Iwasaki, T. & Yoshimura, S.(1969)：Mourning in Japan. *American Journal of Psychiatry*, **125**, 1660-1665.

索　引

英数字

9.11　　151
STEP　　151
SVR 理論　　109
TLS27　　103

ア 行

愛情の三角理論　　101
アイデンティティ　　36
アイヒマン実験　　187
明石市の歩道橋事故　　155
アファーマティブ・アクション　　55
アンビバレント性差別主義目録　　133
怒り　　201
意味構築　　205
意味了解　　205
医療事故　　174, 176
占い　　16
エラー　　173, 174, 190
エラー防止　　176, 186
オピニオン・リーダー　　80

カ 行

下位カテゴリ化　　71
外集団　　57, 67, 70, 130, 185
外傷体験　　210
解離　　199
解離性健忘　　199
過覚醒　　200
確証過程　　62
仮説検証型の情報処理傾向　　62
仮想類似性　　111
偏り　　70

葛藤　　57
カテゴリ　　55, 59, 65, 69, 70, 72
カテゴリ化　　69
　　──の変容　　70
過敏反応　　212
下方比較　　43
カルト　　40
関係性の初期分化現象　　118
観察　　9
感情的受容　　206
間接差別　　140
関東大震災　　159
企業倫理　　184
擬似パニック　　153
議題設定モデル　　80
基底比率の誤認知　　29
規範　　122, 136
協同学習　　72, 75
協同作業　　72
共同性　　129
共有情報　　188
クロスロード　　151
群衆制御　　157
群衆パニック　　159
群衆流　　156
血液型ステレオタイプ　　4, 60, 62, 86
血液型性格判断　　40, 63
権威勾配　　179
顕現性　　71, 88
現実的葛藤理論　　57
現実認識　　82
権力　　136
好意尺度　　97
好意的性差別主義　　133

交差カテゴリ化　71
コーシャスシフト　187
個人化　69
個人的違反　183, 190
個人的信念　65
コミュニケーションの２段階モデル
　80
コミュニケーション不全　177
コンプライアンス　185

サ 行

罪悪感　201
災害下位文化　147
災害観　146
災害後のユートピア　166
災害症候群　165
災害図上訓練 DIG　151
再カテゴリ化　70
再現遊び　212
雑誌心理テスト　42
作動性　129
差別　56, 66, 68, 122, 130
差別意識　133
　──傾向　134
ジェンダー　126, 130, 132
ジェンダーステレオタイプ　128, 136,
　137, 140
自覚状態　46, 47
自覚状態理論　46
(恋愛の)色彩理論　104
ジグソー法　72
思考の節約　59
自己概念　36, 45, 75
　──の不明確感　40
自己確証動機　44
自己過程　49
自己観察　41
自己高揚動機　43
自己査定動機　43

自己査定理論　35
自己実現　40
自己充足予言　29, 140, 142
自己成就予言　29
自己認識欲求　34, 40, 42
自己評価維持モデル　44, 90
自己理解　40, 42
　──の手段　41
実験室実験　9
質問紙調査　8
失恋　198
自動的活性化　65
死の社会化　205
社会現象への工学的アプローチ　12
社会構成主義　12
社会的アイデンティティ理論　57
社会的因果律の提供　66
社会的現実感　62, 67
社会的差異化　66
社会的正当化　66
社会的勢力　179
社会的存在としての人間観　2
社会的望ましさ説　112, 116
社会的比較　41
社会的比較過程理論　35
社会的フィードバック　41
社会的要因　127
宗教カルト　24
集団意思決定　186, 189
集団間バイアス　72
集団的自尊心　57
集団の規範　67, 68, 142
集団分極化現象　188
受容　206
賞賛獲得欲求　23
職業　122, 129
職業イメージ　125
ショック　199
神経症傾向　23

索　引──241

人種差別　54, 68
人種偏見　56, 72
身体化　212
心的外傷　193
侵入　202
親密化過程理論　108
スイスチーズ・モデル　177
スケープゴート　66, 167
ステレオタイピング　59
ステレオタイプ　55, 58, 83, 84, 89, 90, 131, 140
　──の強化　89
ステレオタイプ化　59, 65, 68, 72, 73, 87
ステレオタイプ解消　73
ステレオタイプ脅威　141
ステレオタイプ的知識　65
ストレス関連成長　206
スノーボール・モデル　178
正常性バイアス　148
正の相互依存状況　72
性別　122, 126, 140
性別ステレオタイプ　67
性役割　118
勢力　67, 185
勢力関係の偏り　130
セックス　126
相互作用　75
ソーシャルサポート　214
相補説　111
組織的違反　183, 190

　　　タ 行

退行　210
対象喪失　195
対人行動　47
対人魅力　109, 116
代理状態　187
多幸症段階　165, 168

脱個人化　48
脱同一視　141
単純接触効果　88
男女雇用機会均等法　122, 125, 140
男女差別　139
男女平等　123, 135, 139
遅延悲嘆反応　196
沈黙の螺旋モデル　81, 189
データ実証主義　8
敵意的性差別主義　133
テレビコマーシャル（CM）　84, 138
同調行動　187
同調の圧力　68
ドメスティック・バイオレンス（DV）　134, 135, 136
トラウマ　193

　　　ナ 行

内集団　57, 67, 70, 185
内容分析　9
日本人論　10
認知的受容　206
認知的不協和理論　85

　　　ハ 行

バーナム効果　27
バイアス（偏り）　70
排他性　100
培養理論　82
パニック　152
　（心理的）──　200
反社会的行動　184
阪神・淡路大震災　145, 150
非カテゴリ化　69, 70
被災体験の風化　150
非社会的環境からの直接的フィードバック　41
悲嘆　195, 213
　──による成長　206

否認　200
　——に基づく空想　203
美は良ステレオタイプ　109
ヒューマンエラー　173
不安全行動　185
フィールド実験　9
フィールド調査　9
複合喪失　208
複雑性悲嘆　196
不思議現象　20
フラストレーション　184
フラッシュバック　202
分離不安　210
分離モデル　65
偏見　55
偏見解消　73
傍観者効果　5
防災意識　150
暴力映像　82

マ 行

マスメディア　24, 25, 78
ミステイク　173
無作為抽出標本調査　8

無悲嘆　196
メディア　137
メディアイベント　87, 88, 91
面接調査　9
目撃証言　91
喪の仕事　207

ヤ 行

役割　136
友情　96
抑うつ　204
世論　82

ラ 行

リスキーシフト　187
リスク認知　147
理想化　203
流言　30, 166
臨床社会心理学　12
類似説　111
ルール違反　174, 181, 185, 186
恋愛　96
恋愛行動の5段階説　113
恋愛尺度　97

松井　豊　　（担当）序, 1, 5, 7, 9 章
東京教育大学文学部心理学科卒業．文学博士．
現在は，筑波大学人間系教授．
著書として，『恋ごころの科学』(サイエンス社)，『心理学論文の書き方——卒業論文や修士論文を書くために』(河出書房新社)．編著者として『対人心理学の視点』(ブレーン出版)，『悲嘆の心理』(サイエンス社)，共編著書として『地域と職場で支える被災地支援——心理学にできること』(誠信書房)ほか．

上瀬由美子　　（担当）2, 3, 4, 6, 8 章
日本女子大学文学部卒業．文学博士．
現在は，立正大学心理学部対人・社会心理学科教授．
著書として，『ステレオタイプの社会心理学』(サイエンス社)．共著書として，『よくわかる心理学28講』(福村出版)ほか．

心理学入門コース 5
社会と人間関係の心理学

　　　　　　2007 年 2 月 27 日　第 1 刷発行
　　　　　　2018 年 11 月 26 日　第 4 刷発行

著　者　　松井　豊　上瀬由美子
　　　　　　まつい　ゆたか　かみせ　ゆみこ

発行者　　岡本　厚

発行所　　株式会社　岩波書店
　　　　　〒101-8002　東京都千代田区一ツ橋 2-5-5
　　　　　電話案内　03-5210-4000
　　　　　http://www.iwanami.co.jp/

　　　　　印刷・三秀舎　カバー・半七印刷　製本・松岳社

© Yutaka Matsui and Yumiko Kamise 2007
ISBN 978-4-00-028112-6　　Printed in Japan

時代の要請に応える，新しい心理学テキストの決定版
心理学入門コース
全7巻

心理学は，社会学や教育学から脳科学や情報科学にいたるまで，さまざまな周辺諸科学との学際的な連携を深め，多方向に進展をみせている．また，現実社会で起きている多様な「心の問題」に対して，具体的で有効な解決策を提示しはじめている．「実際に使える応用の学」を意識した，自学自習にも使える入門的テキスト．

A5判，上製カバー

*1 **知覚と感性の心理学**……… 244頁　本体 2900円
三浦佳世

*2 **認知と感情の心理学**……… 264頁　本体 2600円
高橋雅延

*3 **学校教育と学習の心理学**……… 278頁　本体 2700円
秋田喜代美・坂本篤史

4 **発達と加齢の心理学**
遠藤利彦

*5 **社会と人間関係の心理学**……… 256頁　本体 2500円
松井　豊・上瀬由美子

*6 **臨床と性格の心理学**……… 202頁　本体 2600円
丹野義彦・坂本真士・石垣琢麿

*7 **脳科学と心の進化**……… 256頁　本体 2600円
渡辺　茂・小嶋祥三

＊既刊(2018年11月現在)

岩波書店刊

定価は表示価格に消費税が加算されます
2018年11月現在